马骏精讲孙子兵法

马 骏 著

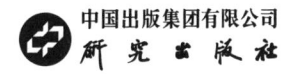

中国出版集团有限公司
研究出版社

图书在版编目（CIP）数据

马骏精讲孙子兵法 / 马骏著. -- 北京：研究出版社，2023.3（2025.3 重印）

ISBN 978-7-5199-1438-7

Ⅰ.①马… Ⅱ.①马… Ⅲ.①《孙子兵法》—研究 Ⅳ.① E892.25

中国国家版本馆 CIP 数据核字 (2023) 第 074422 号

出 品 人：陈建军
出版统筹：丁　波
责任编辑：谭晓龙

马骏精讲孙子兵法

MAJUN JINGJIANG SUNZI BINGFA

马　骏　著

研究出版社 出版发行

（100006　北京市东城区灯市口大街 100 号华腾商务楼）
北京中科印刷有限公司　新华书店经销
2023 年 3 月第 1 版　2025 年 3 月第 4 次印刷
开本：710 毫米 ×1000 毫米　1/16　印张：24.5
字数：305 千字
ISBN 978-7-5199-1438-7　定价：59.00 元
电话（010）64217619　64217652（发行部）

版权所有·侵权必究

凡购买本社图书，如有印制质量问题，我社负责调换。

目　录

第 一 讲　奇人奇书　/ 001

第 二 讲　教你战略筹划、预知胜负的学问　/ 015

第 三 讲　为将"五要"　/ 027

第 四 讲　为将"五危"　/ 043

第 五 讲　诡道之道　/ 059

第 六 讲　隐真示假　/ 073

第 七 讲　因敌情设计　/ 085

第 八 讲　因人而用谋　/ 097

第 九 讲　安国之术　/ 109

第 十 讲　知胜之道与预测性思维　/ 121

第十一讲　"全"：减少战争成本　/ 135

第十二讲　"知"：追求最高境界的起点　/ 151

第十三讲　"先"：花小钱，办大事　/ 165

第十四讲　"善"：军事上的最高境界　/ 177

第十五讲　"奇"与"正"：打仗如同下棋　/ 191

第 十 六 讲　　有备无患　/ 205

第 十 七 讲　　别人的漏洞就是你的时机　/ 217

第 十 八 讲　　巧妇难为无米之炊　/ 229

第 十 九 讲　　"修道而保法"——胜利的主宰者　/ 241

第 二 十 讲　　造势三战术　/ 253

第二十一讲　　肚子疼别怨灶王爷　/ 265

第二十二讲　　无人才，则无一切　/ 277

第二十三讲　　战场争先术　/ 289

第二十四讲　　设法信息不对称　/ 301

第二十五讲　　探敌虚实四技巧　/ 313

第二十六讲　　真人不露相　/ 327

第二十七讲　　以水为师　/ 339

第二十八讲　　迂直之计　/ 351

第二十九讲　　统揽全局，大处着眼　/ 363

第 三 十 讲　　治军四诀　/ 375

第一讲 奇人奇书

中国古代的文化遗产非常多，兵书是其中的重要组成部分。中国一向不缺被后人称为"军事思想"的兵书。据统计，从先秦到清朝，中国兵书有四千多篇。其中最著名的是北宋神宗皇帝赵顼下令编撰的皇家军事教科书——《武经七书》中收录的七部兵书：《孙子兵法》《吴子兵法》《司马法》《唐太宗李卫公问对》《尉缭子》《黄石公三略》《六韬》。

赵顼是北宋时期有作为的皇帝，少年英俊，虽是"皇二代"，却锐意进取，勇于打破传统，改革祖宗之法，以富国强兵——著名的"王安石变法"，就是在他的支持下进行的。而办"武学"，即今天称为"军事院校"的教育机构，就是变法的内容之一。《武经七书》就是给北宋皇家军事学院提供的军事教材。在这七部书中，《孙子兵法》列在第一位，足见《孙子兵法》的地位。1789 年，清代著名学者纪晓岚奉旨编撰出版的《四库全书总目》称《孙子兵法》为"百代谈兵之祖"，可以说是兵书经典中的经典。

《孙子兵法》不长，共十三篇，只有六千零七十五个字。但是，别小看这六千多个字，没一个字是废字，可以说是字字珠玑，一下就把孙子推到"东方兵学之父"的位置上，两千五百多年来，没有人能够撼动他的地位。可见，文章不在于长短，有用的话说到了，再短也能令人醍醐灌顶；言之无物的话，再长也是废话。

奇人孙子

孙子姓孙，单讳一个"武"字。"子"则是中国古代对男子的尊称。凡有道德、有学问的人，都可以称为"子"，如墨子、孔子、庄子、老子等等。

孙子是一个"奇人"。他的奇，奇在两个地方：一是书写得好，很年轻就写出这么好的一部兵书，引领了两千多年世界军事理论的发展方向；二是在中国浩如烟海、汗牛充栋的史料中，有关孙子的资料太少了，好像孙子是外星人，横空出世，不仅来无影，而且去无踪。正史中，司马迁在《史记·孙子吴起列传》中仅用了三百九十四个字就把这样一位大人物给"打发了"，而且其中还有三百六十个字是在讲一个故事——吴宫教战。至于孙子出生何地？父母是谁？何方人士？受过什么教育？有什么主要经历？成名后都干了些什么？如日中天之际，为什么突然不见了？诸如此类的问题，正史里都没有写，甚至野史里也很少有。

既然书写得这么有名，于是就引起了大家研究的兴趣，可是史书上又没有留下作者更多有用的资料，这一下子把人们的好奇心给"勾"了上来，于是就有了许多"谜"。

孙子姓氏之谜：有人说，孙子姓孙；有人说，不对，孙子原来姓田，号武子，后来他改姓孙，才叫孙武的；有人说，这些都不对，是只知其一，不知其二，孙子的祖宗本姓陈，名完，居住在陈国，后来避难到齐国，改姓田，陈完的五世孙名叫田书，也就是孙子的祖父；有人说，孙子除了姓姬以外，什么都不姓；等等，分歧多了。

籍贯之谜：孙子的老家在哪里？有的说孙子是齐国人，有的说是卫国人，有的说是吴国人。

家世之谜：就是说到底谁是孙子的爷爷和爸爸。有的说，齐国大夫孙书生了个儿子，名叫孙凭，字起宗，孙凭生了个儿子，名叫孙武，即孙子；有的说，孙书不是孙子的爷爷，而是孙子的爸爸；有人说，孙书既不是孙子的爸爸，也不是孙子的爷爷——连爸爸和爷爷都分不清，可见资料少到什么程度！

生年之谜：孙子到底生于何年何月？当时没有完整的户籍制度，更没有出生证明，不可能有准确的记录。于是，有的说，孙子与孔子同龄。孔子生于公元前551年，去世于公元前479年。按照这个说法，孙子也生活在公元前的6至5世纪。有人说，孙子不是与孔子同龄，而是比孔子晚一辈。以上这些说法，都是推测出来的。比如，说孙子比孔子小一辈：孙子的爷爷是齐景公的大夫，而齐景公曾经和孔子谈论过政治，由此可见，孔子的年龄大概同孙子的父亲差不多，孙子要比孔子小二十多岁。

故里之谜：也就是说，孙子家在哪里？有人说，是今天的山东惠民县，春秋时为齐国的乐安，这里是孙子的家；有人说，孙子的家在齐国的乐安没有错，但是乐安不在惠民，而在今天山东的博兴县以北；有人说，孙子的家在乐安不假，但是乐安既不在惠民，也不在博兴，而是在今天的山东广饶县。此外，还有人说孙子的家在莒县、高唐、临淄的，等等。特别是到了现代，或许有人看到了利用古人也能赚钱的缘故，一些地方纷纷把孙子请进自己的家乡。这样，更增加了孙子背景的神秘色彩。

由于史料太少，又没有出土的文物可以佐证，所以，对这些"谜"的研究与争论，"猜想"与"推理"的成分太多，令人信服、铁板钉钉的结论很少。有的学者一针见血地评论说："社会上，争故里，瞎编胡说太多，一写一大本，都是骗人。"

按照司马迁的记载，只有一件事儿非常靠谱，这就是古今闻名的"吴宫教战"的故事，从这个故事中可以"猜"一下有关孙子的几个问题。

故事具体发生在哪一年，司马迁没有讲。只是说，齐国的一个小青年孙武写过一本关于兵法的书，让吴王阖闾看到了。阖闾看过后，非常有兴趣，于是召见孙子。阖闾曰："子之十三篇，吾尽观之矣，可以小试勒兵乎？"孙子一听，知道吴王是要考核自己，立即答应了下来。

阖闾马上让两个爱妃带着一百八十个宫女，跟着孙子去训练。孙子先把这一百八十名宫女分成两队，让两个爱妃当队长。然后，在队列前做示范动作。

孙子说："大家知道你们的心、左手和右手、后背的位置吗？"

宫女们一听，这个小帅哥不是成心嘛，谁还不知道自己的心长在哪里，自己的左手、右手方向，自己的后背在什么地方呀？于是，大家笑个不停地说："知道啊……"回答时拉着娇滴滴的长音。

孙子没有理会这些，继续指导："如果一会儿我下达'向前看'的口令，大家就看心口所在的方向；如果我下达'向左转'的口令，大家就转向左手所在的方向；如果我下达'向右转'的口令，大家就转向右手所在的方向；如果我下达'向后转'的口令，大家就转向后背所在的方向。听懂了吗？"

宫女们又是一阵窃笑："好的……"

孙子交代完毕，又把命令重复了几遍。然后，让人把刑具抬了上来。

宫女一见这个，心里这个乐呀："哎哟，给你个棒槌，你还当针（真）呀。我们是谁呀？不是国王的小妾，就是国王身边的工作人员，你还真敢动刑？真有意思，这和'过家家'差不多。"

这样一群宫女练兵的结果可想而知了。孙子下达"向右转"，宫女们哈哈大笑，前仰后合，如同看滑稽剧。

孙子有点莫名其妙，心想：她们笑什么？有那么可笑吗？看来我是没有教明白，是我的错。于是，又强调了一下动作要领，然后重新下达口令。

结果，宫女们还是嘻嘻哈哈。孙子这才明白，这不是我的错，而是这帮女人成心拿我开涮呀。于是说："约束不明，申令不熟，将之罪也；既已明而不如法者，吏士之罪也。"意思是纪律不严明，号令不熟悉，是将领的过错；号令已明确却不按照去做，是军官与士兵的过错。

于是，就下令将这两个爱妃斩首。

阖闾在点将台上看到孙子要杀自己的两个爱妃，大惊失色，急忙下令刀下留人，求情说："寡人已知将军能用兵矣。寡人非此二姬，食不甘味，愿勿斩也。"孙子不为所动，严肃地回答："臣既已受命为将，将在军，君命有所不受。"坚持把阖闾的两个爱妃杀了示众。接着，又让另外两个宫女担任了队长。

宫女们一看，这哪是过家家呀，眼前这个小帅哥真是个活阎王呀，哪还敢不听号令。于是，认真操练起来，队列纵横整齐，真有一支正规军队的模样了。

孙子看队伍练得不错了，于是向吴王阖闾报告："兵既整齐，王可试下观之，唯王所欲用之，虽赴水火犹可也。"阖闾哪还有心继续看下去呀——两个爱妃就这样没了——他心里这个疼呀，于是索然地说："将军罢休就舍，寡人不愿下观。"

孙子一听明白了，吴王这是对我有气呀。不行，我得挤兑他几句，不能就这样不明不白地让他给打发了。于是说："王徒好其言，不能用其实。"扔下这句话，孙子就走了。吴王一听，这话不是味呀。好好想想，人家没有错呀，你让人练兵，而且练得确实不错，竟然能把一帮女人训练成一支颇有战斗力的"正规军"，怎么还不高兴呀？眼前这个人不就是人才吗？于是，赶紧承认错误。对此，司马迁是这样记载的："于是阖闾知孙子能用兵，卒以为将。西破强楚，入郢。北威齐、晋，显名诸侯，孙子与有力焉。"

"西破强楚"与"北威齐晋"指的是公元前506年的吴楚柏举会战，和公元前484年阖闾的儿子夫差率领此前孙子精心训练的军队、执行孙子制定的作战方针，取得了吴齐艾陵会战的胜利。

从这个故事里，分析如下几个问题：

第一，吴王阖闾怎么知道孙子通晓兵法？那时候没有传媒，阖闾又没有去齐国微服私访过，史料又没有记载孙子在阖闾认识他以前就是威震敌胆的名将，所以，如果孙子只是待在齐国或其他地方，吴王不可能知道孙子。

那么，很有可能是孙子这时候已到吴国一段时间了，并且开设过"武馆"等机构传授兵法。而他讲的兵法的内容，又与当时贵族式战争思想"仁"与"礼"是相悖的。当时作战讲"不加丧、不因凶"，即不能乘人之危，在人家处于国丧或者遭受自然灾害的时候发动战争，甚至主张"冬夏不兴师"——冬天严寒，夏日酷暑，这时候作战是不道义的。好嘛，按照当时战争的基本原则，战争活动似乎是一件非常绅士的事情。

而孙子则直截了当地说："兵以诈立""兵者，诡道也"，要"攻其不备，出其不意"，乘人之危。

于是，大家感觉太新鲜了，学的人越来越多，以至于多到人们口耳相传，最后传到了王宫里，吴王阖闾知道了在自己的统治区域里，竟然还有这样一个高深莫测的奇人。是谁将消息传到吴王耳朵里的，有人说是伍子胥。有可能，伍子胥有这个机会，阖闾非常信任他。不管怎么说，阖闾让人先找来孙子教兵法的教材，看完后，觉得有必要见一见这个高人。这才有了阖闾与孙子最初的对话。

第二，阖闾为什么要用宫女去试试孙子的身手？当时，吴国已经非常强大，是"千乘之国"，也就是拥有一支一千辆战车的强大军队。有现成的军队，为什么阖闾不用正规部队考查孙子的能力，偏偏用一些宫女去试试他的身手呢？

我想，可能是传统的"仁"与"礼"战争思想对阖闾的影响太大了，而孙子的军事思想如此崭新，阖闾有些动心，但是又不敢相信。于是，才把在常人看来根本不可能当军人的女人交给孙子训练，想看看孙子到底有多大能耐。而孙子竟然答应了下来。这件事儿说明两个问题：其一，孙子非常渴望在吴王面前"露一手"，用他的观点说就是"借力造势"——孙子想通过走仕途这条道路，为自己的军事思想拓展更大的实践平台。即使是吴王一时不用自己，那么借着吴王召见过的这块金字招牌，自己"武馆"的招生也会多起来。这或许就是在这次训练中他非常认真的原因。其二，说明吴王阖闾真是个"不见兔子不撒鹰""不见真佛不烧香"的主。

第三，"慈不掌兵"。这个故事隐含着一个理念，即"慈不带兵"。在周朝，主流的建军思想之一是仁义感人。而孙子的建军思想，极为强调"严"字。兵法从何而来？兵法是从军法中来的。军法的内容之一，就是令行禁止，是绝对服从，否则就拉出去斩首、军法从事。

夏王朝是中国第一个奴隶制王朝，而夏朝军制的一个显著特点，就是建立了严格的军纪。《尚书·甘誓》说：大战于甘，乃召六卿。王曰：

"……用命，赏于祖；弗用命，戮于社，予则孥戮汝。"翻译过来是这样的：夏王启要在甘这个地方进行战争，他召集军队首领训话说：如果你们听从我的命令，我就在先祖的神位面前赏赐你们；如果你们不听我的命令，我就要在社神面前杀掉你们，还要把你们妻女变成奴隶。

这段史料告诉我们，早在夏朝，就创立了严格的军纪。

军人以战争为职业。战争异常残酷，将士是在用生命与鲜血换取战争的胜利。如果没有严格的军纪，想打就打，不想打就跑；作战顺利时，把指挥官抬起来欢呼祝贺，作战失利时，就把指挥官给骂一顿，或者打一顿，甚至杀了，这样的军队能有战斗力吗？所以，军队必须要有严格的军纪。而对于高端军人来说，要管理好部队，有令则行，有禁则止，是最重要的。

孙子通过练兵杀阖闾爱妃的做法，想在吴王面前展现自己的带兵理念——强大的军队是通过严酷的军纪训练出来的。

第四，阖闾是一个能够接受新思想、敢用新人、求贤若渴的帝王。这位通过暗杀当上国君的人，一心想要富国强军，而富国强军的首要条件就是要有人才。所以，尽管孙子杀了自己的两个爱妃，并且还挤兑自己，阖闾还是不以国君之威杀了孙子，而是拜为将军，予以重用，最终成为春秋时代最为强盛的霸主之一。如果阖闾是一个昏君呢？这历史还真的要改写了。

因此，由于孙子有才、阖闾爱才，才使得孙子有了用武之地，他的兵法才真正走出书斋，成为战场上克敌制胜的法宝。

奇书《孙子兵法》

什么是兵法？兵法就是治兵和用兵的方法或技巧。西方人可能比中国人更善于形象思维，把同样的意思说成是"战争艺术"（the art of war）。谁是打仗的从业人员？军人。所以说，兵法撰写者最初的想法，是写给军人看的。

然而，在《孙子兵法》问世之前，并不是没有兵书。虽然没有专门的兵书，但是中国先秦时期思想的重要特点就是"诸子百家都察兵"。比如，被人称为"群经之首"、成书于周文王之手的《周易》，就在《师》卦初六爻辞中强调了军纪问题："师出以律，否臧凶。"即出兵打仗要有严明的纪律，纪律不好，必然发生凶险，即使强壮之师也会打败仗。

为什么一位年轻人写的书竟然能有这样大的魅力与影响？我想这里面是不是有一个"石破天惊"的问题——在孙子之前的兵法，主张的是"礼"，具有很强的贵族气。有人说，西方行军作战有贵族传统——费厄泼赖（Fair Play），即光明正大地比赛，不要用不正当的手段；胜利者对失败者要宽大，不要穷追猛打。

其实，中国的贵族传统要比西方人早。早在孙子之前，中国军队打仗就有贵族传统。比如《左传·僖公二十二年》中就记载："君子不重伤，不禽二毛。古之为军也，不以阻隘也。寡人虽亡国之余，不鼓不成列。"

这段话讲的是发生在公元前 638 年的一个战例。当时，宋国与楚国战于泓水，宋军先到而成列，楚军正在渡河，大将军子鱼说："楚军人多，我们人少，趁他们过河的时候我们出击吧。"宋襄公说："不可以。"待楚军过完河，子鱼又问："现在可以攻击了吧？"宋襄公又制止说："人家还没排好阵势呢，急什么！"直到楚军布好了阵，宋襄公才号令宋军开始攻击。结果宋军大败，宋襄公的大腿也受了伤。战败后，宋国朝野都埋怨宋襄公，他却说：一个仁德的君子，作战时不攻击已经受伤的敌人，同时也不俘虏头发斑白的老年人。前人打仗都不靠关塞险阻取胜，即便我的宋国灭亡，也不忍心去攻打没有布好阵的敌人。

你看看，这是多么的贵族"范儿"！

而这一切的贵族"范儿"，全让孙子给否定了。孙子在他的著作中，直截了当地主张，打仗最好用的就是"诡道"，并且一口气儿列举了十二个具体的诡道方法："故能而示之不能，用而示之不用，近而示之远，远而示之近。利而诱之，乱而取之，实而备之，强而避之，怒而挠之，卑而骄之，佚而劳之，亲而离之。"并且，在列举这些具体的诡道方法后，孙子还特意强调"攻其无备，出其不意"，即想着法儿地让敌人不痛快，变着招地和敌人拧着来，敌人怎么难受就怎么打，而且这些诡道还要根据情况的变化临场发挥、随机应变。

用现在的话，孙子这种思想是"反潮流"的——流行的军事思想讲究打仗再暴力，也要有道德。而孙子则告诉人们，在生死搏斗面前，少拿道德说事儿，而是什么招都可以用，越是阴损越好用。要想打赢，就得想方设法地欺骗对方，不让对方知道自己的真实意图。越能让对方上当受骗，取胜的把握就越大。战争不像打球，根本用不着裁判来判定你用的招数合不合法。逼急了，凡是能用的招，只要有用，都行！一句话，兵法不是教人如何做人，而是教人如何打仗！而《孙子兵法》恰恰就是开创这个先河的第一书。

难怪《四库全书总目》把其称为"百代谈兵之祖"——《孙子兵法》是后世兵法的正宗，在此以前的一些兵法主张，却成了令人耻笑的事情了。

《孙子兵法》另一"奇"，就是全篇不讲"水战"与"海战"，甚至连个"海"字都没有——别看孙子生在海边的山东，工作在海边的江苏。为什么？其实，非常简单，孙子是农耕民族的军事理论家，他写的这部兵法，是给农耕民族军队看的。

什么是农耕民族？农耕民族是以农为本的人类集团，农业是其生产基础。农业的生产方式，决定了人们必须春播秋收、锄禾日中、汗洒沃土。只要风调雨顺、适时耕作、不误农时，就可有稳定的收获，衣食有余。因此，农耕民族追求稳定生活方式的意识很强。而要进行适时农耕，就必须有安定和平的环境，不能有"动""乱"，否则就无法适时农耕，农耕经济秩序就会失控。

因此，在对待战争的问题上，农耕民族充满了矛盾：既需要又厌恶。

说其需要，是由于农耕社会经济生活秩序的失控，如王朝的衰落，要求战争作为一种最后的也是最有效的手段来恢复社会经济生活的平衡。而对外，应对游牧民族发动的掠夺战争，也需要用战争来抵御。

说其厌恶，是由于无论是内生的还是外生的战争，都将造成人员伤亡、财产损失、田园荒芜、黎民涂炭，给社会生活各个方面带来极大的灾难。

农耕民族对于战争的这种两极冲突的矛盾心理，充分显示在他们的文学作品中。例如，《诗经》中说："伯兮朅兮，邦之杰兮。伯也执殳（一种兵器），为王前驱。"字里行间充满了男人从军的自豪，荡漾着浓郁的尚武精神。然而,《诗经》中也有这样的感慨:"行道迟迟,载渴载饥。我心伤悲,莫知我哀。"

这种既需要又排斥的心理冲突,使得农耕民族既希望取得战争的胜利,又想把战争对社会的破坏限制在最低的程度。于是,他们在用兵上追求"不战而屈人之兵"的最高境界,即"百战百胜,非善之善者也,不战而屈人之兵,善之善者也"。只有这样,才能达到既取得战争的胜利,又最大程度地限制战争的破坏。这也是《孙子兵法》的精髓之一。

同时,先秦时期的中国处于前现代国家,这个时期国家权力全部集中在陆上武装力量,没有古希腊那样的航海文化,海上力量不会成为国家武装力量的主要组成部分。历史从哪里开始,思想就从哪里萌芽,所以,孙子不可能在他的兵法里提到"海战",哪怕是"水战"都没有。后人说,这是孙子军事思想的局限性,我倒觉得这恰恰是孙子军事思想反映出来的朴素的唯物性——存在决定意识,不需要的东西,是无法产生出什么思想的。

等到了近代以后,中国已经由过去纯粹的倚赖于陆上武装力量的"历史本位",转变为海、陆并重的"地理本位",海上武装力量同样成为国家安全不可忽视的问题,而中国政府当权者还停留在农耕文化"原生态"的层面,忽视海上作战的研究,即使有海战,也是按照陆战的原则打海战,造成中国越来越弱,问题越来越多。这可怪不得孙老先生,要怪的,是孙老先生的后辈中,有一些人观念太旧了!

孙子写的这部兵法还有一"奇",这就是军人看了有用,不打仗的平民看了也有用。《孙子兵法》不但是"百代兵学之祖",而且还成为"百业兴废的圣经"。这是为什么呢?我们下面再讲。

第二讲 教你战略筹划、预知胜负的学问

上一讲在谈到《孙子兵法》是部奇书的时候，曾留下了一个悬念：为什么不打仗的平民，也读起兵法来了？

其实，答案非常简单：《孙子兵法》中有着深刻的方法论，也就是哲学。兵法里也有哲学？当然有了，而且兵法里的哲学还非常深奥。哲学是什么？说白了，哲学是从所有知识中提炼出来的精华，特别是在行为学上，有非常深邃的道理。它不教你如何做人，却教你如何做事。而做事有没有方法，关系到有没有"脑子"的问题。而有没有"脑子"，可就不一样了。人人都有"脑子"，却未必人人会动脑子。大科学家爱因斯坦说过："人是靠大脑解决问题的。"有方法，就意味着会动脑子；没有方法，就不会动脑子。于是，很多非军人行业，也读起《孙子兵法》来，而且非常投入，成效很大。

庙算：胜负首先于战略

什么是"大事儿"？说得白一点，大事儿就是最主要的，就是关系到全局的，是方向。军事上将其叫作"战略"。

中国古代，决定战略这种大事儿，一定要在君主的祖宗祠堂里进行。这个形式大概从夏朝就有了。开始是在打仗之前，国君都要在庙堂占卜吉凶，祈求神灵护佑，以巫术假托神的旨意，迫使人们进行战争，故而称为"庙算"。到了春秋时期，以信天命和先祖崇拜相结合的宗教观受到冲击，"庙算"已发生了革命性的变革，逐渐成为在庙堂召开"作战会议"、研究克敌制胜方略的代名词了。正如曹操在注《孙子》时所说："选将、量敌、度地、料卒、远近、险易，计于庙堂也。"

算，就是计，就是谋。国家在打仗之前，有许多事情要做：如怎样养兵备战？如何营造有利于己的态势？如何判断形势？临战之前，也有许多事情要做：如怎样比较敌我形势？如何预测胜负？如何定下决心？如何选择作战方向？如何选择将帅？如何动员？所有这些，都需要决策者们的周密计算与谋划，也就是"算"。

需要庙算的事，一定都是大事。国家想做一件大事，于是把大臣们召集起来，集思广益，研拟出一套基本原则后，交付实施。就这个基点来看，庙算最简单的讲法，就是筹划与制定战略。可见，孙子说讨论战争这样的大事儿，一定要"庙算"，已经没有丝毫的香火味了，而是战略或者重大事情筹谋的代名词。

所谓战略，就是做一件事情的大原则、大方向。在战略的指导下，如何向大原则、大方向前进，达到事先预设的目标，就叫战术。

打个比方，从北京到广州，首先要看广州在北京的哪个方向。一看地图，知道是从北向南：出北京，经郑州、武汉、长沙，最后到达广州。而不是向山海关走。那样只会越走越远。定下大方向后，剩下的，就是如何抵达广州的方法，这种达成战略目标的过程，就叫战术。是乘飞机，还是坐火车，还是自驾车走，哪怕是步行，也能到得了，这中间只有快慢问题，绝对不会出现南辕北辙问题。

这表明，制定一个正确的战略极为重要，只要战略设计得好，即使战术稍差，也能达成目标。当然，战略好，战术执行效果佳，更可收到事半功倍之效。于是，孙子在他的兵法中就开宗明义提到：多算胜，少算不胜，而况于无算乎！吾以此观之，胜负见矣。

战略筹划五大事

战略筹划周密，就有可能取胜，否则就不可能取胜，更何况不筹划呢？人们根据这一点，就可以看出哪一方胜、哪一方败了。

中国历史上，这样的典型案例非常多，最著名的是三国时期著名战略家诸葛亮为刘备提出的"隆中对"。

"隆中对"之所以高明，是因为凭着这个极具远见的战略，让原本已出道二十三年，却屡战屡败，到处寄人篱下的刘备，不但从此有了主心骨；还让他在短短七年中，从几乎一无所有，到据有荆、益二州，一跃成为与曹操、孙权三雄并立，形成鼎足之势，从而把历史导引入了三国时代。

诸葛亮是高明的战略家，他为刘备分析天下局势之"隆中对"，可以说达到了当时国际战略问题分析的最高水平。

这次战略分析，有三处要义：

一是："今操已拥百万之众，挟天子而令诸侯，此诚不可与争锋。孙权据有江东，已历三世，国险而民附，贤能为之用，此可以为援而不可图也。"意思是说，中原已是曹操的天下，以曹操之智能与雄厚的实力，已难与其争锋。江南则在孙权父子两代三人的经营下，不但国险民附，而且贤能为之用，也没太大机会了。

二是:"荆州北据汉、沔,利尽南海,东连吴会,西通巴、蜀,此用武之国,而其主不能守,此殆天所以资将军,将军岂有意乎?益州险塞,沃野千里,天府之土,高祖因之以成帝业。刘璋暗弱,张鲁在北,民殷国富而不知存恤,智能之士思得明君。"意思是说,中原没希望,江南难指望,剩下的出路,只有荆州和益州。荆州不但富庶,而且是战略要地。然而其主刘表不但年纪已大,而且素无大志,儿子们更是没出息,一定守不住。这是老天爷恩赐的礼物,不妨早点把它拿下来。益州则是沃野千里的天府之国,高祖刘邦曾以此地为基础,建成了帝业。其主刘璋昏庸无能,取益州易如反掌。

三是:"将军既帝室之胄,信义著于四海,总揽英雄,思贤如渴,若跨有荆益,保其岩阻,西和诸戎,南抚夷越,外结好孙权,内修政理;天下有变,则命一上将将荆州之军以向宛、洛,将军身率益州之众出于秦川,百姓孰敢不箪食壶浆,以迎将军者乎?诚如是,则霸业可成,汉室可兴矣。"意思是说,若能跨有荆、益,安定益州南方的蛮夷,以此为根据地,再结好孙权,修明政治;一旦中原出现机会,则分兵二路,一路走荆,一路从益,对曹操展开钳形攻势,则不但王业可成,汉室也将可兴。

仅凭这一席话,让刘备从此峰回路转,经过一番辛苦经营,不久便取得了荆州西南,并在益州扎下了根基;最后把曹魏"定"在了中原,把孙权"稳"在了江东,形成天下三分之势。

战略筹划如此重要,那么战略筹划包括哪些主要内容呢?《孙子兵法》的第一篇《计篇》把其概括为"五事""七计"。孙子认为,敌我双方在社会政治、天时地利、将领素质、士卒能力、组织编制等诸多方面的优劣情况,必须予以详细考察分析,才能准确判断未来作战的胜负。

先谈"五事"。孙子的原话是:故经之以五事,校之以计,而索其情。

第一是"道"。这个最重要。何为"道"？指的是民心向背。民心向背，是战争中的政治问题。战争的胜负起根本作用的，是能否得到民众的支持。如果国君能够让民众与自己同心同德、步调一致，民众就会与国君同生共死，国君指哪儿就打哪儿。这就是孟子所说的"天时不如地利，地利不如人和"的"人和"。"得道多助，失道寡助"，是孟子一直坚持与强调的思想观点。

孙子的"道者，令民与上同意也，故可以与之死，可以与之生，而不畏危也"，非常有道理。这告诉我们，决策一旦制定，愿望一旦提出，能否成功，就不再取决于决策者了，而是取决于决策的"客体"是否接受，是否"配合"。比如，毛泽东作为影响一代历史的伟人，之所以建立了新中国，就是靠人民群众的支持。他在《论持久战》一文中曾说过："战争的伟力之最深厚的根源，存在于民众之中。"当时，国民党军队为了扩充军队，用"捉兵""买兵"的方法解决兵源问题。毛泽东批评了这种做法，认为这是"胡来"，必须立即停止。他指出，要想动员几百万人当兵并不是难事，只要把我们干事情的目的告诉民众，使军队在民众眼中是自己的军队，"便无敌于天下，个把日本帝国主义是不够打的"。历史已充分证明，毛泽东的这个观点是正确的。

第二是天。何为"天"？孙子讲："天者，阴阳、寒暑、时制也。"从字面上讲，所谓"天"，就是阴阳、寒暑、四季这些人的因素以外的东西，即中国传统文化中强调的"阴阳"。孙子这里的阴阳，不是具体的冷暖与阴晴概念，而是一种无所不用的抽象概念。中国古代许多对事物的看法与认识，都用阴阳解释，互为表里。这里面有迷信的成分，比如打仗之前占卜预测吉凶，但更多的则是军事气象学方面的知识。

冷兵器条件下，天气或气候条件如何，直接影响作战效果，甚至是战争结局。《孙子兵法》第十二篇是《火攻篇》，以火为武器，天的作用更大。首先要看是旱季还是雨季。孙子说"发火有时"，这里的"时"，不是一天二十四时之小时，而是一年四分季节的大时。孙子说："时者，天之燥也。"即冬春季节，天气干燥，是火攻的最好时机。

然后，再看"风"。孙子说："起火有日。时者，天之燥也；日者，月在箕、壁、翼、轸也。"箕、壁、翼、轸，是中国传统中二十八星宿中的四个星宿，指的是月亮行天的位置。看天，能知道风从哪个方向来，风有多大，什么时候会起风。这是古人的学问，也是古代军人必须掌握的知识，如同今天掌握高科技一样。古代把专门研究风的学问，叫"风角"。风角观测风向与风力大小，负责风角的官员是统帅部的成员之一，类似现代军队中司令部的气象处长。他要及时向统帅提供风向。比如，如果以火为武器，从东向西打，一定要有东风才行。如果刮西风——逆风进攻，还不把自己燎得像没毛猪一样！孙子告诫说："火发上风，无攻下风。"即要在上风口放火，不要在下风口进攻。

天还会有变化，俗话说天有不测风云。孙子这里的"天"，还是动态的，包括变化。如果火攻时，是在上风口放火，仗打了一半，风向变了就麻烦了。隋末，江南刘元进发动农民起义，隋炀帝派宠臣王世充前往镇压。刘元进提兵数万在延陵（今属江苏镇江）迎战，采用的战法就是火攻。隋军侦察兵得到了这一情报，立即报告给了王世充。

王世充这个人，历史上说他好的人不多。据史书记载，此人是陕西人，长得倒不赖，头发是羊毛卷，挺帅的。但他心术不正，中国文化中"小人"的所有特征他都具有，如阿谀奉承、欺诈、背信弃义、口是心非等等都可以用在他身上。不过，这个人还是非常有能力的。他本是一个文人，却成了一代武将。他口才伶俐，喜读兵书，喜欢钻研问题，特别是对气象非常有研究。他听到报告后，率众部将查看地形，又认真研究了天象，最后下令：敌人火攻时，全军坚守不出，不得擅自行动，只用弓箭退敌，等待反击的命令。

当刘元进放火进攻时，隋军严阵以待。刘元进督令步兵发起攻击。却不料此时风向大变，大火回头，将进攻中的刘元进烧得焦头烂额，军兵葬身火海者不计其数，王世充趁势命令发起反击，大败敌军，刘元进兵败身死。

孙子知天的观点，从现代意义上说就是注重外在的客观环境，这是人的因素之外的因素，只能认识与适应、利用，而不能人为地改变。比如，现在的企业经营环境，同三十年前相比有了极大的变化，金融的自由化、人口结构变化形成的老龄化社会、网络的进步加速了国际化进程，所有这些都表明，过去成功的经营模式，已经难以适应当今社会。从这个意义上，孙子在《计篇》中强调："计利以听，乃为之势，以佐其外。"即一旦定下决心，就要根据变化了的环境，营造一个有利于对外作战的态势。

第三是地。何为"地"？孙子讲："地者，远近、险易、广狭、死生也。"是指战场位置的远与近，地形的高与低、险阻与平坦、开阔与狭窄，以及作战区域是不是有利于进攻或防御。任何作战都是在一定的地形条件下进行的，没有在真空中实施的作战，而不同的地形，要用不同的战法。有山地作战战法、极地作战战法、沙漠作战战法、丛林作战战法、渡海作战战法。其中渡海作战，是最为复杂的作战样式。1806年8月2日，拿破仑站在英吉利海峡的南岸，望着北面的英国，指着眼前的海峡叹了一口气说："如果上帝让我做这海峡的主人六小时，我将征服整个世界！"在地形面前，英雄气也短。

因此，了解与分析地形对于作战胜负意义非常重大。孙子在他的这部兵法中，曾浓笔酣墨地强调了地形的重要意义。如他在《地形篇》中，在介绍了"通、挂、支、隘、险、远"六种地形后指出:"夫地形者,兵之助也。料敌制胜,计险厄远近,上将之道也。知此而用战者必胜,不知此而用战者必败。"地形是用兵的辅助因素。判断敌情,夺取胜利,考察地形险厄远近,是贤能之将的用兵原则。了解这些原则指挥作战,必能取胜;反之,必败。

其实,孙子关于"地"的战略筹划概念,在我们现实生活中也非常有用。如,就商业环境而言,产品或服务的最终目的地是消费场景,故"地"有"市场"的含义。产品是不是贴近市场消费者的内心需求,可以谓之"远近";市场竞争的激烈程度,可以比作"险易";市场占有份额多与少,可以比作"广狭";产品被消费者抛弃或接受,可以比作"死生"。所以,要想在市场竞争中立于不败之地,就要研究"地",即研究"地形"。

第四是"将"。何为"将"?孙子极为重视将帅在战争中的作用,他说:"夫将者,国之辅也,辅周则国必强,辅隙则国必弱。"什么是"辅"?辅是古代夹在车轮外旁的直木,每轮二木,用以增加车轮的载重支力。孙子把将帅比作国君的左膀右臂,辅佐缜密周详,国家就会强大;辅佐疏漏失当,国家就会衰弱。孙子对优秀的将帅有自己标准,即将要有"五德"——智、信、仁、勇、严和将有"五危"——必死,可杀也;必生,可虏也;忿速,可侮也;廉洁,可辱也;爱民,可烦也。这五德与五危,形成了孙子独特的高端军事人才观。这个问题,我们今后专门讲述。

第五是"法"。何为"法"?孙子说:"法者,曲制、官道、主用也。"这里所说的法,不是一般的法,而特指有关军队的一切制度,包括编制编成、后勤保障、装备训练、纪律条令、军官任免等等。曲制,是军队的编制制度。曲,部曲也。在西汉末年农民大起义中,地方豪强曾以军事编制管理所属的宗族、宾客、子弟等，组成武装力量，称为部制。一曲为二百人，一部为四百人。

官道，即管理将士的办法，包括将士责、权的划分，用现在我军的话说就是《纪律条令》《司令部工作条令》等等。

主用，指的是军队的一切费用，即军费、军需物资等等。

军队从和平时期，到上战场，一切都需要法度、制度、纪律、条令，没有这些，不管你武器装备有多么先进，都不能取得作战的胜利，因为你是一支没有战斗力的军队。换句话说，军队的战斗力是与"法"即制度、纪律等等有直接关系的。

中国古代社会的军纪起于夏朝。原始社会时期，部落军队的纪律，建立在整个集团公有制基础上，是对集团的忠诚。在国家建立后，军纪是建立在对国君忠诚基础上的。每逢作战前，朝廷都要进行战争动员，而战争动员的主要内容之一，就是宣布作战纪律和赏罚标准。

军队是一个风险极大的团队或集团，必须有相应的规章制度，没有等级体制的人群，那是乌合之众。连扑克牌都有个大小王，别说是军队了。

中国人民解放军从建军就强调纪律建设，颁布了《三大纪律六项注意》，后来根据需要，不断完善、修改为《三大纪律八项注意》。有了这个，才保证了我军从小到大、从弱到强，担负起保卫国家安危的重任。

难能可贵的是，孙子在这里还隐含着对法的"执行"的思想。有制度固然好，但是如果搁置不用，再多也没有用。法律是否有效，不是取决于其是不是完善，而是取决于其是否有人执行。制度放在那里，不是摆着看的，而是要懂得用，严格按制度办事。现实生活中，这种事例非常多。如就交通规则来说，国家《道路安全法》对机动车、非机动车、行人的责任与义务都规定得非常清楚，然而就是有人不按交通规则行车与走路，致使中国交通肇事率非常高，损失相当大，道路通行能力较差。因而，任何好的制度都要有人执行，这就是孙子的"主用也"。

孙子在讲述了战略筹划的五大内容后，又对这五大内容进行了细化，总结出了"七计"：主孰有道？将孰有能？天地孰得？法令孰行？兵众孰强？士卒孰练？赏罚孰明？即作战双方哪一方的君主更得民心？哪一方的将领更有能力？哪一方的法规、法令更能严格执行？哪一方的兵力更强大？哪一方的士卒更加训练有素？哪一方的赏罚更公正严明？

孙子进而说："吾以此知胜负矣。"即根据这些方面的分析与比较，就能够判明双方的胜负关系。

其实，孙子说的战略筹划这些要素，就是战争最基本的要件。无论战争形态发生怎样的变化，只要这些战争的基本要件不变，孙子的战略筹划思想与方法就适用。现代各国军队的军事演习，大都是由这几大要件来推演胜负，进而总结作战规律的。

第三讲 为将『五要』

上一讲我们谈到孙子的"五事",即道、天、地、将、法。其中"将",讲的是孙子的军事人才观。现在向大家介绍一下这个问题。

战争是人的有意识的行为,动物之间则是本能的争斗。而战争通常涉及国家的兴衰、政权的更替、财富的得失,所以都希望能打胜仗。而要想打胜仗,非常重要的一点就是要有能征善战的高端军人,也就是将领。正是从这个意义上,孙子说:"夫将者,国之辅也。辅周则国必强,辅隙则国必弱。"(《谋攻篇》)翻译成今天的白话文就是:将帅是国君的辅佐,辅佐得周详缜密,国家就必然会强大;如果辅佐得有疏漏失当之处,国家就会衰弱。

那么,孙子心中的好将领,能够辅佐国家强大的高端军人,是什么样的呢?

这一点,孙子在他的著作中,谈到了优秀将领的"五要"与"五不要"(即"五危")。

"五要"的内容是:作为一名优秀指挥官,要有"智谋才能""赏罚有信""关爱部下""勇敢无畏""军纪严明"。孙子的原话是:"将者,智、信、仁、勇、严也。"(《计篇》)

"五不要"的内容是:不要"死打硬拼""贪生怕死""性情暴躁""好名自尊""溺爱民众"。孙子的原话是:"故将有五危:必死,可杀也;必生,可虏也;忿速,可侮也;廉洁,可辱也;爱民,可烦也。"(《九变篇》)

下面结合战例，分两讲介绍孙子提出的高端军人的"五要"与"五不要"。

先讲"五要"。

"五要"，是作为一名高端军人的基本素质。而被孙子放在第一位的，是"智"！

智

什么是"智"呢?智,就是智谋、智慧、智力!孙子为什么把"智"放在高端军人的基本素质之首呢?他没有直接回答。三国时期的智者诸葛亮,却给出了答案,即:夫以愚克智,逆也;以智克愚,顺也。

正因为智慧战胜愚蠢是理所当然的事情,所以要重视人的智慧、智谋在战争中的作用。这是孙子把智放在为将之首的根本原因。智者就是要比一般的匹夫强。我们还拿诸葛亮说事儿。

诸葛亮被刘备三顾茅庐的诚意所感动,决定走到中国政治的前台辅佐刘备。刘备非常高兴,说:"孤之有孔明,犹鱼之有水也。"正在他高兴的时候,曹操派大将夏侯惇与于禁引兵十万杀奔新野。刘备的两个结义兄弟关羽与张飞对兄长礼贤下士、三顾茅庐、三番五次地请诸葛亮出山早就一肚子气了,听到曹军杀来,就对刘备说:"哥哥为什么不让你的'水'去迎敌呀?"

刘备劝说道:"出谋划策靠诸葛亮,阵前杀敌还要依赖二位贤弟呀!"说罢,即刻请诸葛亮一起商议如何破敌。

诸葛亮也看出即便刘备承认自己是一位有智谋的人,但关羽与张飞对自己的智谋究竟能起多大作用,还是心存怀疑的。于是,要求刘备给他全权,包括生杀予夺大权。就是说,谁不老实、不服从,就杀头。

于是诸葛亮根据双方态势，决定在博望坡伏击敌人。部署完毕后，关羽和张飞还不服气，讥笑说："我们都去杀敌，你却在家里坐着喝茶，够自在的呀！"并暗想，如果诸葛亮的计谋不正确，回来后再找他算账。其他将领，大多也是这样的想法。

战役的结果是曹军中了诸葛亮的计谋，尸横遍野、血流成河、大败而逃。后人有诗赞曰：博望相持用火攻，指挥如意笑谈中。直须惊破曹公胆，初出茅庐第一功。

这一战，终结了刘备被曹军赶得满中原跑、逢曹军必败的历史，由此可见智谋的制胜功效。而诸葛亮之所以这样有智谋，就在于他有全局意识，能够从战略高度认识局部事物，分析事物的利害得失。他那篇著名的"隆中对"，就是最高水平的战略形势分析与判断。

他站在刘备的立场上，深刻分析了汉末各种战略力量变化形成的态势，分析了各方面政治力量的有利与不利因素。他认为曹操的优势是：已有百万之众，挟天子而令诸侯，此诚不可与争锋。

孙权的优势是：据有江东，已历三世，国险而民附，贤能为之用，此可以为援而不可图也。

而对益州，也就是四川的分析是：益州险塞，沃野千里，天府之土……刘璋暗弱，张鲁在北，民殷国富而不知存恤，智能之士思得明君。

诸葛亮仔细分析了刘备面临的形势，以及这个形势中的有利因素和不利因素，最后建议刘备：

第一，不要与曹操硬拼，而要躲避曹操的锋芒；

第二，可以联合孙权，而不要企图争夺东吴；

第三，取荆州和益州作为建国基地；

第四，等到出现有利时机，即分兵两路攻打洛阳和长安。

最后，诸葛亮对刘备说，如果能这样做，那么您中兴汉室、重振大业的愿望就一定会实现的。

诸葛亮的《隆中对》，将当时刘备所处形势中的利害关系都分析到了，这就是大智慧。孙子在他的著作中认为，好的将帅在考虑问题的时候，必须要兼顾利与害两方面。孙子的原话是：是故智者之虑，必杂于利害。

孙子强调"智"的作用，在现实生活中是非常有意义的。现代社会技术精密，分工更细，竞争更强，更需要智慧与创造。一名高端人才之所以走到今天的位置，就是因为比普通人具有更强的竞争力。而要想具备更强的竞争力，就看在智慧层面上的空间有多大。

在一个团队中，成功的领导者有性格和品质的因素，但更为重要的是领导者要掌握相关事务的丰富知识，而智慧就是从这里悄悄踏上了这个领导者的命运征程。西方有人说：心智决定视野，视野决定格局，格局决定命运，命运决定未来。

这就是智慧的魅力与功效。

信

什么是"信"？信，就是"赏罚有信"，就是诚实不欺。用在治军上，信就是该赏时，不以远己而不赏。就是说，部属做出了成绩，不能因为当事人不是自己的嫡系，或者曾经犯过错误，或者是自己很讨厌的人而不赏。三国时期的诸葛亮，就是赏罚有信的名将。

公元 230 年，蜀汉驻祁山前线的兵力有二十万，但由于后勤保障不足，前线严重缺粮，诸葛亮对此非常犯愁。这时，长史杨仪提出一个建议，将二十万军队分为两班实行轮值，平日在前线部署十万兵力，每一百天轮换一次。这样，既可解决由于运力不足带来的缺粮问题，又可以使得前线士兵保持高昂的士气，不会因长期在边境驻守而产生厌倦情绪。

诸葛亮接受了杨仪的建议，下令将全军分为两班，百日一轮换，谁违令就按军法处罚谁。

可是，231 年早春二月，司马懿派手下大将张郃与蜀军交战于卤城，也就是今天甘肃省礼县东北。这时，正值前线有四万蜀军到了轮换的时间，而前来接班的蜀军还在汉中的路上。杨仪进帐对诸葛亮说，是不是暂时停止轮换？诸葛亮断然拒绝了这个建议，说："不可，吾用兵命将，以信为本。既有令在先，岂可失信？且蜀兵应去者，皆准备归计，其父母妻子倚扉而望。吾今便有大难，决不留他。"坚持让应该回家的士兵回去休整。

这就是信。中国的传统文化里非常重信，孔子曾说："道千乘之国，敬事而信。"(《论语·学而》)作为大国的统治者，就是要办事严肃、认真负责、一丝不苟、说老实话。

民间百姓的一些话，如：吐个唾沫就是一个钉；君子一言，驷马难追，都是从"信"的意义上划定的人的基本道德标准。那些说了不算的人，你能和他交往吗？

有信，就有战斗力。当蜀军听到诸葛亮在敌军压境的时候，还让他们按时回家休整的消息后，都极为感动，士气非常高涨，纷纷要求留下来打完这一仗再走。最后蜀汉军队取得大胜，将魏将张郃射杀在木门道，也就是今天甘肃天水市秦州区牡丹乡木门村。后人有诗为证：伏弩齐飞万点星，木门道上射雄兵。至今剑阁行人过，犹说军师旧日名。

蜀军这一战例，真的印证了韩非子所说的："信赏必罚，其足以战。"(《韩非子·外储说右上》)只有赏罚严明，军队才能有战斗力。

现实生活也是这样，一个团队领导者的处事之道，最为关键的是要公正无私，也就是建立"信"。对此，《淮南子》中曾说："公而无私，一言而万民齐。"(《修务训》)德国著名音乐家理查德·瓦格纳曾有一句耐人寻味的名言："毁掉自己名誉最不露痕迹的办法，就是不要对自己的承诺负责。"

可见，在"信"的问题上，东西方文化没有多大的差别。

仁

仁，根据《说文解字·人部》的解释，就是两个以上的人相互间亲爱。这是"仁"的本意。

中国儒家追求的道德目标之一，就是"仁"。孔子的学生樊迟问老师："什么是仁？"孔子的回答是："爱人。"意思是说，你们要以爱心处理人与事。

孙子生活在春秋末年，他是否看过孔子的书，史书没有记载，大概是没有看过。因为，孔子讲学没有到过吴国。但是，孙子却能够从军事经验中总结出高端军人的标准之一，就是要关爱自己的部属。这说明，战争与教育虽然不是一个领域，不过有的地方还是相通的。

西周时期，军队就强调爱兵问题。当时带兵的人知道，要想让士兵按照你的意志去做事，甚至为你出生入死地奋战，就要关爱士兵。到春秋时期，随着战争规模的扩大，兼并战争的增多，军队更重视爱兵问题。许多有名的统帅，都是爱兵的模范。

魏国大将吴起，既是著名的军事统帅，也是著名的军事理论家。历史上，就流传着吴起为一名军人与其子用嘴吸脓的故事。

一次，一名老兵的背上长了一个很大的疮并且化了脓，疼得难受极了。吴起见到后，立马让老兵趴下，自己蹲下来，伏在老兵的背上，用嘴把这名老兵背上的脓给吸了出来。以后连续几天都是这样，最后老兵的疮好了。老兵非常感动，在战场上拼死作战，因为在他看来，自己的命是吴将军给的，不奋勇杀敌，就对不起将军，直到最后战死沙场。临死前，还嘱咐妻子把儿子送到部队，继续为吴将军效命。

不巧，这位老兵的疮是个遗传病，他儿子的背上后来也长了个大疮。吴起知道后，又和从前一样，帮助这位老兵的儿子吸背上的脓。不料，这位老兵的妻子、新兵的母亲却悲伤起来。当时有人感到奇怪，就问这位老太太为何难过？老太太回答说："大家有所不知，孩子父亲背上的脓被将军用嘴给吸了出来，结果他对将军感恩戴德，最后战死沙场。而现在将军又为我儿子用嘴吸脓，我儿子一定也会感谢将军关爱之情，奋勇杀敌。只是，不知道我儿子什么时候战死。我哭的就是这个！"

这个故事是不是真实的，有没有出入，已经无法稽考。但孙子在他的著作中，却明白地阐发了故事中所要表达的思想，即："视卒如婴儿，故可与之赴深溪；视卒如爱子，故可与之俱死。"（《地形篇》）

吴起用嘴给士兵吸很脏很臭的脓，大概只有父亲对儿子才能做到这一点。士兵从吴起的行为中，感觉到了价值，自然就会按照军官的意志去行事，哪怕是牺牲生命。甚至自己牺牲还不够，还要让自己的儿子接替自己未竟的事业。

这就是关爱士兵的效用。军官对士兵的关爱，对于士兵来说，是对自己生命价值的尊重；士兵对军官的回报，就是在战场上奋勇杀敌。对此，美国名将奥马尔·布莱德雷讲得非常明白：领导者应当懂得理解人、关心人。人不是机器，也不应当被当机器对待。我并没有以任何方式暗示要纵容属下，但是人是有智能的生物，会对理解和关心做出积极的反应。理解人、关心人的领导者，不仅会得到每一位属下的全心回报，还会得到他们的耿耿忠心。

现代企业都非常讲求员工的忠诚。而要求员工的忠诚，往往是企业老总最感头疼的。其实，这件事儿解决起来并不复杂，只是一个人心换人心的问题。罗荣桓元帅是我军的名将，他说得好：带兵就是爱兵，政治上爱，生活上爱，真正的爱，不爱怎么能团结在一起，怎么能战胜敌人？徐向前元帅也说：身为干部，一定要爱兵。在战场上冲锋陷阵，要靠士兵。因此，军队干部要明确树立为兵服务的思想。

军队如此，企业亦然。如果企业高管把员工看作是用钱雇来的、会说话的工具，并不关心员工个人合理的利益问题，你能保证员工不整天和你斗法吗？据说，美国名将道格拉斯·麦克阿瑟的座右铭之一就是：我是否像关心自己的家人一样关心部属的个人福利？

如果你是一名企业高管，建议你最好把麦克阿瑟的这句话当回事儿。

勇

什么是勇？勇就是勇敢，就是胆量。说到"勇"，还有一个故事。孔子十分善于剖析自己。有一次，他与学生曾子谈论如何做人。他评价完品行端正的人应该把"言过其行"作为耻辱之后，突然非常感慨地自我剖析说："高素质的人还有三样东西我不具备，或者说我做不到：第一，我不能像仁德的人那样，遇事不忧愁；第二，我不能像智慧的人那样，遇事不糊涂；第三，我不能像勇敢的人那样，遇事不惧怕。"他的学生曾子听后，非常赞同地说："这真是老师的真实写照呀！"

孔子说自己遇事不能做到不惧怕，用的词就是"勇者不惧"。可见，勇敢是高素质的人应该具备，却未必是大家都具备的心理素质之一。然而，老百姓胆子小一些、恐惧心理大一点，问题还不算大，至多影响自己与家人的生活。而军人如果胆子小，风吹草动就能让他吓个半死，那么问题就大了，影响的可就不仅是自己，而是整个团队，甚至是一场战争的胜负。

大家都知道"八公山上，草木皆兵"的故事。前秦皇帝苻坚南下攻晋，在淝水被晋军名将谢玄打败，乃至于将寿阳城北面的八公山上的草木都当成了晋兵，留下了被人讥笑千古的成语"草木皆兵"。苻坚之所以把草木误认为是敌国的军队，就是由于临阵害怕产生的幻觉所致。

相反，谢玄的叔父、淝水之战的总指挥谢安在这场会战中，尽管兵力处于劣势，却极为镇定自若，丝毫没有"怕"与"恐惧"。他甚至在战场后方调度停当后，与客人在深山的茅屋里下棋。当打败前秦军的战报送来后，他仅瞟了一眼，就随手放在了桌子上，继续若无其事地下棋。客人关心前方的战局，就问他："仗究竟打得怎么样了？"谢安轻描淡写地回答："哦，小孩子们把敌兵打败了。"

当然，谢安并不是真的满不在乎。送走客人后，回到内宅，他兴奋的心情再也按捺不住了，跨过门槛的时候，跟跟跄跄的，以至于把脚上木屐的齿都碰断了。

苻坚遭遇挫折后，为什么会把山上的草木当成兵？谢安与敌交战时，为什么能内急而外定？套用英国名将蒙哥马利的观点，可以这样解释：苻坚是一个不善于管理恐惧的人，所以不能在危机中镇定自若；而谢安是一个善于管理恐惧的人，因而能在危机中镇定自若。

如果一个人在战场上，能像管理手下士兵一样，把恐惧管理得井井有条，他还会畏惧所面临的危险吗？而不畏惧面临危险的人，不就是大勇之人吗？

战争是充满风险和危险的领域，只要是战争，零伤亡只能是美好的追求，上战场就意味着要与死神进行零距离接触。如果不勇敢，上了战场就魂飞魄散，还能打仗吗？如果指挥官都是怕死的人，他怎么率领士兵作战？所以，孙子把"勇"作为高端军人必备的素质之一。

然而，军人的勇敢是分层次的。中下级军官和士兵的勇敢，更多地表现在不怕死，也就是德国军事理论家卡尔·克劳塞维茨所说的"肉体的勇气"。比如，电影《英雄儿女》中的王成能够在敌人包围之际，用步话机呼唤自己部队的炮火："近点，再近一点……朝我这里打……为了胜利，向我开炮！"这就是中下级军官和士兵的勇敢。

而对于高端军人来说，更多的要求他们的是"精神的勇敢"，即最重要的是能否敢于承担做出导致全军胜利或者败亡决策的责任，即承担决策后果的责任。

诺曼底登陆作战，最大的难点是气象与水文。特别是陆、海、空三军对气象与水文条件要求不一样，更增加了问题的难度：陆军要求在月明星稀之夜时的高潮登陆，以便于近岸上陆，并发挥火力的掩护作用；海军则恰恰相反，要求在月黑风高之夜的低潮登陆，这样会因为距离岸上敌人防御火炮远而减小伤亡；空军对水文条件要求不高，但是要求在风小、雾小的天气里作战。

最后，当艾森豪威尔的气象主任斯塔克计算出在1944年6月6日早晨开始，将有两天的时间天气与水文情况都非常好的时候，手下有庞大参谋集团的艾森豪威尔内心是孤独的。因为，这时不会再有人帮他出主意了，他必须独自面对一个风险：决策的风险——可能胜利，也可能失败。最后，艾森豪威尔只说了一句话："让我们干吧！"于是，历史上空前绝后的诺曼底登陆作战开始了。

艾森豪威尔的这句话，就是高端军人的大勇。

孙子在自己的著作里，没有把"勇"像克劳塞维茨那样分成肉体与精神两部分阐述。但是，从全书的内容来看，孙子讲的高端军人的"勇"，不是匹夫见辱、拔剑而起、挺身而斗之勇，而是"卒然临之而不惊，无故加之而不怒"的天下大勇。

这种大勇，不也正是我们现代社会中很多人所缺失的吗？

严

即"军纪严明"。没有规矩，不成方圆，这句话讲的就是任何组织都必须制定相应的管理章程，建立起正常的秩序。军队是组织严密的集团，所以纪律与秩序，是军队的基本特征。

军人以战争为职业，战争异常残酷，将士是在用生命与鲜血换取战争的胜利。如果没有严格的军纪，想打就打，不想打就跑；作战顺利时，把指挥官给抬起来欢呼祝贺；作战失利时，就把指挥官给骂一顿，或者打一顿，甚至杀了，这样的军队能有战斗力吗？这样的军队谁敢用呀？捷克名将瓦伦斯坦，就是被军纪败坏的雇佣军杀的。

所以，军队必须要有严格的军纪。而高端军人每天都要同军人打交道，对于他们来说，要管理好部队，有令则行、有禁则止，是最重要的。这就叫管理严格、执法严格。

对此，孙子的体会太深了。上面所讲流传了两千多年的"吴宫教战"的故事，就是孙子严明军纪的典型事例。

周亚夫是西汉名将，父亲就是那个大名鼎鼎、毛泽东同志非常欣赏的周勃。周亚夫治军，讲求严格军纪。如他要求任何人不经允许，不得进入军营半步；任何人不经允许，不能在军营里骑马飞驰；军人在任何时候，都要穿戎装等。

一次，汉文帝刘恒到部队视察。周亚夫事先没有接到通知，当皇帝到来时，周亚夫的军门都尉将皇帝拦了下来。皇帝拿出古代调动军队的符节，让军门都尉转告周亚夫，他要进营慰问官兵。这时，周亚夫才下令打开军营大门。但是，周亚夫的部下又让皇帝勒住马缰徐徐而行。皇帝听后，赶紧把马勒住。到了辕门大帐，周亚夫出来，身披铠甲，头戴盔帽，拱手施礼说："臣戎装在身，不能行跪拜礼，仅以军礼相见。"

文帝见了，微笑着俯下身来，抚着车前的横木，以轼车礼对周亚夫说："寡人敬老将军！"

文帝巡幸周亚夫军营所发生的一切，让随行的官员感到震惊，他们认为周亚夫如此慢待皇帝，是大不敬，建议对他治罪。然而，文帝却说："这次出来走了几个军营，只有周将军的军营纪律森严，他的军营严得连我都难以靠近，更别说匈奴人了。他才是真将军呀！"文帝死之前，对儿子刘启也就是后来的汉景帝说："我死后，国家一旦有紧急军情，周亚夫可担任出征的重任。"

后来，当发生吴楚七国之乱时，周亚夫率领军纪严明的军队出征，最后平定了内乱。这是后话了。

"严"，对于现代生活也意义非凡。可以说，任何一个成功的企业，都有严格的规章制度，都有严格的管理。在某种意义上，企业的管理水平，就在于"严"字功夫做得好不好。

以上，就是孙子眼中高端军人的"五要"。应该说，孙子讲的这"五要"——智、信、仁、勇、严，都是高端军人必备的基本素质，也是旁观者看一支军队是否有战斗力的窗口之一。这就是：智信仁勇严，统兵五大要。志者莫敢忘，军营乐逍遥。

第四讲 为将『五危』

上讲我们讲了孙子军事人才观的"五德",即智、信、仁、勇、严。这是从正能量角度讲将领的人才标准。这一讲介绍"五危",从负能量角度看人才标准,即孙子认为一位优秀将领不应该有的负面情绪、心理、思想等等。

战争充满了不确定性,只要战争没结束,什么样的结果都可能发生,用老百姓的话讲,战争是最没有"准儿"的领域。这就决定了带兵打仗的人,需要有特殊的领导能力。

什么样的特殊能力?我想岳飞的"十六字诀"最能说明这个问题。

岳飞是中国宋代名将、抗金英雄。在他还是下级军官时,一次作战后,遇到了当时赫赫有名的将领宗泽。宗泽大岳飞四十三岁,见岳飞作战勇猛,夸奖岳飞是"勇智才艺,古良将不能过"(《宋史·岳飞传》)。老将军有意栽培年轻的岳飞,向他传授了自己的作战阵图,期望岳飞早日成为国家栋梁之才。

岳飞感谢老将军的关爱与教诲,当时说了一句话作答:"阵而后战,兵法之常,运用之妙,存乎一心。"(《宋史·岳飞传》)意思是说按照阵图再作战,这是用兵的一般法则,但要把这些法则运用得巧妙得当,全在于潜心思考、灵活多变了。

岳飞的这"十六字诀",道出了领兵作战必须具备的领导能力的特点:在战争中,作为一个将领,太死板不行,千万不能死心眼,战争最忌讳死心眼、一根筋。如果打仗死心眼、一根筋,不会转弯,几匹牛也拉不回来,不会根据作战环境采取灵活多变的战法,那就等于自己把自己送到风险最大的地方。哪一个将领这样,哪一个将领倒霉的时候就要到了。也正是在这个意义上,孙子提出了为将者的"五危":"故将有五危:必死,可杀也;必生,可虏也;忿速,可侮也;廉洁,可辱也;爱民,可烦也。"(《九变篇》)这里的"五危",讲的就是死心眼儿、性格偏执、钻牛角尖、不知变通。对此,孔子看得也很清楚,他认为人有四大毛病,一定要彻底克服——"毋意、毋必、毋固、毋我"(《论语·子罕》)。悬空乱揣测、绝对偏执、拘泥固执和唯我独尊,这些都是人的负面心理与情绪。

必死，可杀也

一危："必死，可杀也。"即告诫将领不要逞匹夫之勇，光凭热血而没有脑子地去"死打硬拼"。

怎么理解呢？我讲过，勇敢与胆量是军人的基本素质，怕死的人是当不了兵的。然而，"勇"也有大小之分。战争中最需要的是大勇之人，而不是匹夫之勇。关于这个问题，孔子是非常有见地的。一次，子路问孔子："子行三军，则谁与？"孔子回答："暴虎冯河，死而无悔者，吾不与也。必也临事而惧，好谋而成者也。"这里说得十分清楚，谨慎而善于通变的人，才是能干大事儿的人。这与老子的"大勇若怯"（《道德经》）的观点是一致的。真正勇敢的人，遇事不是鲁莽冲动，而是要怀有"畏惧"之心。没有胆怯之心，哪有勇敢之意？这就是古人朴素的辩证法。

美国有部大片叫《勇敢的心》（Brave heart），1996年获得过第68届奥斯卡最佳影片、最佳导演等5项奖项。威廉·华莱士是个英雄，为反对英国"长腿"国王爱德华对于苏格兰的暴政统治而起义，最后因贵族出卖而被斩首。临行前，他就胆怯过，一个人在牢里默默地祈祷，让上帝给予他面对死亡的勇气。最终，他没有屈服。尽管当时英格兰人告诉他，只要华莱士承认叛国，就可以减轻罪刑，但他还是在刑场用最后一口气大喊："自由（Freedom）！"

华莱士就是一个"大勇若怯"的人。相反，那些动不动就拍胸脯、满嘴豪言壮语"怕什么，和他们拼了""十八年以后又是一条好汉的"的人，未必是大勇之人。如果由这种"小勇"之人统兵打仗，多少兵都会被他带到阎王爷那里去。

抗日战争初期，国内除了"亡国论"以外，还有"速胜论"。一些人盲目乐观，把日本估计过低，特别是在平型关战役、台儿庄战役的局部胜利后，更冲昏了脑袋，认为到了与日军进行大决战的时候。而毛泽东同志则理性地分析了敌我双方的力量与态势，揭示了"敌强我弱，敌退步、我进步，敌小我大，敌寡助、我多助"的抗日战争发展的基本规律，最后提出了持久战的战略，制定了抗日战争作战的形式主要是运动战，其次是游击战。历史实践表明，毛泽东的这个战略方针是正确的。

毛泽东在强敌面前，并不是感觉轻飘飘的，而是感到压力很大，这是他的"怯"。但是，毛泽东真正感到了压力，真正有"怯"的感觉，才能做出解决压力的战略战术，这就是勇气——大勇之人的勇气。

俗话说，初生牛犊不怕虎。小牛刚从娘胎里出来，不知虎是何物，可以理解。但是，如果仅凭这一点，就不知深浅地向虎冲去，则不可理喻——后果可想而知了。及而广之，刚从大学毕业，就怀着"如欲平治天下，当今之世，舍我其谁"(《孟子·公孙丑下》)的抱负投向社会，肯定不会顺利，不仅不会治理好天下，弄不好连吃饭都会成问题。

必生，可虏也

二危："必生，可虏也。"即告诫将领不要只想着"位置""待遇""享受"，而不干练兵打仗的正事儿。一句话，光想着如何活得好，结果就一定是等着被俘虏。

在中国传统的价值体系中，"勇"与"智""仁"一样，是做人的三大品行之一，即"三达德"。而"勇"靠什么来培育呢？靠的是"义"的意识去培育。因此，"大勇"的背后，是"大义"。"义"在中国传统价值体系中非常重要，被列为"五常"中的第二位——仁、义、礼、智、信。

什么是"义"？在别人有难时帮人一把，即为义。这样的人，做什么事情都见得了阳光。小到扶危助困，大到为国捐躯，承担的是一种义不容辞的责任或义务。即便你使尽浑身解数，也不能夺其志，这就叫"威武不能屈，富贵不能淫"。

军事将领承担着的是国家的安危，为达此目的，就要做到"忘我"之大义，少想自己的得失。为了履行好自己的职责，尽心尽力，鞠躬尽瘁、死而后已，而没有那些花花肠子，干事总是留一手，偷奸耍滑，能推则推。如果是这样，一旦战争来临，则好比阳光下的阴影，安危结果就一清二楚了。

南朝有一个宋国，开国皇帝名叫刘裕。他出身贫寒，种地、打渔、卖草鞋什么都干过。后来参加东晋军队，因战功成为晋军的高级将领。当时，东晋有一权臣名叫桓玄。这个人有野心，在朝中争权夺利，想自己当皇帝。他重用的人都是贵族，这些人平时想的是争位置，结党营私、游猎无度、骄奢淫逸，对军队训练敷衍了事。403年，桓玄废掉晋安帝，自立为皇帝。出身草根的刘裕，率军讨贼。

本来，桓玄的兵力远远多于刘裕。但桓玄手下那些领兵打仗的将领怕死无义的本来面目，面临战争时一下子全暴露出来了，还没有和刘裕的军队交手，就已经纷纷准备好了退路。而刘裕的军队却因平时训练刻苦、军纪严明，屡屡得胜。几次会战下来，桓玄手下那些一心想逃命的将领，不是被打死，就是做了俘虏。昔日那种骄奢淫逸的日子彻底结束，最后只能在战俘营中吃糠咽菜了。而那个一心想当皇帝的桓玄，也兵败身死，只活了三十六岁，留下了一大堆孤儿寡母。

这一历史事例，则是孙子"必生，可虏也"的最好写照。

孙子"必生，可虏也"，对我们现实生活也是一个提醒。现代社会生活水平提高了，过去从来没有见过的事物，成为今天离不开的东西，甚至有人对于某些事物到了痴迷的地步，比如网迷。互联网的好处大家都知道，已经是现代社会离不开的事物了。这如同生命一样，谁也不希望自己的生命过早地凋谢。生命没有罪，有罪的是把生命变成了无价值的东西。互联网没有错，有错的是网迷们本末倒置，把正事儿当儿戏，最后失魂落魄。这样的人不就是"玩物"的俘虏吗？

对于一个企业的员工也是这样。如果一个企业的员工总想着加薪过好日子，而不关心企业的发展，不把企业当作自己的家一样对待。等到企业垮了，你还能有薪水吗？恐怕你得依靠救济金过日子了吧？

所以，从管理学角度看"必生，可虏也"，也告诉了我们一个道理：你拿团队当家，有主人翁的责任感，你口袋里的钱才可能会鼓起来。

忿速，可侮也

三危："忿速，可侮也。"即告诫将领脾气要好，千万不要"性情急躁"，再急的事儿、再气人的事儿，也要沉着冷静。而脾气暴躁，就容易让人欺、让人戏，人家会变着法儿地让你做出非理性的决策。

战争是玩儿命的活儿，需要血性，不能娘娘腔的。清末重臣胡林翼，治军用兵有一套方法。他认为：舞龙在龙头，打仗靠军官，兵好征，将难求，所以他选将的标准之一就是要"有血性"。有血性，就是要有正义感，就是仇人相见分外眼红。有血性，才有争取胜利的欲望与冲动。

但是，有血性并不是爆竹脾气，点火就着，这种人为将，准坏事儿。为什么？这种人容易在盛怒之下做出非理性的决策，而非理性状态下做出的决策，十有八九要失败。也正是从这个意义上，孙子多次强调将领的性情磨炼与培养。他说："将军之事，静以幽，正以治。"（《孙子兵法·九地篇》）

这段话有点儿意思。"将军之事"，指的是带兵、管兵的诀窍。什么叫"静以幽"？静，是指状态平静、平稳，如同一泓池水；幽，是补语，平静得让你感觉深不可测。去过天池的人都有这种感觉，天池没有浪，甚至很少有涟漪，但是它究竟有多深，谁也不知道。"静以幽"比拟人，形象一点就是喜怒不形于色，心里再是翻江倒海、怒发冲冠，脸上也看不出来，嘴里不透露一个字，什么点子都在肚子里装着，心里想的什么，让你去猜。"正以治"简单一点说，就是有条不紊。正，是"全部""整个"的意思，指的是整个部队，上上下下秩序井然、令行禁止。

很明显，孙子虽说"兵者，诡道也"，主张为将者肚子里要有许多"歪门邪道""坏水"；却要求为将者不能让内心的东西暴露出来，无论在什么情况下，都要保持沉冷静。所以说，孙子一再告诫："主不可以怒而兴师，将不可以愠而致战。"（《孙子兵法·火攻篇》）意思是说，作为君主，千万不要为一时之怒而发动战争；作为高端军人，千万不要为一时之气而出兵打仗。逞一时之怒气而作战，会使人失去理性，而非理智状态下做出的任何决策，都很可能带来严重的后果。

今天的人们大概不熟悉姚襄这个人了，然而在一千七百多年前，他可是大名鼎鼎。姚襄生于331年，家在今天甘肃的陇西一带。他是羌族人，雄武盖世、好学博能、文武双全，在本地有很高的名望。后来，他起兵占领许昌，准备谋取关中。这个人对老百姓特别好，非常得人心，即便连年打仗，老百姓也愿意跟着他。

后来，姚襄被前秦的军队打败。他率军民撤退，然而，前秦统帅苻坚率军紧追不舍，一直追到陕西的三原地区。苻坚也是位名将，与姚襄是老对手，他深知姚襄性情急躁易怒，于是便命人到阵前挑战，辱骂姚襄是胆小鬼，只会用小恩小惠笼络人心。

这时，姚襄兵力很弱，不能与敌人硬拼，最好的战法是以静待动，待援兵来后再作打算。可是，姚襄被苻坚骂火了，马上披挂上阵应战。他的谋士智通和尚见主帅这样，力劝姚襄不要硬拼，要稳定阵脚，恢复战力，寻找有利时机再战。可是，姚襄却说："二雄不俱立，冀天不弃德以济黎元，吾计决矣。"（《晋书·姚襄载记》）意思是说二雄不能并立，希望上天不抛弃有德之人而救助黎民，我已下定决心与他们决一死战，你不要再劝我了！姚襄堪称有德的将领，出战前不仅抱着必死之决心，而且连后事都交代好了。但是，他这个决策却是大错特错了，因为这个决策是建立在一时之怒的基础上的。结果他很快被苻坚所杀，那一年，他年仅二十七岁。

姚襄的例子在今天也有现实意义。性情急躁易怒的人，一定不要逞一时之气，以免影响了大事儿。日常生活中有许多这样的人，一生气，做起事来就不考虑后果。结果呢？不仅解决不了问题，反而会使事情越变越坏。特别是一些人为一点小事，头脑发热，甚至做出激情杀人的事情。因此，应当戒之慎之。

廉洁，可辱也

四危："廉洁，可辱也。"即告诫将领千万不要"好名自尊"，死要面子活受罪，要拿得起、放得下。人不能没有自尊，但是不能太自我。如果将领自尊和自我到了自恋的程度，喜欢人家说好话，不喜欢人家提意见。这种人率兵打仗，是非常危险的。

希特勒就是一个极端自我之人，他的自我甚至到了自恋的程度。1944年2月下旬，美国中情局向罗斯福总统提交了一份《希特勒性格特征及其分析报告》，从这份报告中可以看出，希特勒特别在意别人眼中的自己。比如，他特别在意自己的鼻子。他的种族理论认为，日耳曼民族作为优等民族的外部特征之一，是有一个高挺的鼻子——这会让人感到"刚毅自信、勇敢无畏"。可是，希特勒的鼻子并不高。这怎么办？他去整容——把鼻子垫高。但是，当时的欧洲普遍认为，整容是可耻的，因为根据基督教文化，上帝给予你什么样的容貌，就应该珍惜它。他想整容，又不能让德国人知道自己整容，于是希特勒发明了"鼻子渐高术"——不是一次，而是一点一点地通过若干次把鼻子弄高挺了。

类似的事情多了。纳粹德国有一个绝对的国家机密，这就是希特勒的身材。年轻时，希特勒肌肉就不发达，五十岁以后更是日趋萎缩，这本来非常正常。作为元首，肌肉不发达并不是什么缺陷，又不是运动员。

但希特勒的自恋到了疯狂的程度，即便夏天，他也从不穿短袖衫。命令身边给他洗澡的工作人员，必须对他的身体外形严格保密，否则就有杀身之祸。

一个人自我、自恋、虚荣到了如此地步，还会听得进不同意见吗？在整个战争期间，德军将领经常会接到这样的命令："这是元首的命令，不容更改！"尽管许多决策是错误的，甚至是违反军事常识的，但是希特勒从来不会听取不同的意见。他认为，自己永远是对的。结果，他的士兵却不得不一而再、再而三地为他的决策失误流血丧命。

希特勒如此自我、自恋，表明他内心的恐惧与虚弱，他并不是真正有力量的人。这种素质的将领，最终下场都不好。

中国有句成语叫"忍辱负重"，真正有力量的人，应该具备"忍受屈辱，承担重任"的素养。韩信就是这样的人。

司马迁记载的韩信的出身非常真实：家里一贫如洗，天天到别人家蹭饭吃，全部家产只有他随身携带的两件东西——箫与剑。

这两件东西，韩信走到哪里，带到哪里。箫，是韩信流浪时自己找乐，或者找不到饭辙、饿得发慌时，拿出来吹吹，打发时间所用。

剑，倒是有点名堂。这是把什么材质做的剑？史书上没有写清楚。只说他参军之前，"好带刀剑"。我认为是把"仿真剑"，即木头做的。因为，当时秦朝法令，严禁民间私藏、私用兵器，甚至菜刀都要几户一把，他怎么敢整天带着把真剑，在秦朝的治下流浪呢？如果是木头做的话，他为什么还这样爱不释手呢？我想，这把木剑对于韩信来说，其精神的作用远大于战斗功能，是韩信所有精神和信仰、抱负与理想的寄托。

不曾想，就是这把"仿真剑"，给他惹来了一场祸患。

有一天，淮阴街头上的小混混们在闲逛，正好看到迎面而来的韩信，于是他们想拿韩信取乐。其中一个对韩信说："若虽长大，好带刀剑，中情怯耳。"而后又在众人面前激他："信能死，刺我；不能死，出我袴下。"从袴下钻过去，这是奇耻大辱，是可忍孰不可忍！韩信额头青筋暴现，修长的手指紧紧握住剑柄，眼睛里充满了血丝，胸膛起伏，一步一步逼近了对手。

大街上围满了看热闹的人群，大家都想看看事态会怎样进展。然而，令所有人惊讶的事情发生了。司马迁记述说："于是信熟视之，俯出袴下，蒲伏。一市人皆笑信，以为怯。"他居然俯下了高大的身躯，从对手胯下钻了过去。于是，除了韩信，所有人先是怔住，继而哄然大笑，都在嘲笑、奸笑、狂笑、讥笑、冷笑韩信太窝囊。

韩信为什么没有出手？司马迁没有继续记述。如果韩信还手，不忍这一辱，一定是会是血溅淮阴街头。倒下的有三个选择：要么是那个挑衅的小伙子；要么是韩信；要么两个全死。但对于韩信来说，倒下去的结果只有一个：所有的理想都将因此而彻底毁掉，机会永远不会到来了。

韩信没有出手，是因为他心里还有比这重要得多的事情要做。一个有远大理想抱负的人，眼前所遭受的一切苦难与耻辱，都能忍在心里——"小不忍则乱大谋"（《论语·卫灵公》）。

爱民，可烦也

五危："爱民，可烦也。"即告诫为将的人，千万不要有妇人之仁。作为将领一定要果断，而不要优柔寡断、顾虑太多、患得患失、当断不断。

中国历史上，有两个非常有名的因妇人之仁而最终兵败的事例。

一个是春秋时的宋襄公。在战场局势对自己非常有利的情况下，宋襄公却顾虑重重，扛着"礼"的大旗，要在公平公正的条件下，堂堂正正地决一死战，结果错失良机，最后兵败。

一个是楚汉战争时期的项羽，曾经在他手下为将的韩信，早就说他有妇人之仁。在鸿门宴上，项羽本来可以杀掉刘邦，但顾虑自己是不是以强凌弱？杀掉一个年长自己的人合不合适（刘邦大项羽二十四岁）？万一没有反心杀错了怎么办？等等。最终没有在宴席上除掉刘邦，气得项羽的"亚父"范增说："竖子不足与谋。夺项王天下者，必沛公也，吾属今为之虏矣。"（《史记·项羽本纪》）果不其然，历史让范增说中了。

战场上，最直接的目标，就是胜利。所以，做出正确、快速的决策，是将领的基本素质。在现代社会也是这样：只有当机立断，才能抓住机遇。美国有一个华人企业家名叫王安，在他六岁时，看到一个落在他旁边的鸟巢里，有一只嗷嗷待哺的小麻雀，决定把它带回家喂养。可是，走到家门口时，突然想起妈妈不允许在家里养小动物。他犹豫了一下，把小麻雀放到了门口，然后找妈妈，请求妈妈允许他喂养这只小麻雀，最后妈妈好不容易答应了。可是，当他高兴地跑到门口去取小麻雀时，一只大黑猫已经把麻雀给吃了。

这件事对王安的影响很大，后来他在谈到自己成功的体会时，就用这个事例说：凡事一定要当机立断，不能瞻前顾后，认定的事儿，就不要犹豫不决。

上面讲的就是孙子军事人才观的"五危"思想。这里的核心一点就是：为将之道，一定要学会"变通"，不能死心眼儿、一根筋、犯犟脾气，要有安之若素的定力，要有善于虚心接受他人意见的胸怀，要有主见和果断的意志。一句话，千万不要和自己较劲，否则可就麻烦了。

第五讲 诡道之道

孙子是中国古代伟大的军事理论家。但长期以来，孙子受到"权谋有余，仁义不足"的批评，焦点之一就是孙子提出的"兵者，诡道也"的观点。今天，我们谈谈对这个问题的看法。

诡道不是"骗"而是"变"

孙子的原话是这样的:"兵者,诡道也。故能而示之不能,用而示之不用,近而示之远,远而示之近。利而诱之,乱而取之,实而备之,强而避之,怒而挠之,卑而骄之,佚而劳之,亲而离之。攻其无备,出其不意,此兵家之常胜,不可先传也。"(《孙子兵法·计篇》)

从字面上看,"诡道",就是"诡诈"或"欺诈",有强调"恶意"的色彩。欺诈不仅说谎,而且还有阴险的含义。从小,老师与家长就告诉我们:"说谎是坏孩子,我们要做不说谎的好孩子。"这个理念扎得很牢。长大以后,有时也想说点谎话,但自己心里这道坎儿就很难过,又不得不说,于是不免脸红了。民间那些"说谎话就像真的似的,一点都不脸红""说假话都不打草稿"之类的话,都是贬义,藏着厌恶。

世界各地的文化虽不一样,但不说谎话这个道德底线,恐怕都差不多。西方人会玩儿,弄了个"愚人节",每年四月一日都相互骗一下,那是调侃,如同相声"抖包袱",目的是为了笑、轻松一下,而不是真的想骗人。

说了这么一段话,目的就是说,欺诈不好,小孩都知道。然而,孙子却在这里把"欺诈"作为了一种"灵丹妙药"兜售,并且生怕别人学不会,还进一步告诉了"欺诈"的十二种具体方法。于是乎,孙子这种与人们道德观念相悖的价值观，遭到了人们的批评。

其实，孙子很委屈，他的"诡道"也为此蒙受了不白之冤。

分析理解这句话，要结合这句话上段的末尾："势者，因利而制权也。"虽然，它不在"兵者，诡道也"这一自然段中，但是少了这句话可不行。"势"是什么？这个字太重要了，一两句话说不清楚，我们在以后专门用一篇讲这个字。简单地说，"势"是营造一个有利于自己做事的条件或优势。"利"是什么？利是优势，是根据客观环境或条件，通过主观努力去营造优势。"权"是什么？权，没有什么神秘的，市场上都有，就是秤砣，现在的秤都进步了，看上去没有秤杆和秤砣了，但是原理都一样。老秤是秤杆、秤盘、秤砣三位一体，缺哪个都不行。这个用不着多少学问，大家都懂。人们到市场买菜，挑好了东西，往秤盘上一放，商贩拿起秤，把"权"即秤砣挂在秤杆上，然后，根据秤盘里物品的重量，在秤杆上移动秤砣，最后称出重量，顾客付钱，商贩收钱，完成了一个交易的过程。

讲到这里，大家可能会有点明白了吧。"势"是一个动态的过程：敌情、环境、条件，如同人们要买的商品一样，是客观存在的，多少就是多少，而决策者如同商贩手中的秤砣一样，要根据敌情、环境、条件调整自己的计划，并且这个过程一直是动态的——拿掉一个西红柿，秤砣就靠近秤盘一些；加上一个西红柿，秤砣就离秤盘远一些。一句话，孙子在这里强调的是"变"，一切都要根据实际敌情或条件，确定自己对敌的举措。

这才是"诡道"的大前提。"通变性"是营造有利条件的手段，是《孙子兵法》的精髓之一。这几乎是军事领域的定律——每一次军事行动，都要制定出明确的、决定性的和可以达到的目标，这是确定的；但是实现目标的手段，要根据具体情况而定，强调的是灵活性，具有强烈的不确定性。

战争形势千变万化，往往牵一发而动全身，特别是在双方旗鼓相当的时候，胜负成败通常因为一个细枝末节的偶然改变而致使必然的结局。所以，战争不仅需要深思熟虑于目标决策之前，还要看临场能不能灵活多变。

隋文帝杨坚在北周时期主政，被北周皇帝宇文邕封为"隋国公"。杨坚在北周的朝廷中权力极大，只是北周大将尉迟迥却不买他的账，居然起兵反抗杨坚，于是双方在河南商丘展开大战。

杨坚派大将于仲文一路奔袭、人困马乏地赶到了前线，而且尉迟迥的兵力占有极大优势，所以于仲文的部下认为："军自远来，士马疲敝，不可决胜。"（《隋书·于仲文传》）建议先行休整。然而，于仲文却摇摇头，令三军迅速进餐，列阵大战。于仲文的决策显然违反"以逸待劳"的用兵原则。更令他部下不解的是，于仲文最终打败了对手，让敌军被迫向山东退去。

战后，部下就问于仲文："前兵疲不可交战，竟而克胜，其计安在？"于仲文微笑着说："吾所部将士皆山东人，果于速进，不宜持久。乘势击之，所以制胜。"

众将一听，都服了。为什么呢？因为谁也没有想到于仲文会胜在这方面。山东人的性格不是一朝一夕形成的，大家都知道，可是于仲文却独具慧眼，根据这一点，机动灵活地指挥作战，营造了有利于自己的作战态势，打了对手一个措手不及，最后取得了胜利。

这个战例就是典型的因利而制权。

由此可见，"诡道"并不是"骗"，而是为了营造优势而必须灵活运用各种方法的"变"。

其实，现实生活亦然。如企业经营的目标就是赢利，目标确定后，不赢利，就破产，一点都不含糊。但是，如何赢利，学问就大了。做假骗人不行，一旦穿帮，即刻被清除出市场。这就需要企业经营者根据市场环境或条件的变化，不断调整自己的经营手段——手段灵活，通变性强。

战争不是贵族似的决斗

战争是个怪物，自诞生那天起，追求的就是胜利。而胜利的前提，就是消灭敌人。高一点的境界，是摧毁对方的抵抗意志，低端一点就是从肉体上消灭敌人。美军名将乔治·巴顿讲得透彻。1944年6月5日，在向第三集团军做诺曼底登陆前的战前动员时，他说："战争就是杀人，你不杀死他，他就杀死你；你不戳穿德国人的肚皮，他就戳穿你的肚皮。当你倒下去，爬起来看看脸上沾的不是泥土，而是自己士兵的肠油和鲜血，你就知道怎么干了——用德国人的肠油和鲜血润滑我们的坦克履带吧！"这是战争中铁的规律。所以，战争这个领域所用的手段，与其他领域是有本质区别的。

比如：战争与体育比赛一样，都是力量的较量。但体育比赛比较讲究力量均等，力量相差太悬殊有什么看头？意大利的AC米兰队和西班牙的皇家马德里队对阵，球场的观众一定是爆满。反过来，假如皇家马德里队与某某企业的业余足球队踢球，有什么看头？看也是看那些大牌球星。但战争则不然，战争玩儿的就是不对等，避实击虚、以小搏大、鸡蛋碰石头、牛刀杀鸡，最好一下子就把你弄死，弄不死对方，也要让对方付出极高的代价。

同时，体育比赛有规则，犯规要受到惩罚，累计犯规到一定程度，裁判员要吹哨罚下犯规者。而战争则不然，战争讲究的是你死我活，没有裁判。只要能消灭敌人，只要能取得胜利，什么招都可以用。而且如果要打不对称作战，越是糙招越好用。古人打仗的兵器如流星、飞刀、飞石等等都是暗器，打不赢了，可以用暗器伤人，没有听说因使用暗器而被换下战场的事情。

关于这一点，中国古代大致成书于战国中期的一部名叫《司马法》的兵书里，有一句话说得好："权出于战，不出于中人。"（《仁本》）意思是说，权变来自战争的需求，而不是来自忠信和仁爱。人类对于战争这个特点的认识，还真是摸索了一段时间。拿中国来讲，在孙子之前打仗，还真有点谦谦君子的味道，至少要摆个 pose。好比女人照相，一定要化好妆，摆好姿势，再按快门，姿势越多，照出来的效果就越好，素面朝天，随意而来，那叫偷拍，不地道。

《司马法》中说，西周时期打仗"成列而鼓"（《仁本》），要等到对方摆好阵形后再击鼓进攻，否则就是不诚信；而且要"逐奔不过百步，纵绥不过三舍"（《仁本》），即追击逃跑的敌人不要追得太紧，最好在一百步的距离内；跟踪退去的敌人也一样，要留有九十里的余地，否则就是不讲究礼节。类似的规定多了，农忙季节时，不能进攻敌人；敌国内有流行病了，也不能打人家；人家君主死了，也不能打；对方国内遭遇大灾了，也不能打，等等。全是"风度"，一派贵族"范儿"。贵族就要摆谱，打仗也不能把风度丢了。这和西方贵族之间的决斗有点像。

古代西方有骑士制度。骑士是贵族，动不动就决斗。假如两个男人看上了同一个女人，而这个女人又舍不得其中任何一个男人，于是，两个男人就必须决斗，获胜的一方，把女人扛回家。不过，这种决斗都是正大光明地打，双方各拿一把剑，喊一二三开始，谁输，谁死；谁死，谁得不到女人。骑士决斗是不讲歪门邪道的，决不能背后捅黑刀。1837

年2月8日，俄国著名诗人普希金，就是为了与法国人乔治·丹特斯男爵争夺一个女人决斗，而被丹特斯杀死的。西方人把这叫作"费厄泼赖"（Fair Play），中文的意思就是光明正大、公平竞赛。

其实，这一套打仗的方法真不行。毛泽东斥责的那个蠢猪似的宋襄公，就是按照这个打法被打败而身死的。所以，这套打法后来很快就被淘汰了。而这个打法的终结者，就是孙子。

《汉书·艺文志》提到："自春秋至战国，出奇设伏，变诈之兵并作。"孙子生活在春秋时代，应该说顺应了战争发展的变化，进而旗帜鲜明地提出了"兵者，诡道也"的论断，告诉后人，在战争领域，变化无穷的手段，远远要比道德要求重要得多。

正因为《孙子兵法》是从战争的本质特点上谈"诡道"，所以，正如上面所说，战争与打球等其他领域不同一样，也不能简单地把"诡道"用于战争以外的领域。前面所说，"诡道"是变，不是骗，但"诡道"却最容易让人理解为"骗"。如果这样认识"诡道"，并将其用于企业管理与经营，可就真的太不地道了。

"诡道"单靠书本学不来

在兵法里,孙子多次讲过"道"。如他强调战略筹划五大内容之"道"。这里的"道",是"令民与上同意也",指的是民心向背,没有老百姓的支持,再强大的君主也是无所作为的,讲的是一般规律与特点。"兵者,诡道也"的"道",讲的是战争的特殊规律。所谓"诡道",乃是从根本上揭示了用兵目的与手段之间的特殊规律。

上面讲了,战争的目的只有一个,就是战胜对手;而用兵者就要根据这个目的,选择用兵的方法与手段。两者之间的关系非常清楚:目的决定手段,手段服务于目的。如何根据目的选择手段,就是我们所说的谋略,说白一点,就是如何与敌人斗心眼儿。

只有这样不断地根据目的需要和敌人斗心眼儿,才能战胜敌人。孙子在谈到"诡道"之后进一步指出:"攻其无备,出其不意。此兵家之胜,不可先传也。"(《孙子兵法·计篇》)这句话是对"兵者,诡道也"画龙点睛的总结,非常精彩。

攻其无备,出其不意,关键在"无备"与"不意"四字。无备,有两层意思:第一,没有防备之处;第二,心理懈怠之时。不意,也有两层意思:第一,想不到的地方;第二,想不到的时机。这四个字是"兵者,诡道也"全部论述要达到的最终效果。只有通过各种手段让敌人

"无备"，才能让对手的作战能力降到最低，然后再去攻击敌人，这样一定会收到事半功倍之效——这叫狮搏兔，怎么打，怎么赢。只有通过各种手段让敌人"不意"，才能把敌人变成弱智，然后再去攻击敌人，一定会让敌人不知道北在哪里——这叫智克愚。

263 年，魏国大将邓艾与钟会奉命伐蜀。钟会率领的军队被蜀军大将姜维阻于剑阁。剑阁素有"一夫当关，万夫莫开"之称，姜维凭险据守，钟会久攻不下，一时无计可施。其时魏军因军粮不继，钟会准备退兵。

但是，邓艾却不同意，他率军自阴平向南，绕过剑阁，攀登小道，凿山开路，修栈架桥，鱼贯而进，越过七百余里无人烟的险域，最后率军出其不意地直抵江油。蜀军万万没有想到魏军会实施大纵深迂回穿插，绕过自己的正面防御，直捣成都，最后被迫投降，蜀汉灭亡。后人赞赏邓艾创造的战争史上这次著名的奇袭战例为："'攻其无备，出其不意'，今掩其空虚，破之必矣。"（《三国志·魏书·邓艾传》）

孙子这句话的最后十个字"此兵家之胜，不可先传也"太深刻了！这十个字的关键字是"传"。什么是"传"？曹操对此有个解释："传也，犹泄也。"（《十三家注孙子》）泄，就是不要外漏，要保密。我理解，这里更深层的意义在于：用兵打仗，关键在临场发挥。打仗与打球类似，都有战前或赛前的打法与计划。打仗有指挥员，打球有教练，他们都是负责制定与下达作战计划与任务的人。

但是，一旦打起来或开球后，事先订好的计划，不一定能适应变化了的战场或球场形势。这就需要指挥员或教练，包括所有参战的官兵与球员，根据客观环境的变化随机应变、临场发挥了。而随机应变的东西，学校里是教不出来的，学校教的都是规矩、原则，而规矩、原则在战场上有时真的不管用。中国有句成语叫"纸上谈兵"，故事的主人公赵括"自少时学兵法,言兵事,以天下莫能当。尝与其父奢言兵事,奢不能难"(《史记·廉颇蔺相如列传》)。其父赵奢是著名的将领,能征善战,赵括与父亲谈起兵法来,头头是道,连赵奢都说不过他。赵括本人也美滋滋的、沾沾自喜。结果,正是这样一个只会从书本上学兵法的人,在公元前260年的长平之战中被秦军打得大败,他率领的四十多万兵士全部被秦将白起活埋,自己也被乱箭射杀。

所以说,战争这东西最讲究实践,强调的是上场之后根据情况变化的临场发挥。而临场发挥的东西,当然不能靠事前传授了——不可先传也。第二次世界大战时期,交战的各方都有名将,但他们的学历,最多是学士学位,没有硕士或博士学位的名将。但一打起仗来,没有学历的,有时要比学历高的有用得多,原因就在于这个"变"字。而这个字、这个能力,学校一般是教不出来的。

抗日战争初期,国民党的军队打得不好,经常让日本打败。这里面的原因很多,其中一个鲜为人知的原因:国民党军队的高级将领大多是日本的士官学校毕业,还有些是保定军校、云南讲武堂、东北讲武堂、黄埔军校毕业的,而这些军校教官的主体,依然是毕业于日本的院校。所以,用老师教的东西打老师,能打赢吗?国民党军队一举手、一投足,日军就知道他下一步想干什么了。

但是,日军对共产党的军队,却没有什么好的办法。为什么?因为共产党军队的战法,绝大多数是自己摸索出来的,是在战争中培养出来的。难怪日军要说:八路的,狡猾狡猾的,良心大大地坏了……这就对了,按照你们的打法和你们打,能打疼你吗,能打赢你吗?

所以,孙子这句话的收尾:"此兵家之胜,不可先传也",是对全段精髓的概括。从"兵者,诡道也",到"此兵家之胜,不可先传也",前后呼应地强调"变",真是太精彩了。

孙子的"诡道"从战略上讲,是一种指导战争的基本原则。从战术上讲,他还为后人介绍了如何应对战场情况变化的十二种方法。这十二种方法真够棒的。具体情况,我们下面再讲。

第六讲　隐真示假

提起兵法，人们往往联想到"兵不厌诈"这个成语。其实，这个成语是后人总结归纳出来的。其源头，是在孙子那里。孙子在《军争篇》里明确说：兵以诈立。后来，战国时期的韩非子，也说过："繁礼君子，不厌忠信；战阵之间，不厌诈伪。"(《韩非子·难一》）话说得清楚明白：社交场合，彼此都是君子，但是一旦上阵打仗，就可以玩阴的了。到什么地方，说什么话，谁也别装。在别的地方"装装"也就罢了，至多是死要面子活受罪。但打起仗来还"装"，你就死定了。东汉时期，有一个地方官名叫虞诩。这个人是孝子，父亲过世，自己将九十多岁的奶奶养老送终。汉代自武帝开始设立"孝廉制"考核选拔干部，由于虞诩事祖母至孝，被任命为武都太守。他任职期间，正赶上外族入侵，他率兵抗击，提出"兵不厌权"的观点。这里的"权"，就蕴含着"变"。到了明清时代，这四个字便逐渐变成了"兵不厌诈"。

从"兵以诈立"，到"不厌诈伪"；从"兵不厌权"到"兵不厌诈"，显而易见，孙子是这个问题的鼻祖。孙子不仅从战略上谈"诡道"，而且还从战术上教我们如何运用"诡道"。

孙子教授后人运用"诡道"的十二种方法，可以分成两个大类：第一大类是教人们如何"伪装"，即"能而示之不能，用而示之不用，近而示之远，远而示之近"；第二大类是教人们如何"对敌"，即"利而诱之，乱而取之，实而备之，强而避之，怒而挠之，卑而骄之，佚而劳之，亲而离之"(《孙子兵法·计篇》）。

下面先介绍第一大类——伪装。

什么是伪装？伪装是动物用来隐藏自己或欺骗其他动物的一种手段，不论是掠食者或猎物，伪装的能力都会影响这些动物的生存概率。北极的雪兔为什么是白的？就是为了和周围的皑皑白雪形成一样的颜色，不让其他动物特别是不让雪狼、雪狐这样的食肉动物发现自己，求得生存。

人也如此，凡是人都有伪装的本能，伪装是人类自我保护的一种心理反应。它通常表现在一些行为上，进而达到不让他人轻易知道自己内心世界的目的。

战争是由人进行的，所以战争中使用伪装手段，达到隐藏自己、消灭敌人的目的太平常了。

能而示之不能

什么是"能而示之不能"？就是说即便有战斗力，也要装作毫无战斗力的样子，目的是隐藏实力，使对方误认为自己能力不足，不会与他交战，当发现对方真的因此上当而疏于戒备时攻取之。

战争充满了模糊性，谁也无法钻到对方肚子里，看看里面都是什么意图与心思，对方让你看到的、有意暴露的，都是假的，而真的东西都会想尽一切办法隐藏起来。这就叫"隐真示假"，能而示之不能，乃是其中的一个手段。

战争中这样的例子太多了。

第二次世界大战爆发后，法国、英国对德国宣战。法军与德军沿马奇诺防线对峙，由于当时德军刚结束与波兰的战争，兵力调整还没有完成，主力尚未集结完毕。于是，他们用了"能而示之不能"的手段，即表现德国不仅没有任何意图而且也没有能力和法国作战，想方设法地麻痹法国人的戒备心理，让法国人相信德国不会进攻他们。纳粹德国时期的宣传部长戈培尔，本来就是个满嘴谎言的人，他的名言就是：谎言重复三遍就可以成为真理。这次他更是使尽浑身解数，开动纳粹的宣传机器，向法国人表明德国的和平诚意。德国人说："亲爱的法国军人们，我们是朋友，不是敌人，我们没有理由在这里作战，应该相互到对方的家里做客！"节目结束时，德国人还不忘记最后说一句："晚安，法国朋友，我们为什么要互相射击呢？又一天结束了，我们大家都可以美美地睡上一觉了。"

就这样，在长达八个多月的时间里，法国人刚刚唤起的一点斗志，被德国人一点一点地磨灭了。许多法国军人都不相信，声音圆润的德国人会在某一天的早晨进攻他们。

德国人终于达到了自己的目的。1940年5月10日5时30分，当在德国人的晚安祝福声中入梦的法国人醒来时，噩梦已经降临——希特勒发动了进攻法国的战争。一个半月后，法国灭亡了。

能而示之不能，其实是"以退为进"的一种谋略艺术，也可以作为人生的艺术手段之一。以退为进这个成语，来自孔子七十二弟子之一的颜渊。颜渊，字子渊，名回，因而后世多称其为颜回。颜回入孔子门下时，孔子已经讲学十三年了，当时子路、南宫适等人都已跟孔子学习了数年，在鲁国已是小有名气了。颜回出身贫寒，但自幼好学，是个宁可不吃饭也要读书的孩子。由于从小营养极度不良，又用脑过度，导致严重早衰，所以二十九岁时他头发就全白了，四十岁就去世了。颜回去世后，孔子极为伤心，大哭大喊道："噫！天丧予！天丧予！"

然而，正是这个被后人称为"复圣"的颜回，在孔子的弟子中性格是最为内向，他沉默寡言，平日极少表露自己的才智，以至于让人认为他有些愚。正是在这种让人们看起来不起眼的状态中，颜回将老师的精华学得最多，不论在什么情况下，都坚定地向老师学习，后人评价说："颜渊独知孔子圣也。"（《论衡·讲瑞篇》）对此，西汉学者扬雄在《法言·君子》中评价说："昔乎颜渊以退为进，天下鲜俪焉。"

现实生活中一些人喜欢张扬、外露，生怕别人不知道他那点能耐，结果让人越来越反感。而有些人却为人低调，最后却让人越来越仰慕。

从"能而示之不能",达到隐藏自己的实力,麻痹敌人,到以谦让取得德行的进步,或者以退让的姿态作为进取的手段的"以退为进",虽然发生的平台不同,但其中蕴含着的道理却是相似的。

用而示之不用

什么是"用而示之不用"？意思是说，要打，也要装作不去打的样子。这一招与上一招差不多，核心还是示假隐真，掩盖自己的真实意图，只是表现的侧重点不同。"能而示之不能"，侧重于外表上无此意——有战斗力，也要装作没有战斗力的样子，一句话，就是"示弱"；而"用而示之不用"，则应用于双方已经打起来了，但在某个具体的作战行动上使假招，造成对手判断上的失误，进而收到出奇制胜的效果。

奥斯特里茨会战，是拿破仑时期最为重要的一次战役。在这次战役中，拿破仑用的谋略就是"用而示之不用"。

奥斯特里茨位于维也纳以北。1805年12月2日，当时欧洲最有名的三个皇帝法国皇帝拿破仑·波拿巴、俄国沙皇亚历山大一世、奥地利皇帝弗朗西斯二世——在这里打在了一起，拿破仑对亚历山大一世、弗朗西斯二世，属典型的一打二，所以，这次会战也叫"三皇会战"。大家都想赢，而且不管是谁，只要赢得这场会战的胜利，就能达到把对方驱逐出欧洲权力场的目的。

战场上拿破仑的兵力处于劣势，只有七万五千人、二百五十门火炮。俄皇和奥皇的兵力占有优势，拥有八万六千人、三百五十门火炮。而且，俄奥联军还有一个传奇将军，名叫米哈伊尔·库图佐夫。此人自幼当兵，十四岁时就担任军事教官，十六岁时又被晋升为上尉连长。库图佐夫打仗勇敢，善于动脑子，但子弹不长眼睛，在一次作战中，他的右眼被打瞎，成了独眼龙。

库图佐夫率军到了奥斯特里茨后，对战场形势仔细做了分析，认为不能小看法军，别看法军兵力少，战斗力却很强，如果没有绝对的兵力优势，还真打不过法国人。所以，他决定先稳住阵脚，不急于与法军决战，而是以"拖"的战法，等待更多的援军到来再决战。这个战略十分得当，因为法军的战线很长，如果拖下去，就会被对手拖垮。所以，拿破仑不能让库图佐夫"静"着不动，而是要想方设法地让这个独眼龙"动"起来，快一点决战。库图佐夫当然不会上当，但拿破仑却找到了一个愿意配合他计策的人。这人就是沙皇亚历山大一世。

亚历山大一世是一个非常情绪化的政治家，喜欢与众不同。比如别人都把瓶子规规矩矩地瓶底朝下、瓶口朝上放，他却偏把瓶口朝下、瓶底朝上放。他不像库图佐夫那样沉得住气，而是急于同法军决战。不过，他也担心法军的实力，也有些犹豫。于是，拿破仑抓住了对手亚历山大一世的弱点，放出了他的胜负手——装熊！拿破仑故意散布假消息，什么后方遇袭击、后勤补给出问题、军无斗志等等，让法军做出后撤的假动作，让对手获得这些假消息。同时，他还让侍卫长萨瓦里将军打着休战旗，向沙皇亚历山大一世请求停火二十四小时。

亚历山大一世果然上当，他想，拿破仑是个不服输的对手，不到危急时刻，怎么会这样做？这一定是真的——拿破仑是想向维也纳方向退却。于是，当聪明的库图佐夫提醒亚历山大一世这可能是拿破仑的阴谋时，他却不予理会，命令库图佐夫不要再等援兵的到来，立即向法军的右翼迂回，企图切断根本不存在的所谓法军退向维也纳的后路。

拿破仑见敌人上当，高兴地拍了拍手，大笑道："哈哈，我就不相信他们不犯错误！"决定趁敌人迂回他的右翼之时，集中兵力打击敌人暴露的侧翼。12月2日7时，会战打响，急于胜利的俄皇把在普拉岑高地上的预备队也投入了左翼战斗。普拉岑高地位于整个战场的中央，是战场的制高点，战略位置极为重要。俄奥联军撤出这个高地后，一下子使得高地与中央形成了兵力真空。拿破仑抓住这一有利时机，命令精锐部队冲上高地，将敌人分割成南北两个部分，切断了彼此的联系。敌人见兵力完全被分割，这才发现上了当，于是发疯地向高地冲击，企图夺回高地，结果均被击退，连俄军总指挥库图佐夫也受了伤。最后，亚历山大一世和奥地利皇帝弗朗西斯二世被迫逃走，大批俄奥联军很快被法军压缩到扎钱湖上，拿破仑又下令炮击湖上的冰面，冰上的敌人除被击毙外，更多的是掉在冰冷的湖水里淹死了。

最后，拿破仑以伤亡八千八百人的代价，换取了歼敌二万七千人的胜利，粉碎了第三次反法联盟。

这次会战，可以说是战争史上的杰作之一。恩格斯曾专门撰文高度赞扬这次会战，他说："奥斯特里茨战役，被公正地认为是拿破仑最伟大的胜利之一，它最为有力地证明了拿破仑无与伦比的军事天才。这次会战，是战略上的奇迹，只要还存在战争，它就不会被忘记。"

一个假招，换取了一次经典会战的胜利。

这个假招，体现的是"欲擒故纵"的谋略艺术。这个手段的成功一定要满足几个条件：第一，双方有共同的目的——就这次会战来说，双方共同的目的就是胜利；第二，对方渴望一锤定音；第三，掌握好火候，让对方认为，如果不采取相应行动，煮熟的鸭子就会飞了。

懂得这个道理就会明白，现实生活中的那些被"欲擒故纵"手段套牢的，一定是"心急偏要吃热豆腐"的人。有的时候，冷静的观察和耐心的周旋，要比一腔热血和一锤定音有效得多。

近而示之远与远而示之近

"近而示之远,远而示之近",是孙子伪装计谋的第三、第四招。二者意义基本相近,所以放在一起讲。这两句话的意思是说:本来想从近处打,却要做出从远处打的样子;本来想从远处进攻,却装做从近处进攻的样子,通过"虚张声势",达到"声东击西"的目的。

这个计谋适用于对两个以上的目标作战,其在战略上追求各个击破,而不是同时进攻两个以上的目标。

作战时,指挥员通常要面临数个目标,但又不能一下子全部吃掉,学问就在这里。无论是攻方还是守方,各自的兵力是一个绝对值。如果双方进攻与防御的重点都在一个目标上,无论对于哪一方来说,代价都会非常大。但如果让对方将力量分散各处,特别是能够让对方将兵力重点放在自己夺取目标之外的地方,那就会达到事半功倍的效果。于是,这时就需要"近而示之远,远而示之近"的手段了。

孙子有个后人,名叫孙膑,出生年代要比孙武晚一百五十年左右,为纵横家开山鼻祖鬼谷子的四大弟子之一。长期以来,很多人把孙武与孙膑混为一人,其实孙膑与孙武一样,都是大军事理论家,世间存有《孙膑兵法》共十六篇。

孙膑有一同门师兄弟庞涓,为人非常不好,竟然在魏王面前陷害孙膑，结果魏王下令将孙膑的两个膝盖骨挖去，孙膑从此再也站不起来了，两个昔日的兄弟变成了死敌。后来，孙膑装疯卖傻，趁庞涓疏于戒备，逃到了齐国，被齐威王拜为军师。

公元前353年，魏国发兵进攻赵国都城邯郸，赵国向齐国求救，齐威王派大将田忌和孙膑率军救赵。田忌主张直奔邯郸，同魏军决战，孙膑则反对，认为赵魏正交战，魏国的主力一定在赵国，硬碰硬地打，太不划算了。田忌也是战国时期一位名将，孙膑就是他推荐给齐王的。他听后，有些疑惑地看着孙膑，问道："齐王不是派我们去救赵国的吗，不去赵国打仗，我们干嘛来了？"

孙膑向田忌建议说：尽管我们是来救赵国的，但是完全可以不在赵国打仗，就能起到救赵的作用。现在魏国主力都在赵国，国内一定防御薄弱，我们可以迅速地向魏国都城大梁挺进，摆出一副攻城的样子，庞涓知道后，一定会撤兵自救。那时，我们再在半路设下埋伏，等魏军钻进圈套，就能很容易打败他们。

田忌采纳了孙膑的计策，迅速率主力直奔魏国的都城大梁。果然，庞涓得到齐国的军队正向魏国都城开进的消息，大吃一惊，马上率主力撤军回援。当魏军走到一个名叫桂陵的地方，就钻进了孙膑设下的埋伏圈，以逸待劳的齐军将长途跋涉、疲惫不堪的魏军打得大败。这就是历史上著名的桂陵之战。

在这次会战中，孙膑运用战法的基本原理，就是孙子的"近而示之远，远而示之近"。也不知道是中国哪朝哪代、何方神圣编出来流传极广的《三十六计》中的第二计围魏救赵、第六计声东击西，就是根据孙子这个原理产生的计策。

救赵，是孙膑的最终目的，但他却通过进攻大梁，而不是直接去赵国与魏军决战去实现，这个被西方人称为"间接路线"的谋略，让孙膑完成了一个堪称军事教科书般的战役。

这一原理与孙膑对这个原理的实践,告诉今天的人们一个道理:做事要跳出单一思维的模式,多角度、多方法地思考问题、做事情。如果注意力全部盯到目的上,忽视了过程的铺垫,往往会事倍功半。

讲完了第一大类如何伪装、如何隐真示假,孙子马上介绍了第二大类如何对敌。这个问题,我们下一讲再说。

第七讲 因敌情设计

上一讲我们谈了孙子"诡道"的具体方法的前四招。这一讲我们介绍第二大类：如何对敌。

如何对敌，体现了孙子灵活多变的用兵谋略，其核心还是一个"变"字。而且这个"变"，是以敌人的活动规律与特点作为参照物的。

利而诱之

"利而诱之",是孙子讲的第五招,意思是利用对手的贪婪欲望,设计误导对手。使用这一招,最为关键的是要通过各种手段,了解敌人最希望得到的利益是什么。这是设定该计的客观基础,然后再设计一些小利,诱骗对手上当。

"利",是战争的根本动因,没有"利"的争夺,也就没有了战争的必要。一句话,"利"是驱动人们完成各种行为最原始的动力,是战争的发动机。既然如此,"利"就可以成为诱使敌人上当的诱饵了。而把"利"当诱饵,是孙子一贯坚持的观点。他在《势篇》中说:"予之,敌必取之。以利动之,以卒待之。"在《虚实篇》中说:"能使敌人自至者,利之也。"等等,讲的都是这个问题——想方设法利用敌方对于利益的渴望或贪婪,使其做出错误的决策。战争史上,因此而上当的事例不胜枚举。

春秋初期,在河南与山西交界处有两个国家,一个是虞国,一个是虢国,两国互为犄角之势。两国北部有一个大国叫晋,当时晋国的国君晋献公是个有野心的政治家。他想吞并虞、虢两个小国,于是召开统帅部会议研究作战计划。当时他在国内正进行肃清反对党的行动,一些反对党跑到虢国藏了起来。于是,他决定先把虢国给灭了。虢国虽小,但灭虢国却有点难度。因为晋国与虢国并不接壤，中间还隔一个虞国，因此，要灭亡虢国，必然借道于虞国。但如果虞国不同意借道怎么办？

这时，大夫荀息献计说："请以屈产之乘，与垂棘之璧，假道于虞以灭虢。"（《左传·僖公五年》）这两样东西都是晋献公爱不释手的宝贝，心里真有点舍不得。晋献公说："能不能送点别的？比如点心呀，女人呀……"荀息看出了晋献公的心思，继续说道："虞国国君是个目光短浅、贪图小利的人，只要我们送他价值连城的美玉和宝马，他不会不答应借道的。而虞和虢两国是唇齿相依的近邻，虢国灭了，虞国也不能独存，您的美玉、宝马只不过是暂时存放在虞公那里罢了。"

晋献公这才采纳了荀息的计策。

果然，虞国国君是个"巨贪"，他见到这两份珍贵的礼物，顿时心花怒放，当即就要答应晋国军队借道的请求。这时，大夫宫之奇在一旁急了，连忙阻止道："虢，虞之表也，虢亡，虞必从之。谚所谓'辅车相依，唇亡齿寒'者，其虞虢之谓也。"借道给晋国，万万使不得。然而，虞国国君却说："人家晋国是大国，现在特意送来美玉、宝马和咱们交朋友，难道咱们借条道路让他们走走都不行吗？"宫之奇连声叹气，知道虞国离灭亡的日子不远了，于是就带着一家老小离开了虞国。

虞公的贪婪行为，不仅让晋国顺利地灭了虢国，而且也为自己敲响了丧钟。晋国借道虞国灭了虢国后，回师时顺手牵羊，把虞国也灭了。这就是成语"假途灭虢"的由来。

实施这一招，有两个关键问题：第一，对方是不是贪婪之人；第二，如果对方贪婪，要找到他最喜欢的东西。这两点必须同时成立，缺一不可。有了这两点，下一步就是"投其所好"了。

现实世界也是这样，充满了利益的诱惑。"利"，对人的吸引力非常大。然而，越是容易到手的"利"，越要思量一下背后会不会有陷阱。"天下没有免费的午餐",获取利益极不容易,凭什么你可以不费多大气力就能得到?背后保不齐有什么陷阱等着你呢。因此,面对危险的利益诱惑,最安全的是:远离诱惑。

乱而取之

"乱而取之",是孙子讲的第六招,意思是说,如果对方混乱,就要趁机发动进攻。

有个成语叫"浑水摸鱼",池水浑浊,鱼儿分不清方向,正是捉鱼的好机会。这句话恰恰说明了乱而取之的原理——趁着对手混乱和内讧时发动进攻,就可以轻而易举地取胜。对手陷入混乱和内讧,顾头顾不了尾,顾东顾不了西,乃取胜的天赐良机。

如果在交战过程中,对方突然发生内乱等问题,就意味着胜利的果实已经送到了嘴边,不吃白不吃。那么,如果对方没有乱呢?你就要想方设法、人为地把水搅浑了。这个时候更需要有意识、有预谋、精心地制造混乱,然后坐收渔人之利。

据《三国志·魏书·荀攸传》记载,曹操就是用这个计策,最后平定了劲敌袁绍的残余势力,统一了北部中国。200年,袁绍在官渡之战中惨败在曹操手下,从此忧惧交加、一病不起,两年后死去。袁绍死后,长子袁谭和幼子袁尚接管了父亲的旧部,继续与曹操对抗,曹操几次发兵攻打,都无功而返。不过,袁氏兄弟在权力继承的问题上起了内讧,相互争夺,不久袁谭就与弟弟打起来了,结果哥哥打不过弟弟,被袁尚围在平原城。最后,袁谭竟然投降曹操,请求曹军前来解围。这时,曹操正为江南刘表的坐大而忧虑,他想早点攻打刘表,以除后患,而不想答应袁谭的请求。

曹操的帐下,有位著名的谋士叫荀攸。此人诡计多端,据说他十三岁时,就通过察言观色帮助大人们抓到了一个杀人犯。他听说了曹操的意图,赶忙劝说道:"天下方有事,而刘表坐保江、汉之间,其无四方志可知矣。袁氏据四州之地,带甲十万,绍以宽厚得众,借使二子和睦以守其成业,则天下之难未息也。今兄弟遘恶,此势不两全。若有所并则力专,力专则难图也。及其乱而取之,天下定矣,此时不可失也。"荀攸告诉曹操:这是一个绝好的机会,一定不要放过。曹操听后觉得有道理,决定同意袁谭的请求,出兵攻打袁尚。结果袁尚兵败,逃到了辽东,接着曹操又出兵攻杀了反叛无常的袁谭。后来,曹操又派兵追到辽东,杀了袁尚。这样曹操终于乘乱攻灭了袁氏兄弟,取得了河北的广大地区,实力大增。

改革开放后,股市成为人们投资的一个重要平台。股市里有一个用语叫震仓,这是庄家进行的洗盘动作。一旦出现震仓,股市就会出现"股价疲软"的假象,这个假象是庄家故意制造的,其目的是清洗浮筹,即把心态不坚定的跟风盘甩掉,以减轻日后拉升时的抛压,进而降低拉升成本。

如果你看不到这一点,把庄家的震仓看作是无底的狂跌,可就上当了。因为,这里庄家用的就是"乱而取之"——一震仓,股市就不稳,投资者怕股票砸在手中,赶紧抛售,而这正是庄家所希望的。最后,那些把庄家震仓当出货的投资者就会发现,自己卖出的股票一路狂升,死死抓住的股票却一跌再跌,深度被套。

实而备之

"实而备之",是孙子讲的第七招,意思是如果当对方国力坚实、兵精粮足、无隙可乘时,应加强戒备,相机击敌。

打仗拼的是实力,战争打的是物力,用的是大把的钱。打一场战争,就像双方的最高决策者坐在河边两岸,把银行的钱一张张往水里扔,最后,就看谁的耐性好了,谁的钱多,谁的耐性就好,谁就有取胜的机会。

尽管从理论上讲,战争可以是"朱仙镇打擂,锤对锤",但绝不能"以卵击石"。能不能打仗,除了看自己的实力外,还要看对方的实力如何。如果对手非常强大,那么上策是保持高度戒备,积蓄自己的力量,首先保证自己不可被战胜。所以,如果面对势均力敌的对手,千万不能贸然开战,因为那样,即便最后艰难取胜,自己也会在彼此的对抗过程中两败俱伤,而被他人"渔翁得利"。

第二次世界大战后,美苏成为国际格局的两个"极点",他们开始了全面争夺,谁都想置对手于死地:美国竭力维护自己的霸权地位,而苏联则积极挑战美国的霸权。

然而,一个非常有趣的现象出现了:到苏联解体为止,在战后发生的二百六十多场局部战争中,却没有一场战争是美国与苏联直接的军事对抗。两个针锋相对的敌人,你死我活,却从来没有直接面对面地打过仗。在许多次以他们为后台的局部冲突中，彼此均采取了非常谨慎的态度，生怕让对方找到弱点，发生直接军事冲突。

这究竟是怎么回事儿？这个双方对峙的过程，就是"实而备之"。这一战略选择，恰恰是战后国际关系最重要的现实。这一现实说明一个道理：两个实力接近的大国，一般都理性地避免直接战争。因为彼此之间的直接战争，必定会大大削弱各自的实力，进而形成权力的真空，被第三国所取代。

这就是我们常说的"冷战"。

实力，是任何团队与个人成功的后盾，如果没有实力，一切政策或方法都是空谈。当自己的实力还没有强大到超过对手时，就要积极地积蓄力量，"胳膊再强，也拧不过大腿"，是最浅显易懂的道理。美国现在有五十个州、两亿多人口，称雄整个世界。然而，在刚建国的1776年7月4日，美国不过十三个州、二百五十万人口，且外有欧洲强敌，内有政权建设的诸多难题，如果就这点实力，累死美国也到不了今天的模样。

美国人真得感谢上帝给他们了一个近似"圣人"的开国总统乔治·华盛顿。华盛顿是个"圣人"，圣就圣在他不恋权，当了两届总统，再也不想干了，要回到农庄去当农夫。但辞职不干并不是不负责任地一走了之，而是在1776年9月17日通过告别演说给美国民众留下了几点忠告，其中重要一点就是提出了对外保持中立的政策，进而奠定了美国孤立主义的国策基础。

怎样理解美国的孤立主义政策？学者们的研究成果太多了。我感觉，如果用一句话解释——最能曲尽其妙的是中国儒家文化里的一句话："家齐而后国治，国治而后天下平。"（《礼记·大学》）就是说，孤立主义是美国式的"齐家"，先把自己家里的事搞好了，国家安定繁荣起来后，再想平定天下的事情。

美国就是走的这条道路。到了1898年美西战争时，美国把本国的事儿搞好了，把本洲的事儿搞定了，完成了大陆向海外扩张的过渡，开始横行天下。

如果美国一建国就与欧洲列强死磕，会走到今天吗？

因此，"实而备之"并不是说暂时实力弱的怕实力强的，而是一种弱者与强者博弈的艺术，最终目的还是为了实现自己的意图：走上成功道路。

学会"实而备之"这一招，会使人们在面对优于自己、强于自己的环境或对手时，不是因羡慕生嫉妒，而是增加进取与努力的信心。

强而避之

"强而避之",是孙子讲的第八招,意思是说:如果发现对手强大,远超你的实力,则应避免与之交战。

战争是高风险的领域,优秀的决策者不会做"以卵击石"的事情。而是要通过另一种策略与敌周旋,等到敌人出现漏洞后,再出而攻之。中国有句成语叫"一鼓作气",形容人做事要鼓起劲头,勇往直前。其实,这个成语的最早原型,来自春秋时长勺之战中的"强而避之"战法。

春秋时期,鲁国有一个名叫曹刿的武士。这是个牛人,世上只有领导考核下级、君主考核大臣的道理,而他却偏偏做出考核君主的事情。公元前684年,春秋时期第一个霸主齐桓公率军进攻鲁国,鲁庄公赶忙迎敌。曹刿毛遂自荐地进宫,竟然一连串问了鲁庄公三个问题,考核鲁庄公靠什么去应战。鲁庄公最后一个回答让曹刿非常满意,于是对庄公说:"忠之属也,可以一战。战则请从。"(《左传·庄公十年》)真是一个牛人,看来那个时候,国君还算是民主。鲁庄公同意了曹刿的请求,带上他在长勺(今属山东莱芜)与齐国的军队摆开了阵势。据《左传·庄公十年》记载:"公与之乘。战于长勺。公将鼓之。刿曰:'未可。'齐人三鼓,刿曰:'可矣。'齐师败绩。公将驰之。刿曰:'未可。'下视其辙;登轼而望之,曰:'可矣。'遂逐齐师。既克,公问其故。对曰:'夫战,勇气也，一鼓作气，再而衰，三而竭。彼竭我盈，故克之。'"曹刿的这通论战，就是典型的"强而避之"的谋略运用。

毛泽东是军事谋略的大宗师，在井冈山革命斗争初期，他就为红军游击战制订了"敌进我退，敌驻我扰，敌疲我打，敌退我追"的"十六字诀"，是"强而避之"谋略的绝妙运用。而吃洋面包的王明的"御敌于国门之外""毕其功于一役"的战法方针，简直是用弱智脑袋想出的办法。

有人说世界的生存法则，是"物竞天择，强者生存"。其实错了，物竞天择，应该是适者生存，这里还是强调的一个"变"字。恐龙虽强大，但它不懂得适应，最后灭绝了；被称为变色龙的蜥蜴虽很弱小，几乎所有比它大的动物都是它的天敌，但它却一直生存下来了，个中原因，就是变色龙能根据不同的环境，变换自己的颜色以避开天敌。相对于强者恐龙来说，弱者蜥蜴有着更多的选择，才有了更多的生存机会。

此计运用于企业管理，应该是在有机会的时候，发挥好自己的强项；在面对困境时，则要避开自己的弱项。日本丰田公司最初研发时，走的就是一条"强而避之"的路线。玩大车，丰田怎么能玩得赢美国的那四大汽车公司呢？正是因为丰田确定了"避开大车，专攻小车"的生产与研发策略，才使其在世界汽车市场中，最终占有了重要一席。

可见，衡量一个企业成败的标准，不是一时的强与大，而是生存，能够长久生存下去的就是好企业。而要想长久生存下去，就要懂得"强而避之"的谋略艺术。

第八讲　因人而用谋

上面我们介绍了孙子"诡道"具体方法的前八招。今天，我们介绍后四招。

怒而挠之

"怒而挠之",是孙子讲的第九招,意思是:如果对方是脾气暴躁或刚愎自用的将帅,要设法激怒他,使其在失去理智的状况下与己作战。

在《作战篇》中,孙子非常严肃地讲:"知兵之将,民之司命,国家安危之主也。""司命"是什么?传说它原是天上文昌宫里主管人生死的星宿,在这里孙子用比喻手法,说领兵打仗的人,手里攥着成千上万人的生命和国家的安危,可千万要小心啊!因此,对于己方,要教育指挥官必须避免心浮气躁地作战。

林则徐是爱国政治家和思想家,但就是脾气不太好。林则徐知道自己这个坏脾气弄不好会误大事儿,所以他给自己的座右铭就是:制怒。

自己不怒,理性地指挥作战。但要想办法让对方的指挥官在暴怒之下,率意兴兵作战,这就是"怒而挠之"的涵义。

战国时期的楚怀王,算得上是一个有作为的君主。他灭了曾经通过卧薪尝胆而称霸于诸侯的越国。然而,这个人脾气不好,易受情绪左右,最后吃了大亏。事情是这样的:

秦国有一个著名的外交家,名叫张仪。当时齐楚两国是友好邻邦,使得想称霸天下的秦国感到了巨大的威胁。为了离间楚齐两国的关系,张仪奉命南下楚国游说怀王,答应如果楚国与齐断交,秦国愿意献出秦国方圆六百里的土地作为补偿。在巨大的利诱下，楚怀王动心了。当楚怀王真的与齐国绝交后，派使者到秦国去接收方圆六百里的土地时，张仪却说："我当时说的不是方圆六百里，像我这样的小人物，怎么敢答应让出国家方圆六百里面积的土地呢？我答应的只不过是我自己方圆六里封地的土地。"

这下子可把楚怀王气坏了，盛怒之下，决定立即向秦国发动进攻，以讨回公道。谋士陈轸劝他不要怒而兴兵，而是建议他联合秦国攻打齐国，从齐国身上找回那方圆六百里的空头支票。盛怒之下的楚怀王哪里能咽下这口恶气呢？他认为秦国简直拿他逗着玩儿，不报此仇誓不罢休。

而这正是秦国所希望的。原来，秦国在楚国与齐国绝交时，已秘密与齐国建立了盟友关系。当楚国攻打秦国时，秦国联合齐国在杜陵大败楚军，楚国不仅自己的土地和军民被削弱了，甚至还差点亡了国。秦国采用的就是"怒而挠之"。

晚唐时期，有一个大诗人名叫杜牧，中国三岁小儿都会吟诵的"清明时节雨纷纷，路上行人欲断魂。借问酒家何处有，牧童遥指杏花村"，就是他的名篇。大概却很少有人知道，杜牧还是继曹操之后对《孙子兵法》成就最大、影响最大的注者。他给"怒而挠之"这招作了注脚："大将刚戾者，可激之令怒；则逞志快意，志气扰乱，不顾本谋也。"这段注脚，很好地解释了孙子"怒而挠之"的作用。一句话，"怒而挠之"，就是找出对方统帅性格上的弱点并施以攻击，进而让对手失去理智，偏离正确的轨道，做出错误的作战决策。

美国石油大王、第一个亿万富翁洛克菲勒，有这样一件逸事：一次，洛克菲勒与竞争对手发生了经济纠纷，对方的律师给他发来律师函。洛克菲勒了解到这个律师是位诉讼高手，但他有一个弱点——脾气有些急。于是，他没有回复律师的信，而是想出另外的对策。

到了开庭这天，那个律师问洛克菲勒："您收到我的信了吗？"

洛克菲勒回答："收到了。"

"那您回信了吗？"律师问。

"没有。"洛克菲勒回答，一点歉意都没表示，面色平静。

律师又拿出二十多封信，一一向洛克菲勒问："这封收到了吗？""回信了吗？"

洛克菲勒还是面色平静地给予了同样的回答。

终于，那位律师被激怒了。他扬起手中给洛克菲勒的信的底稿，大声咒骂着，不停地挥舞着拳头。

法警制止了律师的暴躁行为，而洛克菲勒的嘴角现出一丝不易察觉的微笑。

最后，法庭果然宣判洛克菲勒胜诉。因为，律师情绪失控，乱了章法，下面的辩护顿时显得苍白无力。

事后，洛克菲勒的儿子问："怎么没有看到你的方法呀？"

洛克菲勒笑了，回答说："我出招了呀，并且最后奏效了。"

从洛克菲勒的故事，又看到了"怒而挠之"的作用。人们是不是应该从这个故事中得到点启发：无论工作还是生活中，面对不同的环境、不同的对手，有时候采用的手段已不重要，重要的是要保持自己的良好情绪，千万不要做上面那位律师那样的人。

卑而骄之

"卑而骄之",是孙子讲的第十招。这一招是最不好理解的。从"利而诱之、乱而取之、实而备之、强而避之",到"怒而挠之、佚而劳之、亲而离之",其中后面的"诱""取""备""避""挠""劳""离",都是指我方采取的对策,而针对的则是前面"利""乱""实""强""怒""佚""亲"等敌人的状态。后者是动词,修饰前者。唯有"卑而骄之"不同,到底指哪一方"卑"、哪一方"骄"?既可以理解为如果敌人卑怯,就想办法采取"示弱"的策略,让他们骄傲起来,使其麻痹轻敌,把一支强兵变成骄兵,进而再战胜他们;也可以理解为如果对方卑视我,则应将计就计,顺水推舟,投其所好,主动示弱,给敌人造成错觉,使其更加骄狂麻痹。

我认为在宋本《十一家注孙子》各家对"卑而骄之"一语的注中,还是前一个意义最贴近孙子的原意,即"如果敌人卑怯,就想办法采取'示弱'策略,让他们骄傲起来,使其麻痹轻敌,把一支强兵变成骄兵,进而再战胜他们"。如生活在唐肃宗、代宗时期的军事理论家李筌,就用石勒的例子来解释这句话。

现代人知道石勒这个人的很少,但如果提起我们平常饭桌上常见的黄瓜,不知道的应该很少。说起来,黄瓜就与石勒有很大的关联。石勒生于西晋时期，是羯族人，当时被称为胡人。后来，他成为世界历史上第一个奴隶出身的皇帝，建立了后赵政权。他执政后，崇尚汉文化，下令谁要再提"胡"字，就立即杀头。而当时人们把黄瓜叫作"胡瓜"，谁提胡字杀谁的头，这还了得，于是聪明人就给胡瓜起了个新名字，叫黄瓜。石勒本来是个奴隶，后来趁西晋发生内乱起兵自立。他的老对手之一是西晋大将王浚，石勒与王浚交手，败多胜少，所以王浚越来越不把石勒当回事儿了。314年，石勒向王浚诈降，送来的投降书中满篇言辞卑屈，全是好话、软话、自责的话，同时还献上大量贵重的金银礼物。王浚本来就非常鄙视这个手下败将，见石勒前来投降，就收下了礼物，并打算让他进城。部下纷纷劝他慎重，说石勒是个虎狼之将，不讲信义，千万别上了他的当，还是杀了他吧。但王浚却说："石公来，欲奉我耳。敢言击者斩！"石勒进城这天，还赶着数万头牛羊。王浚非常高兴，以为石勒是真心投降，于是准备大摆宴席为石勒接风。没有想到，石勒进城后，立即纵兵大肆抢掠，王浚这才知道上了当，欲发兵攻打石勒，但石勒赶来的几万头牛羊，把全城街道都堵满了，部队根本出不了军营。最后，石勒生擒了王浚，将其押解到襄国砍了头。王浚不听大家的忠告，引狼入室，最后惹来杀身之祸、身首异处。

李荃用这个例子解释"卑而骄之"，非常清楚明白。

现代生活中，善用"卑而骄之"也有意义。现在用人都是招聘制，通常招聘者都抱着强者的心态对应聘者进行面试，如果应聘者在面试的时候，能恰到好处地用语言与行为表示自己的谦恭，从而满足招聘者的心理，让其自鸣得意，也许你就能在他的公司找到自己的位置。这时，打动公司老总心的，并不是应聘者的强，而是应聘者的"卑"。

佚而劳之

"佚而劳之",是孙子讲的第十一招,意思是:当敌方企图休养生息,或正养精蓄锐时,应该以游击或其他手段扰乱之,使其劳师动众、不得休养。

看过电视节目《动物世界》的人都知道,动物就有这种"佚而劳之"的本能。非洲大草原上的狮子、猎豹在捕食角马、斑马、羚羊时,都是先把猎物轰起来,在混乱中,猎物的漏洞就暴露了出来,最后,狮子看准一头最弱的猎物扑过去。这一招的关键是如何掌握主动权,待机而动,以不变应万变,以静制动,积极调动敌人,创造战机,千万不能把"待"字理解为消极被动地等待。

公元 25 年,刘秀建立了东汉政权,是为汉光武帝。他没有效法老祖宗汉高祖刘邦"狡兔死,走狗烹"屠戮开国功臣的办法,而是对他们论功行赏,令其颐养天年。刘秀死后,其子汉明帝刘庄继续推行对功臣的优待政策,从开国元勋中选出了号称"二十八宿"的二十八位功臣,命人为他们画像,放置在洛阳南宫的云台阁里,以示表彰和感念。这就是有名的"云台二十八将"。

"云台二十八将"中的老七名叫冯异,时为征西大将军,极擅用兵。西汉末年,王莽篡政,天下大乱,蜀郡太守公孙述趁机自立,建立了成家王朝，自称"白帝"。刘秀手下有一个将军名隗嚣，竟然也投奔公孙述为臣。刘秀派兵讨伐，数次均遭失败。后来，刘秀让冯异出征讨伐。隗嚣派其部将行巡，率两万人马出陇西，攻取枸邑。冯异得此消息，命令部队昼夜急驰，想先占据枸邑。诸将皆说："虏兵盛而新乘胜，不可与争。宜止军便地，徐思方略。"冯异却不这样认为，他说："今先据城，以逸待劳，非所以争也。"（《后汉书·冯异传》）于是，冯异催军奋进，进入枸邑，关闭城门，偃旗息鼓。行巡不知冯异已抢先占据了城池，匆匆带兵赶到，冯异则出其不意，突然击鼓出战，行巡所部惊慌失措，纷纷溃逃，冯异统军追杀数十里，大破其军。

冯异这一胜利，就是"佚而劳之"的经典之作。

毛泽东、朱德同志在土地革命时期创立的"十六字诀"中的"敌驻我扰"，更是"佚而劳之"的绝妙之笔。

什么是"敌驻我扰"？说白了，就是想着法儿地让打算休整的敌人不得安宁：你打我，我走人；你累了，我让你休息不得；你再来，我再走，处处和你拧着干，在战场上演了一出马三立的相声《逗你玩儿》！最后造成敌人肉体与精神上的疲乏，暴露出漏洞，然后再抽冷子偷袭你一下。

"佚而劳之"，也是现代企业经营的良好方略之一。在市场竞争中，经营者要有极好的心理承受能力，在与竞争对手斗智、斗勇的过程中，要能经受住时间的考验，善于捕捉时机；要经得起各种各样的诱惑，休息静思，必要时以妥协换得时机，想出奇招，进而获益。万不可在经营不利的情况下盲目行事，与对手硬拼。

亲而离之

"亲而离之",是孙子讲的第十二招,意思是:对于敌国重要人物之间的关系,应设法离间;对敌国与其盟国的亲密关系,更应以外交手段离间。

这个计策说通俗一点,就是变着法儿地"破坏敌人内部的团结"。

"团结就是力量,这力量是铁,这力量是钢,它比铁还硬,比钢还强……"这是中国非常流行的一支歌,几乎每个中国人都会唱。

人心齐,泰山移——几乎每个中国人都会说。

可见团结多重要,谁都不能否认这个观点。

但是,正因为团结太重要了,所以才要想着法儿地让对手内部不团结。对手越不团结,取胜的把握就越大,最好对手是一堆拾不起来的散沙。

于是,就有了专门让对手不团结的计策——反间。这一计策太损,会让人平白无故地蒙冤死在自己人的手里。

明末大将袁崇焕,就是被清太宗皇太极所定的"反间计"弄死的。

袁崇焕是明末大将,镇守宁远、锦州前线,数次击败企图入关的皇太极。皇太极对袁崇焕真是又怕又恨,于是采纳了谋臣范文程的计策,决定使用反间计,利用崇祯皇帝多疑猜忌的性格,借崇祯皇帝的手除去袁崇焕这个心腹大患。于是，他先假造了两封给袁崇焕的"密信"，故意遗失在路上，让明朝士兵捡到，借明朝士兵散布袁崇焕要与皇太极私下议和的消息。然后，再将两个捉到的明朝宦官放回北京，让他们报告崇祯皇帝，清军大营都在议论袁崇焕已经和皇太极议和了。

崇祯皇帝果然上当。1629年十二月初一，下令锦衣卫将袁崇焕拿下治罪。第二年八月十六日，以"谋叛欺君"罪，凌迟处死了袁崇焕。据《明史》记载：袁崇焕是被凌迟处死的，行刑时，刽子手一刀一刀地割下其肉，一共割了三千五百四十三刀。从此，清军在辽东再也没有了对手，皇太极很快就占领了被袁崇焕收复的地方。崇祯皇帝疑心太重，冤杀大将，自毁长城，导致不久后清军大举入关，明朝终于覆灭。

所以，一个国家、一个团队一定要团结，人心齐，泰山移，这个道理颠扑不破。如果哪一个团队效率低，出现问题的原因很多，其中重要原因之一，就是内部团结出了毛病。

第九讲 安国之术

17世纪，英国有一个学者名叫托马斯·霍布斯，此人非常了得，学问很大，创立了机械唯物论的完整体系，马克思曾说他是英国唯物主义和整个现代实验科学的真正始祖。1651年，他写了一本书，名叫《利维坦》。在这部书中，他从人类的"原始状态"出发，即"当两个人如果想取得同一东西而又不想同时享用时，彼此就会成为仇敌"，探讨了国家安全问题，提出了"和平是国家的健康"，为了国家的和平，必须将"安全当作事业经营"的思想。

霍布斯用四十万字，阐述了上述思想，而大他两千多岁的孙子，却只用了六千多个字，就把国家安全思想讲得明明白白。孙子在他的《兵法》开篇的第一句话就说："兵者，国之大事，死生之地，存亡之道，不可不察也。"（《孙子兵法·计篇》）这句话不难懂，说的是战争是国家的大事，战场上的死与生直接关系到民众的安危、国家的存亡，是不能不认真研究和仔细考察的。

什么是"兵"？最初的含义是指"兵器"，也指"战争"。孙子为什么说战争是国家的大事？因为，战争涉及国家安全，没有国家安全，即便你说你的权力是天给的，也不能坐稳皇帝的宝座。因为，你能做"天"的儿子，我为什么就不能呢？我把你推翻了，我就是天子。毛泽东有句话讲得很透彻："谁也不愿意退出历史舞台。"既然不想退出"历史舞台"，就得有一支强大的军队。对于君主来说，打赢了战争，就有了一切，国民、土地，什么都有；打不赢战争，别说国民、土地了，保不齐连命都丢了。中国古代对前朝皇帝一般都是一杀了之，因为战胜者也怕其东山再起啊。

因此，统治者都把战争作为国家的头等大事，即便是再穷，也是要养兵打仗的。为什么产生"穷兵黩武"这个词，道理就在这里。说通俗一点，要饭也得有一根顺手的打狗棍吧。对于国家统治者而言，解决挨打，要比解决饥饿重要。

孙子作为吴国国君手下的大将，也是统治者中的一员，所以他自然就把战争放在国家最重要的大事之一这一层面上看了。《孙子兵法》开篇就说"兵者，国之大事，死生之地，存亡之道，不可不察也"，是他站在统治者的角度提醒国家的决策者，一定不要将战争当成儿戏，从战争的角度强调国家安全的重要性。

那么如何实现国家的永久安全呢？孙子提出了自己的基本看法，也就是我们通常说的国家安全观。

孙子生活的春秋时代，是诸侯纷争、战争不断的历史时期，许多思想家，面对国家安全总是受到战争威胁的问题，提出了各自不同的解决良方。如：老子提出了"不敢为主，而为客"和"祸莫大于轻敌"的"后发制人""提高警惕"的思想。孔子提出了"有文事者必有武备，有武事者必有文备"治国用兵的思想，主张国家安全依赖于教化与军事的相辅为用。墨子提出了"人劳我逸，则我甲兵强"的思想，主张"守御自卫"。齐国的田穰苴提出了"以仁为本，以战止战"思想，主张以仁爱作为施政的根本，国家养兵的目的不是为了侵略他国、掠夺财富、杀害无辜，而是为了除暴安良、解民倒悬、推行仁政。而孙子提出的国防观，则充满了对立统一思想，有的观点则完全超越了他同时代的思想家。

利害相辅

孙子充分认识到战争就是敌我双方激烈的斗争，关系到经济、政治、地理、天候等各方面的矛盾，以及这些矛盾相互依赖、相互渗透、相互转化的关系。因此，战争中反映敌我活动规律的范畴，都处于对立与统一的矛盾关系之中。正是从这一认识出发，孙子从辩证法的角度认识国家的安全问题，提出了"利害相辅"的安全理念。

他的原话是这样的："是故智者之虑，必杂于利害。杂于利，而务可信也；杂于害，而患可解也。"(《孙子兵法·九变篇》)意思是说：明智的统帅在考虑问题时，应该既要想到有利条件，也不要忽视不利方面，有利和不利方面都要想到。只有当顺利时想到了不利，你才能对可能出现的难题有思想准备，并且想办法解决；只有在处于不利情况时，想到有利的因素，你才能把你要干的事情干成。

孙子这段话是在《九变篇》中讲的。《九变篇》是《孙子兵法》中用字最少的一篇，一共只有二百四十八个字，却是孙子阐述"利害相辅"安全理念的重要文章。老子曾说过"祸兮福之所倚，福兮祸之所伏"，或许孙子的这个观点受到了老子思想的影响。

孙子的这个观点，有着重大的现实意义。对于国家安全而言，既不能因为军队建设搞得有些成绩，就认为我们的军队从此就战无不胜，就能打败任何强敌了。也不能因为我们某些方面落后，就感到"技不如人"而失去信心；只看到和平了、发展了，却忽视了战争的可能性，就难以做到防患于未然。同样，过高地估计战争发生的可能性，会增大安全成本，就会直接影响到国家的经济建设。

怎么做到"利害相辅""张弛有度"呢？这就要看统帅的智慧了。

孙子"利害相辅"理念的方法论是辩证法，即对同一事物，换个角度看问题，就会呈现不同的景象。

比如，你更多地站在"利"的角度看"利"，就很可能忽略在利益掩盖下的危机；如果你较多地站在"不利"角度看眼前的"利"，往往会容易看到了利益掩盖下的危机。

所以，看问题的角度不同，有时会改变事物的发展方向。

我们把孙子"利害相辅"思想引入现实生活，也非常有意义。

比如，你是实业家，为了吸引顾客，就要站在顾客的角度考虑问题；为了打败你的竞争对手，你就要站在对手的角度考虑问题。说得通俗一点，做事之前，要先号号对方的脉，脉号准了，再开方子。

换个角度看问题，可以突破传统的思路做事情；而思路的突破，带来的往往是事业的突破。

有备而安

一部《孙子兵法》，备战的思想非常突出。在《形篇》中，孙子指出"昔之善战者，先为不可胜"，讲的就是国家与军队首先要考虑的，不是怎么样战胜敌人，而是先要做好一切准备，具备不被敌人战胜的实力或条件。

在《九变篇》中，孙子又说："无恃其不来，恃吾有以待也；无恃其不攻，恃吾有所不可攻也。"意思是说，不要把希望寄托于敌人不来犯，而要立足于自己做好充分的战争准备；不要把希望寄托于敌人不来进攻，而要把立足点放在自己具有不被敌人攻破的实力。

孙子讲得好呀！好就好在，在他看来世间没有不想打胜仗的军队。在军队中，战胜敌人的理念，与人的欲求一样，构成了军队与军人天生、遗传性的基因。拿破仑就曾对他部下说过："如果你是军人，心中只能想着国家和国家的敌人！"

你想打胜仗，可能对方打胜仗的愿望比你还要强烈。霍布斯也说过："当两个人如果想取得同一东西而又不想同时享用时，彼此就会成为仇敌。"而成为仇敌了，还不你死我活地斗吗？

孙子绝对是一个现实主义者，即便他有"不战而屈人之兵""上兵伐谋，其次伐交"等理想化的战争方式，但也是建立在"伐兵"和"攻城"

基础上的，即建立在有充分战争准备基础之上的。

他的这种"有备才能安"的现实主义安全观的核心，是把国家安全的立足点，放在自我身上，而不是寄托在他人身上；是以我为主，通过发展壮大自己以求安全。

在国家安全领域，备战是否充分，首先是决策者对自己与对方行动的认识问题。战争毕竟是残酷的，历来就没有"仁慈"的战争。老子曾说过："兵者，不祥之器，非君子之器。"（《老子》第三十一章）所以，人们非到万不得已之时，是不愿意打仗的，轻启兵端，既害民也害己。或许这也就是和平主义者的出发点。

和平主义的愿望是好的，但如果仅仅从这个愿望出发处理安全问题，就很容易松懈备战的意识。即使出现战争的迹象，也不愿望相信。因为，人在看待事物时，容易犯愿望思维（wishful thinking）的错误，即"人们在接收信息时，总是趋于避开自己不愿意听到和看到的事情"。

如第二次世界大战爆发前，希特勒扩张的意图已经非常明显了。作为德国侵略对象的英国与法国，本应该积极备战，不再相信希特勒鼓吹和平的鬼话。然而，英国首相张伯伦却还是对希特勒抱有和平的幻想。张伯伦是和平主义者，不愿意打仗，于是，他就用愿望思维决策事务。当希特勒在慕尼黑会议上向他做出"捷克是德国的最后一个目标"以后，张伯伦大喜过望，当回到伦敦时，他在机场就发表著名的讲话：我为英国带来了一代人的和平。

历史恰恰相反，希特勒在一年以后，就发动了第二次世界大战。

我们在平常生活，也经常会出现这样一种心情，即但愿如何如何。这就是典型的愿望思维，在这种情况下，哪怕出现一丝与自己愿望一致的现象或信息，都会影响到决策。

愿望思维最大的弊端，是忽视事物的另一种可能性，进而把决策建立在侥幸上面。一旦另一种结果出现，往往猝不及防、束手无策。所以，人们在做事的时候，应该克服愿望思维的弱点，有备而不慌。

慎战

上面强调的是国家必须积极备战，建立起强大的国防。然而，战争毕竟是一把双刃剑，要慎重对待，使用战争手段一旦过度，就会起反作用了。著名的军事家吴子认为："以数胜得天下者稀。"(《吴子兵法·图国》)就是说，靠多次取胜而获得天下的实在太稀少了。他总结道："五胜者祸，四胜者弊，三胜者霸，二胜者王，一胜者帝。"(《吴子兵法·图国》)

当然，吴子对魏武侯说的这番话还是虚指，他只是强调要慎战。

孙子也同样如此，在《火攻篇》中，孙子指出："非利不动，非得不用，非危不战。主不可以怒而兴师，将不可以愠而致战。合于利而动，不合于利而止。"这句话好懂，说的是没有利益的时候不要采取军事行动，没有获胜把握的情况下不要轻易出击，没有到危急关头不要使用战争手段。君主不可因怒兴师，将领不可因情绪而求战。符合国家利益才发动战争，否则坚决不要强行发动战争。

"合于利而动，不合于利而止"这句话，孙子在《九地篇》中也讲过，这说明，孙子非常重视慎战问题。简单地说，孙子是在反复告诫人们：打仗要看利害得失，绝不可逞一时之气而轻举妄动。

从事战争的人，没有血气不行，像"面瓜"一样的人，一点精神也没有，是不能打仗的。但是，意气用事的人，遇事不冷静的人，动不动就发脾气的人，更会坏事。在孙子看来，逞一时之怒气作战，会使人失去理智，而在非理智状态下做出的任何决策，都很可能带来严重后果。

分析一下孙子的"慎战"思想，其中有三个原则：

一是从"非利不动"原则出发，肯定了运用战争手段"利益至上，效益为先"的客观标准。人类战争史表明，无论是战争的发动者还是被迫卷入战争者，往往都是怀着"利益期待"的心理投入到战争中的。这好比做生意，如果付出的成本大于可以获得的利益，就不会有人做这种生意了。再做下去，你就不是做生意，而是做慈善事业了。

战争领域也是这样。国家只有在通过战争手段，使可望得到的利益大于所需付出的成本时，才会使用战争手段。换言之，正是由于战争参与者认为战争可以带来巨大收益，战与不战给国家带来的利益差别很大，他们才选择了战争。

孙子很现实，是一个实用主义者，他判定能不能打仗的标准，不是你想不想打、愿意不愿意打的主观标准，而在于是否符合国家利益、打仗和不打仗哪个决定能使国家利益最大化的客观标准。

二是从"不得不用"的原则出发，提出了战争运行的科学准则。有的情况下，即便条件允许用战争手段解决问题，而且战争可能带来的结果会不错，但也要看有没有取胜的把握。如果没有取胜的把握，最好放弃战争。而且孙子在这里所指的不仅仅是狭义上的战场上一仗或几仗的胜利，而是从深远影响上衡量能否有胜利的把握。孙子说："夫战胜攻取，而不修其功者，凶，命曰'费留'。"（《孙子兵法·火攻篇》）费，是浪费金钱；留，是浪费时间。孙子这句话是对国君们说的，意思是打仗可不能不问代价和不讲后果。如果你打了胜仗，攻取了人家的城市乡村，但你却不能巩固住这些战果，那也非常危险。一旦出现这种情况，既浪费金钱，又浪费时间，时间长了，国家和军队都会让战争拖垮。

1979年，苏联入侵阿富汗。从苏联的角度讲，符合苏联的国家利益，一旦控制了南亚次大陆，打通印度洋的入海口，就会给奉行扩张主义的苏联带来丰厚的利益。

结果呢？正像孙子所说的，苏联最终陷入了"费留"的困境，而且一拖就是十年，最终把国家拖得筋疲力尽、铩羽而归，国家的实力大大下降了。

三是从"非危不战"的原则出发，强调了慎战的战略价值。这个原则，涉及现代国际政治中的"开战决策"问题。

什么是开战决策？开战决策，就是某国当权者为维护本国的某种利益，而做出对另一国采取军事行动的决心。

影响开战决策的因素，首先是国家利益。也就是说，开战所要达到的目的，是否就是国家当前最高和最迫切的利益，"最高"和"最迫切"这两点，不能丢掉任何一个。有的问题，虽然涉及国家最高利益，比如主权问题，但如果不是国家最迫切需要解决的利益，是不能贸然开战、轻启战端的。219年，东吴政权杀死了刘备的结义弟兄关羽，刘备不顾众人的规劝，执意改变了国家原有的大战略，于222年率军征讨东吴，发动了报复性战争。

在这一事件中，刘备与关羽的情谊，虽是手足之情，却是私情，而国家利益则是公情。私情再大，无论如何也是不能放到国家之上的。刘备彝陵会战的惨败原因之一，就是把兄弟情谊放到了国家利益之上，对一个本不应该选择的目标发动了战争，结果使国家利益受到了根本性的损失。

其次是决策环境。任何战争都是在一定的国际与国内环境下进行的，所以是否开战，还要充分考虑内外环境对战争的制约因素。有时国内战争的呼声很高，也具有打赢一定规模战争的能力，但还要考虑国际环境是否有利于自己。

例如，伊拉克打科威特，实力完全富余，国内民众也支持，结果几乎在一夜之间就占领了科威特。然而，萨达姆却没有考虑国际环境因素，没想到国际社会强力介入，结果一败涂地、生灵涂炭。

再次是情况判断。孙子曰："知彼知己，百战不殆。"在做出开战决策前，除上述两个因素外，还必须充分考虑：敌方现有和潜在的实力，可能对己方开战行动采取的企图与决心，敌方有无可利用的外部力量，这种外部力量可能对己方行动产生的影响，己方有无可借用的外部力量等等问题。只有在对上述情况做出相对准确的分析与判断的基础上，才能做出相对科学的决策。

在这个问题上，萨达姆吃了个大亏。萨达姆原来与美国的关系并不是像后来那样，20世纪80年代，出于对伊朗霍梅尼政权提出的"不要西方，也不要东方，只要伊斯兰"的宗教激进主义革命的恐惧，在两伊战争中，美国暗中偏袒伊拉克。这就使得萨达姆从中得到一个错误的信息——伊拉克会成为美国在西亚地区的朋友。当然，对这个错误的信息，一开始萨达姆也不是非常肯定。但1990年2月2日，美国副国务卿约翰·凯利对萨达姆说："你们是本地一支温和的力量，美国希望发展与伊拉克的关系，并且对你们与科威特的边界冲突并不感兴趣。"于是，萨达姆终于相信了美国人的话，认为科威特已成为西方国家的弃儿，一旦伊拉克占领科威特，包括美国在内的西方人肯定不会管的，于是他做出了侵略科威特的决策。就是这个决策，最终导致了海湾战争的爆发。

历史上的经验，可以得到这样一个结论：孙子的"非危不战"，即国家不到危急的最后关头，就不要采取战争手段的观点是正确的。只有这样，才能"安国全军"（《孙子兵法·火攻篇》）。

第十讲　知胜之道与预测性思维

知胜之道，就是预测思维艺术。在解释预测思维艺术之前，我先给大家讲一个有关朝鲜战争的真实案例：

1950年初，美国国务院负责对华事务小组听说欧洲有一家名叫德林的咨询公司有一份研究成果，即预测朝鲜半岛发生战争后，如果美国出兵朝鲜半岛，中国会做出怎样的反应？

据说这份研究报告只有一句话，但德林公司竟狮子大张口，要价五百万美元。美国人一听价格，不禁目瞪口呆。要知道，这句话等于当时一架最先进的战斗机的价格。

"抢银行呀！"美国人认为这家公司的老板纯粹是个疯子，所以理都没有理这档子事儿。

然而，三年后，美国在朝鲜战争中遭到了巨大损失，国会开始辩论"是否有必要出兵朝鲜"的问题。这时，他们才想起了德林公司的那份只有一句话的研究成果。为了在国会上辩论有根有据，美国人出价二百八十万美元把这份报告买了下来。不是五百万美元吗，怎么打了折了？这就是市场规律。同样的物品，早市的价格与晚市的价格不一样——再不卖，就臭在家里了。德林公司精，战争都接近尾声了，再不出手就不值钱了。当然，白给是不行的，所以打了个五五折把这句话卖给了美国人。

美国人打开报告一看，真的就是一句话。问题：如果美国出兵朝鲜半岛，毛泽东领导的中国会做怎样的反应。结论：中国出兵朝鲜。

据说，美军名将麦克阿瑟知道了这件事情，感慨地说："我们的失误在于，舍不得一架战斗机的价钱，却白花了几百亿美元的战争费用和数万人的伤亡。"

这个故事很典型地说明了预测性思维的重要性。

预测，是人们对所研究客观事物未来发展变化的推断测定。其本义是从现在探索过去，从现在预见未来。预测是一种超前性思维方法，也是人主观能动性的体现。

孙子就是一个具有预测思维艺术的军事理论家。我以前讲过，孙子善于战略筹划的"五计"，即道、天、地、将、法，这里面就有预测思维的成分。在孙子的整个军事思想体系中，极为强调一个观点：不打无把握之仗。因此，他非常重视战前为战争"把脉"。在《孙子兵法·谋攻篇》中，他提出了"知胜"五要素："故知胜有五：知可以战与不可以战者胜；识众寡之用者胜；上下同欲者胜；以虞待不虞者胜；将能而君不御者胜。此五者，知胜之道也。"

知可以战与不可以战者胜

这句话的意思是说，能不能打仗先看看你的力量与你对手力量的优劣情况究竟怎么样。这里面包括的范围大了，可以说，几乎包括了与战争有关的所有要素，特别是我们以前讲过的道、天、地、将、法。

不过，孙子还认为，除了考察这些大的方面外，能不能打仗，还要分析考察看起来是"小"的问题，有的时候，小迹象能反映大问题。

比如中日甲午战争之前，日本人早有了扩张的野心，但扩张的胆子还没有后来那样大。面对中国，他心里也发憷。尽管近代中国虽然落了后，但是在日本看来，瘦死的骆驼比马大，中国毕竟当了日本一千多年老师，中国块头太大了。况且，洋务运动还催生中国拥有了亚洲第一、世界第七的海军舰队。所以日本人一度对战胜大清国的把握还不大，还不敢和中国对阵。

然而后来，日本人改变了这种看法。

据史料记载，日本人改变看法，其实只是通过两件小事做出的。

一件是1886年8月13日，大清国北洋舰队的"定远""镇远""济远"号等主力舰到日本长崎维修，水兵放假上岸，日本军民上舰参观。不看不要紧，一看吓一跳：只见那么先进的舰船甲板上摆放着关羽的泥像，前面还摆放着供果，插着的香还烟雾袅袅；甲板上、舰舱内到处散乱堆放着吃剩下的食物。不久，又传来上岸度假的水兵在妓院闹事，并刺伤日本警察的消息。

日本军方从这些小事中，就怀疑起大清国的舰队真正的作战能力来。这次访问后，"定能打败'定远'"成为日本海军的口号。

第二件小事发生在1891年7月5日，北洋舰队司令丁汝昌又率领"定远""镇远""致远""靖远""来远"和"经远"六艘主力舰到日本横滨访问。日本人又上舰参观，看到甲板上是干干净净的了，关羽像没了，烧香的味道也没有了，水兵们也不上岸玩了。原来，长崎事件后，李鸿章严厉斥责了丁汝昌，命令他这次出国不能再出丑了。但日本人还是发现了问题：舰炮没有擦干净，炮膛有黑泥；有的舰的甲板上像洗衣房一样晾晒着水兵的服装。

日本人从这一细节，看到了问题的实质：大清国的军队是头疼医头、脚疼医脚，并没有从根本上改变军队纪律不严、作风散漫等问题，特别是士兵没有服从长官命令的意识，和这样一支军队作战，取胜是绝对没有问题的。进而，最后坚定了发动甲午战争、侵略中国的决心。

后来的史实证明，日本的决策是正确的。

所以说，永远不要忘记：你的弱点，可能恰恰是你对手取胜的条件之一。

识众寡之用者胜

即是否懂得根据兵力多少采取不同战法,如果回答是肯定的,就能够取得胜利。打仗难,难在用兵;用兵难,难在集中使用兵力。徐向前元帅曾说过"为阵之法,在于分合"(《徐向前军事文集》)。所谓分合,就是分散与集中,该集中时就集中,不该集中时就分散,这样才能以弱胜强。反之,即使你是强军,也会败在弱军手中。

比如战国末期,秦国是大国,是强国,而楚国则相对弱一些。秦王嬴政准备攻打楚国,在制定作战计划时,秦王问青年将领李信:进攻楚国需要多少兵力?李信是位非常勇敢的军人,公元前226年曾经率领数千兵力远赴辽东,追杀派荆轲刺杀秦王的燕国太子丹。

李信回答说:"差不多二十万人便够了。"秦王点了点头。又问手下名将王翦老将军,王翦回答说:"没有六十万兵力恐怕打不了楚国。"秦王听后,很不高兴,当即就说:"王将军老了,真是胆小。李将军还是很勇敢的。"王翦一听,知道秦王不想再用自己了,于是找了个借口,回家养老去了。

于是秦王命令李信为大将,蒙恬为副将,率领二十万大军进攻楚国。公元前225年,秦楚大战一开始,李信还真的打了几个胜仗。但是不久,就遇到了楚国大将项燕(项羽的祖父)的顽强抵抗,结果李信打了大败仗，被杀将领七人，士兵损失无数，秦军溃败。

秦王听到后，大怒，立即把李信撤职。这时，又想起了老将王翦，于是他亲自去王翦家，向老将军赔礼道歉，承认错误说："我没有用将军的计划，李信果然让秦军丢了丑。现在，恳请将军出征吧！"

公元前224年，王翦率领六十万大军进攻楚国。楚国动员全国的兵力，准备与秦军决一死战。

王翦总结了李信轻敌的教训，采取屯兵练武、坚避不战、麻痹敌人、以逸待劳的方针。选择有利地形扎营，让士兵整天跳高、跳远、扔石头，坚守阵地，不理睬楚军的挑战。

这样过了一年多，楚军的斗志渐渐地松懈下去，加上粮草难以为继，军心慌乱。王翦认为战机来了，命令军队全线出击，迅速地消灭了楚军的主力，占领了楚国的都城寿春，俘虏了楚王，灭亡了楚国。

王翦堪称孙子所说"识众寡之用"的名将。

毛泽东用兵如神，他最神的地方，就是懂得什么地方应该"以一当十"，什么地方应该"以十当一"。战略上"以一当十"，战术上"以十当一"，是毛泽东根据中国革命战争的特点，正确地使用兵力这一问题的两个方面。中国革命战争的实践证明，毛泽东的这个方针是正确的。

上下同欲者胜

即要看"是否全国、全军上下同心协力",如果回答是肯定的,就能够取得胜利。这个道理很简单,团结力量大。战略也好,战术也罢,不是一个人的事情,而是一群人,甚至全体民众的事业。如果发生战争,几乎每一个相关人员在其中都有自己的位置,都必须在自己的位置上发挥自身的作用。

解放战争时期,在孟良崮战役中,张灵甫之所以战败,就输在"上下不同欲"这个问题上了。

在解放战争期间,国民党军有很多败仗都输得糊里糊涂。从战略战术上,一开始就注定了他们的败局。但1947年5月间的孟良崮战役,却是一场双方战略意图及战术方案都已互相知根知底的硬仗,双方的主将也都是指挥高手——我军是陈毅和粟裕,国民党军是张灵甫。而从整体兵力上看,国民党军有二十四个整编师,共四十五万人,比山东的解放军多十几万人,而且装备精良、弹药充足,还有坦克与飞机助阵。

1947年4月间,国民党的四十五万大军继续进攻山东解放区。而从苏北进行战略后撤的我华东野战军副司令、全权负责军事指挥的第一主将粟裕,决定在山东攻打张灵甫指挥的国民党整编第七十四师。

张灵甫是国民党军中少有的一名杰出将领,他很快就明白了粟裕要围歼自己的意图。凭借其丰富的作战经验和装备优良的优势，张灵甫决定与其附近的国民党第八十三师和第二十五师会合，因他与这两个师都只相距十多公里。张灵甫的如意算盘是：一旦与其中一支会合，自己的危险不仅可以解除，而且还能够将解放军吸引过来，然后再予以围歼。

于是，张灵甫不但没有迅速撤离，面对险情，他反而做出了"将计就计"的决策，将部队拉上了附近的孟良崮山麓，主动让解放军来包围自己——他想让自己的整编第七十四师三万两千多人做"钓饵"，吸引我军的主力，为他周边的四十多万国民党军对我华东解放军实施反包围创造条件。

张灵甫这一招非常毒，该计的关键在于：当整编第七十四师当诱饵时，张灵甫的友军会不会到位，进而对解放军实施反包围。

而我军的主将陈毅和粟裕，也看出了张灵甫的用意。摆在他们面前只有两种结局：不是消灭张灵甫，就是被张灵甫黏住，反遭周边围过来的四十多万国民党军队的重创。

粟裕下令：任何人不得言撤退！陈毅宣布"三大战场纪律"：对作战失职者"撤职、查办、杀头"。严令各纵队务必不顾一切，在二十四小时内攻上孟良崮，歼灭张灵甫的整编第七十四师。

当时，张灵甫的友军有：第二十五师（师长黄百韬）、第二十八师（师长李良荣）、第五十七师（师长段霖茂）、第六十五师（师长李振）、第八十三师（师长李天霞），数量不少，但是团结不足。国民党军内部派系之争不是一两天的事了，比如其中第二十八师与第六十五师均为国民党的杂牌军，也就是由原来的湘军和粤军组成的，如果伤亡过大，直接影响到他们的实力与地位；而第二十五师、第五十七师和第八十三师虽然是国民党军的嫡系部队，但是这些师的师长看不惯张灵甫的个性，不喜欢他。这些因素导致了他们向张灵甫靠拢的速度非常慢。

而这就等于要了张灵甫的命。

进攻张灵甫的战斗是在5月13日下午7时开始打响的。直至16日下午3时解放军完全攻占孟良崮主峰、击毙了张灵甫，张灵甫的友军还磨磨蹭蹭地没有赶到。就是近在咫尺、不到五公里的同是嫡系的第八十三师和第二十五师，也因在我军的强大阻击下，担心伤亡太大，而推进很慢。只是到了16日下午，第八十三师师长李天霞为了逃避蒋介石指责其援张不力，象征性地派了一个连，带着报话机躲在孟良崮附近一个山洞中，蒙骗张灵甫谎称他们"来援救了"外，整个孟良崮周围，就再也没有其他国民党军队的影子了。

张灵甫战法的整个核心，就是要求其他四十多万国民党军必须迅速地围拢过来。然而，国民党军队之间矛盾重重、相互拆台、援助不力，最终张灵甫本人及其战术便只有死路一条。

战争充满了风险，每个军人上战场要想取胜，就得服从军令。上战场后，任意妄为，我想打就打，想跑就跑，非败得一塌糊涂不可。所以，团结是胜利的基本保证。

以虞待不虞者胜

即要看"是否做好了充分的战争或作战准备",如果回答是肯定的,就能够取得胜利。说白了,这句话的核心问题,是要求军人天天自问:准备好了吗?时刻准备着!

老虎可以有打盹的时候,而军人不能。否则,一定会败,一定会死。

20世纪初,日本与俄国为了争夺在远东的势力范围,已成水火不相容之势,双方一战,势在难免。在这种局势下,无论是对于日军,还是对于俄军来说,都应该时刻做好迎战的准备。然而,俄军却是另外一番景象。

1904年2月8日夜,在中国旅顺口的沙皇俄国太平洋舰队司令官官邸中,灯火辉煌,一片节日景象。为了庆祝玛利亚命名节,舰队司令斯塔里克海军中将举行的盛大军官舞会正热闹非凡。而就在这时,日本海军司令东乡平八郎率领的联合舰队,正趁夜色悄悄地逼近了旅顺口的俄国海军基地。

当俄海军情报处长得到这个情报后,走进舞场,悄声地告诉斯塔里克发现黄海海面有敌人舰船活动的消息后,斯塔里克还有些不以为然,他认为最近这样的情报接到的太多了,只是让部下多注意就是了。接着,继续跳舞去了。

不过，这次狼是真的来了。然而，俄国人却是一点戒备都没有，濒临港湾的斯塔里克的官邸还是一片灯火通明，舞会正酣。

23时28分，日军下达了鱼雷攻击令。只见四枚鱼雷同时跃出鱼雷管，"刷、刷、刷"几声钻进海里，贴着水面，直扑俄舰。轰隆几声巨响，当即击伤俄军几艘主力舰。这时俄国人才相信日本人真的开战了，匆忙组织还击，日俄战争就此爆发。

对于国家和军队来说，有备才能无患。一位瑞士外交官对我们说："我们瑞士公民迈出左脚时，是一个平民；迈出右脚时，就是一个战士。如果要问我们这里为什么几百年没有发生过战争，根本的原因是我们随时都在准备着打仗！"

第二次世界大战后，记者采访了一百名美军将领。当这些将领回答战后干什么时，答案是惊人的一致：为下一场战争做准备！

将能而君不御者胜

即要看"最高统帅会不会干预有指挥艺术将领的行动",如果回答是否定的,就能取得胜利。

当基本作战方针明确后,军队指挥是不能受到牵制的。指挥官有权根据战场上出现的情况,不断调整自己的作战计划,以适应变化了的情况。也就在这个意义上,孙子主张:尽管将领是由君主任命的,但将领却可以在有些时候不接受君主的命令,即"君命有所不受"(《孙子兵法·九变篇》)。

"吴宫教战"中,孙子杀了两个不服军令的吴王宠姬。尽管他接到了吴王"勿斩"的命令,但以"将在军,君命有所不受"为由,还是杀了这两个女人。在这次事件中,当然有维护军纪的严肃性问题,同时还表明,军队的指挥权不能被任意干涉。这件事后,吴王非常信任孙子,让他担任了征楚大将军。

在第二次世界大战时期,自认为无所不能的希特勒,就对他的军队不时进行牵制。1940年5月24日,古德里安上将集结好进攻用的坦克群,准备突入敦刻尔克港,给在那里的几十万英法联军最后一击,以结束这场战役。不料,中午12时37分,德军突然接到了希特勒的命令:就地停止前进,撤回先头部队,只准许执行侦察和警戒任务的部队继续前进。

古德里安接到这个命令后大吃一惊,他的第一个反应是:现在最希望得到这个命令的是英国人,而不是我们德国人!他马上询问总部:这究竟是怎么回事儿?可是,他得到的回答是:元首的命令不可更改!

就是这样一个奇怪的命令,使得英国人创造了战争史上的一个奇迹——几十万马上要被德国人煮熟的鸭子,飞走了!

在这个问题上,毛泽东有一句名言:打不打第一枪,我说了算;仗打起来,我就不管了!

这句话可以看作是毛泽东对自己战略统帅能力的高度概括。作为统帅,精力要放在谋划全局上,只要能够把"运筹帷幄"做好,就可以"决胜千里之外"了,而不需要统帅对战场事务事必躬亲、包揽一切。

"将能而君不御者胜"的观点,对于今天的现实生活也非常有意义。作为一位现代企业管理者,要学会控权与放权,不要一味地控制权力而不放权。而是要用人不疑,以信任为本,放手让部下开展工作,真正做到"用人不疑,疑人不用"。

知可以战与不可以战者胜,识众寡之用者胜,上下同欲者胜,以虞待不虞者胜,将能而君不御者胜。孙子在讲完了这五个问题后,紧接着做出结论:"此五者,知胜之道也。"意思是说,这五项原则是一体的,不是分开的,应该在战前好好地了解清楚,才能预测准胜负究竟怎样。然后,在这个预测的基础上,再做出是不是开战的决策。

孙子这段话不复杂、不难懂,但是其中的道理却是深邃的,这就是:只有"见得透",才能"拿得定"。

见得透,就是预见的能力。拿得定,就是决策的能力。它告诉我们,预见、预测分析问题时,一定要细、要全面、要善于抓住主要矛盾。

第十一讲 「全」：减少战争成本

《孙子兵法》中字字珠玑，几乎每个字都有深刻的内涵。如知、全、先、善，这些字，几乎凝练了孙子军事思想的精髓。

上一讲我们讲了"知、全、先、善"中的"知"，今天我们来看一下"全"。

战争是讲求成本的，没有不需要成本的战争。孙子在《作战篇》中说："凡用兵之法，驰车千驷，革车千乘，带甲十万，千里馈粮，则内外之费，宾客之用，胶漆之材，车甲之奉，日费千金，然后十万之师举矣。"

这句话讲的是"用兵打仗的害处"——费钱！古代军种有陆军、水军（海洋国家有海军）。陆军中有步兵、车兵、骑兵、工兵、象兵、辎重兵等。孙子生活的时代，中国陆军主要有车兵和步兵。这里出现的"驰车"，指的是经过改进的新型战车；"革车"，指的是蒙着兽皮的老式战车。驰车轻便，用于进攻；革车较笨重，用于防御。

在春秋时代，衡量战争的规模，通常用"驷"与"乘"作指标，如同现代衡量战争规模，要看有多少飞机、坦克、核武器等等。

千里馈粮，指的是军队开拔后，后勤补给的距离非常远。

内外之费，指的是内政与外务的费用。

宾客之用，指的是用于间谍与外交开支的费用。

胶漆之材，指的是战车、弓箭、兵器等维修的费用。

车甲之奉，指的是战车与甲胄的更新与补充费用。

日费千金，指的是每日各项开支的总和。

除了费钱，还费时，孙子在《用间篇》说："相守数年，以争一日之胜。"即双方争战了数年，就是为了最后一日的胜利。

费钱、费时，这就是战争的成本：国家费钱，军人在阵前卖命，民众在后方卖力，所以这些，每天必须要有巨额的花费，才能支撑起战争。可见，兵力是以综合国力为基础的，没有财政支持就不能打仗，这就是战争经济学。

既然如此，怎么才能以最小的成本获取最大的收获，并最终达到战争的目标呢？这是孙子在整部兵法中考虑的核心问题。

何为"全"

春秋时代,诸子百家中几乎每一个流派,都有自己的思想精髓,而这些思想精髓,通常可以用一个字概括。如研究道家的人认为,老子创立的道家的核心是"道"。何为"道"? 道的原始涵义是指道路、坦途,而在春秋后期,老子最先把"道"看作是宇宙的本原、本体、普遍规律或原理。

研究儒家的人认为,孔子创立的儒家核心可以用一个字来概括,那就是"仁"。何为仁? 仁,本指人与人之间相互亲爱。樊迟问仁于孔子,孔子说"爱人"。孔子是中国古代第一个把整体的道德规范集于一体的思想家,形成了以"仁"为核心的伦理思想结构,它包括孝、弟(悌)、忠、恕、礼、知、勇、恭、宽、信、敏、惠等内容。

研究中国兵家的人认为,《孙子兵法》的核心思想也是一个字,这个字就是"全"。什么是"全"? 顾名思义,就是全部、完全、全体,表现在战争领域,就是指一次作战行动的总体,如战争的总体、战役的总体、战斗的总体。"全",对应的是"破",即部分、局部、侧面。战争里的破,就是一次战争的侧面或局部、一次战役的侧面或局部、一次战术的侧面或局部。

不过,孙子军事思想的核心"全",不能简单地从字面上认识。孙子传下来的这部《兵法》，只有十三篇，应该说从数量上，谈不上什么理论体系。但是，用现代时髦一点的词，孙子的核心价值观就是一句话：用最小的消耗，换取最大的胜利。

这就是"全"的目标。

如果用经济学家的理念来解释，就是以最小的投入，换取最大的产出。

没有不死人的战争

最近有一些人，根据冷战结束后几场局部战争，认为战争会越来越被"慈化"，非暴力化或低强度暴力将成为未来战争的趋势。这种观点的理由是：信息技术为主导的现代科学技术被用作战争手段的改造，出现了可以提高作战效能并降低附带损伤的精确制导武器，可以"毁物却不伤人"。

有不死人的战争吗？这是瞎说，有人拿 1999 年的科索沃战争说事，说美军就没有死人。但是，如果美国地面部队进入塞尔维亚，不可能一个人也不死。美军在第二次伊拉克战争中，就阵亡了四千四百八十三名官兵。

其实，说得最直接一点，美国人打的这几场局部战争，表现出来的"附带毁伤"减少、"斩首行动"等等，不过是想减少作战成本而已。

美国人这是让战争逼出来的。

西方人有自己的文化特点，在军事文化中，西方人讲求的是"先兵后礼"，即打了再说，把你打服了，再和你谈条件。

早在艾森豪威尔政府时期，美国就曾出台过一个名叫"大规模报复"的战略。这个战略，就形象地表达了美国的军事文化。

第一次世界大战时，美军没有参战。但是，德国人攻击了美国的商船，引起了美国人的恼怒，于是美国立即决定参战，实施大规模的报复，结果取得了胜利。甜头有了，而且很有指导意义，以后，美国人就这样干下去了。

这里有一组数字：在第二次世界大战中，美军共用了六百九十五万吨弹药，平均每个军人每年的耗弹量是一百六十公斤；美军共用了一亿八千七百六十万吨油料，平均每个军人每年的耗油量是四千二百二十一公斤。日本名将山本五十六偷袭了美国的珍珠港，把一个大舰队顷刻间炸了个支离破碎，终于把美国人给惹火了——美国人参战了。美国人用了上述这么多的弹药和油料对德国人实施战略轰炸、对日本人实施战略轰炸，外加投掷两枚原子弹。结果，德国与日本就投降了。

有了甜头，就有了诱惑，美国还想继续玩这个——只要你惹着我了，我就打你，直到打服你。于是，战后，美国人开始用"大规模报复战略"处理军事事务，结果很快它就遇到了克星——在朝鲜战争和越南战争中，美国人的"大规模报复战略"不灵了。特别是越南战争，是美国人挥之不去的阴影。为什么？不是美国人的武器装备不行，除了原子弹，美国把能使的武器装备都用上了。结果呢？不仅付出的军事成本大，而且付出的道德成本也大。你想呀，当现代照相技术将遭受美国人燃烧弹伤害的越南小女孩让全世界的人都知道了真相之后，标榜人权的美国，能不感到压力大吗？

于是，越南战争后，美国开始研究缩小打击面的战术。而以色列人的"定点清除"手段，给了美国人一个启示，于是出现了伊拉克战争中的"快速决定性作战"。

什么是快速？就是指以最快速度达成战局的目的。

什么是决定性？就是指通过摧毁对手的凝聚力、粉碎其抵抗意志和能力，而将自己的意志强加给对手。

说得通俗一点，就是利用现代科学技术手段，想方设法使军事成本与道德成本降下来，实现国家利益的最大化。

从以上介绍可以看出，战争史上的失败与教训，让他们在原有战争中，关于成本与利益问题遇到难点时进行了新的思考：即运用一切手段，减少战争成本，实现利益最大化。

智谋胜敌——最好的"全"

上面讲了，美国人是"先兵后礼"，进而达到"全"的目的。而孙子却反其道而行之，"先礼后兵"，去争取"全"的目的，则是更大的智慧。

孙子的"先礼后兵"，并不是轻视"兵"的作用。恰恰相反，《孙子兵法》开宗就说："兵者，国之大事，死生之地，存亡之道，不可不察也。"这句话不难懂，是说战争是国家的大事，战场上的死与生，直接关系到民众的安危、国家的存亡，是不能不认真研究和仔细考察的。

然而，孙子讲"兵"，却不同于美国人的"先兵后礼"，而是通过"先礼而后兵"，达到"全"的目标。关于这一点，我们从孙子的论述中可以看得很清楚。

在《孙子兵法》中，"全"字一共出现了十次，其中有七次在《谋攻篇》中。孙子说："凡用兵之法，全国为上，破国次之；全军为上，破军次之；全旅为上，破旅次之；全卒为上，破卒次之；全伍为上，破伍次之。"什么意思？大凡作战的原则是：使整个敌国屈服是上策，而用武力攻破敌国就差一些了；使敌人全军降服是上策，而击破敌军就差一些了；使敌人全旅降服是上策，而击破敌旅就差一些了；使敌人全卒降服是上策，而击败敌人全卒就差一些了；使敌军全伍降服是上策，而击破敌人全伍就差一些了。

国、军、旅、卒、伍，是古代特定的国家行政或军队组织单位。国，是国家或者邦国。但在古代，国常常代表首都，首都被占领了，还不等于国家垮了吗？军，是西周与春秋时期军队最高一级的编制单位，一般兵力为一万两千五百人。孙子是很重视军队的组织编制的，他在《势篇》里讲："凡治众如治寡，分数是也。"意思就是：治理军队无论多少人，关键在于组织编制问题。春秋的军队以战车为中心，旅是战车编组单位，编有五个战车组，一旅的兵力为五百人。卒，是军队的基层组织，共有一百人。伍，是军队中最基层的组织，只有五个人。

我们通常说的"猛将必起于卒伍"，就是说真正的优秀将才，要从基层一层一层地干起。"坐直升机"上来的指挥官，平时还可以，马马虎虎能对付过去，一旦遇上硬碰硬的捉对厮杀，肯定得尿裤子！

在上面这段话里，孙子一口气用了五个"全"字，来解释利益与成本的关系。在孙子看来，作战如果能实现"全国为上""全军为上""全旅为上""全卒为上"和"全伍为上"，才是上策。因为只有这样，才能减少作战成本和道德成本，争取利益最大化。

为了进一步说明这个问题，孙子马上强调："故上兵伐谋，其次伐交，其次伐兵，其下攻城。"即精神之战（伐谋）、外交之战（伐交）、武力对打（伐兵）和越池夺关（伐城）。

这里，孙子明显给我们做了一个策略排序："上上策"，是通过谋略战胜敌人；"上中策"，是通过外交策略获取胜利；"中策"，是通过野战战胜敌人；"下策"，是攻取敌人的城池。

为什么"伐谋"是上上策？就是因为这样可以用最小的代价换取最大的胜利。

例如，春秋末期，齐国有一个著名的政治家、思想家、外交家名叫晏婴，他有着卓越的政治远见和外交才能。他爱国忧民，敢于直谏，在诸侯和百姓中享有极高的声誉。自公元前 556 年后，他担任齐卿（卿是春秋时期仅次于诸侯王的高级官员，参与战略决策），先后经历了灵公、庄公、景公时代，是名副其实的"三朝元老"。但据说，晏婴这个人长相却不敢恭维，五短身材——"长不满六尺"。春秋时期的一尺等于现在的 23.1 厘米，六尺大概相当于现代 1.386 米这个高度。然而，就是这个其貌不扬的人，却满肚子都是谋略，为齐国立下了汗马功劳。

一次，中原强国晋国打算攻打齐国，为了探清齐国的虚实，晋平公派大夫范昭出使齐国。齐景公以盛宴款待范昭，当酒过三巡、菜过五味，众人都喝得微醉之时，范昭借酒劲儿对齐景公说："我能用您的杯子喝杯酒吗？"齐景公不敢怠慢强国使臣，忙吩咐左右侍臣道："快把我的酒杯倒满酒，进献给范先生。"

范昭接过侍臣递给的酒，一饮而尽。这时，坐在一旁的晏婴站起身来，厉声对侍臣道："把这个酒杯扔掉，为主公再换一个！"

依照当时的礼节，在酒席之上，君臣应是各自用自己的酒杯，范昭用景公的酒杯喝酒违反了这个礼节，是对齐国国君的不敬。范昭是故意这样做的，目的在于试探对方的反应如何，但还是被晏婴识破了。

范昭回国后，向晋平公报告说："现在还不是攻打齐国的时候，我试探了一下齐国君臣的反应，结果让晏婴识破了。"范昭认为齐国有这样的贤臣，现在去攻打齐国，绝对没有胜利的把握，晋平公因而放弃了攻打齐国的打算。

这就是"折冲樽俎"典故的由来。折冲，原意为打退敌人的战车，指抵御敌人。这个词起源于折冲骑，其最早出现在春秋时代，是一种战车，其名字的来历就是因为它能遏止别人的冲锋，好像把刀折断了一样，起名折冲。樽和俎，是古人盛酒肉的器皿：樽以盛酒，俎以盛肉。这个典故讲的是，在酒席之间就可以运用谋略、不用武力制敌取胜。难怪孔子称赞晏婴的外交表现说:"不出樽俎之间,而折冲千里之外。"

这就是上上策的"全"。晏婴于酒席之间用几句话维护君王尊严即国家尊严的态度,解除了可能遭受的一场战争灾难,使齐国以最小的安全成本,获取了最大的国家利益。

所以说,伐谋是花小钱办大事儿。

伐兵与攻城——别样的"全"

不过,孙子并不是孤立地分析事物,这就是孙子思想所具备的朴素辩证思想的可贵之处。尽管在孙子的策略秩序中,"攻城"是下策,但他并不绝对排斥"攻城"。

孙子是在实践中走出来的军事理论家。他认为,如果能够先通过实力威慑、谈判等手段,清楚地向对方表明自己的意图,让对方知道不答应自己所提出的条件可能带来的后果,使得对方认识到只有放弃抵抗,才能最大程度地保护自己的利益,进而屈服对方的意志,使其开城投降,那是最好不过的事情了。如果这样,则攻方会在损失极小的前提下,完整地获取作战的胜利,即"全国为上"。

但是,如果当通过"上兵伐谋""其次伐交"的手段达不到"全国为上"的目的时,那么,孙子则主张必要时也可以通过"伐兵"甚至"攻城"的手段,促成"全国为上"。

平津战役时,我人民解放军总兵力是一百万人,而国民党华北的守军只有五十余万。但是,国民党守军真有点"不见棺材不落泪"的想法,用毛泽东的话讲,当时"傅作义将军还想打一打"。

天津与北平是北方最重要的商业和文化重镇,我党并不想用武力解决,而是希望通过和平手段解放北平与天津,尽最大努力保护人民生命财产安全和历史文化古迹。然而，最初傅作义将军不愿意采纳我党的意见，于是在其他手段都不能奏效的前提下，我军决定采用"伐兵"与"攻城"的手段，教训一下国民党守军。

1949年1月8日，第四野战军参谋长刘亚楼奉命率部攻打天津。在这次作战中，刘亚楼最大的亮点：一是在第一主攻方向放了两只老虎，即让第一纵队和第二纵队齐头并进（这两个纵队在天津解放后，按照军委命令改称新的番号为第三十八军和第三十九军。这在我军作战史上，还不多见）。二是参战的炮兵和坦克部队比过去任何一次都多，而且工兵首次参加了攻坚作战。所以，这次战役是我军有史以来攻坚作战规模最大、内容最丰富的一次。正因为刘亚楼将军正确地使用了力量，才仅用了一周时间就解决了天津问题。1月15日，天津解放，天津守军陈长捷司令以下全部投降。天津解放后，傅作义将军顿时感到没有了希望，很快就同意了接受我方提出的和平条件。1月31日，北平和平解放。

这个战例说明，必要的"伐兵"与"攻城"，是为"全"的目标的实现创造条件。因此，必要的"伐兵"与"攻城"，是另一种意义上的"全"。

战争是你死我活的争斗，单纯想着智谋，那不行！只有必要的"伐兵"甚至"攻城"，才能更好地实现"全"的目标。通过必要的"伐兵"或者武力威慑，我军在北平达到了"不战而屈人之兵"的目的。这就是我们军队的老一辈革命家运用《孙子兵法》留给后人的大智慧的结晶。

孙子减少战争成本的"全胜"思想，对于现代企业也非常具有借鉴意义。现代企业通常有"四大责任"：第一，经济责任。即都想用最小的投入，换取最大的产出。这个责任是企业必须履行的，不履行这个责任，出路只有一个：破产！第二，法律责任。即作为企业，必须用合法的手段赚钱。这是企业不得不履行的责任。第三，道德责任。即企业应该遵守社会的普遍经营规则，经营成功而且声誉良好的企业，都有自己的经营规则，并且在业绩评定中有一项道德标准的考核指标。这是企业应当履行的责任，在某种程度上讲，企业的道德责任已经逐渐成了一些大公司战略差异化的一个重要因素。第四，慈善责任。即自愿去做的慈善捐赠等。比如为社区或员工提供托儿所等。现在，越来越多的公司主动去做这些"分外事"，来增加自身的吸引力，提高公司品牌声誉。

这四大责任最为根本的，是经济责任——即赚钱，使利润最大化。这是企业的核心价值观。但如果企业没有其他责任——法律责任、道德责任和慈善责任作为保障，最终也难以实现企业的经济责任。

孙子的"全胜"思想，应该能够给企业家一个提醒。

第十二讲 「知」：追求最高境界的起点

战争是实力的搏杀，军队的数量、武器装备的优劣、后勤保障的好坏等等，都是实力。关于这一点，孙子在《作战篇》中讲得非常清楚，即："凡用兵之法，驰车千驷，革车千乘，带甲十万，千里馈粮。则内外之费，宾客之用，胶漆之材，车甲之奉，日费千金，然后十万之师举矣。"讲得更明白一点，孙子严肃地告诉后人：没有实力最好不要提打仗的事儿。为了进一步强调这个观点，孙子还在《形篇》中用度量衡比喻："故胜兵若以镒称铢，败兵若以铢称镒。"镒与铢都是古代的重量单位，一镒等于二十四两，而一铢等于一两的二十四分之一。就是说，一镒是一铢的四百八十倍重。孙老先生的文笔很好，这个比喻形象地表达出实力的优劣因素在战争中的地位与作用。用今天的话来说：获胜的一方对于失败的一方来说，就如同用镒称铢，具有绝对的优势；而失败的一方对于胜利的一方来说，就如同用铢称镒，处于绝对的劣势。

讲了孙子这句话和这个故事，不外乎是说，力量在战争中的重要意义。但是，孙子崇尚力量，却认为还有比力量更为重要的因素。是什么？知识！

大家都知道这样一句名言：知识就是力量。这句话是英国著名思想家培根说的。

其实，尽管孙子没有说得这样直接，却一直含蓄地表达了这层意思。知，是孙子追求的最高军事境界的起点。为此，他在自己的这部仅有六千多字的兵法中，竟然用了七十九个"知"字。在《孙子兵法》的十三篇中，只有《势篇》与《行军篇》没有出现这个字。

下面，我们就具体分析一下，为什么孙子用了这么多的"知"，究竟有哪些具体含义。

知：知识

从词性上分析，知既是名词，也是动词。如果作为名词，"知"的意义即为知识。如孙子认为：预测战争胜负的可能性，要从五个方面分析，即"道、天、地、将、法"。只有对这五个方面的问题了解得清清楚楚了，才能取得胜利。孙子的原话是："凡此五者，将莫不闻，知之者胜，不知者不胜。"

在这里，"知"虽然没有直接作为名词，但是从上下文的逻辑上，应该是"知识"的含义，即如果你要分析出战争胜负的结果，必须对五个方面的知识有深入的了解才行。

在《火攻篇》里，孙子讲的"知"，更显露出知识的含义。他说："凡火攻，必因五火之变而应之。火发于内，则早应之于外。火发而其兵静者，待而勿攻，极及火力，可从而从之，不可从而止。火可发于外，无待于内，以时发之。火发上风，无攻下风。昼风久，夜风止。凡军必知五火之变，以数守之。"

这一大段，讲的就是如何实施火攻的知识。冷兵器作战条件下，火攻要远远比一般的步兵攻击杀伤效果大，即便是在现代战争中，火攻的威力也是非同小可的。1945年3月10日，美军陆航最年轻的少将柯蒂斯·李梅率战略航空队，在日本陆军节这一天，对日本东京进行了燃烧弹攻击，把整个东京变成了火海，摧毁了东京百分之六十三的商业区和百分之二十的工业区，战果远远超过了之前历次所有轰炸的总和。美军三年来一直想要捣毁的东京的二十二个兵工厂被彻底焚毁。据当时日本政府统计，在当晚的轰炸中，约有十万人被烧死，另有十万人被不同程度烧伤，伤亡人数竟超过了后来遭到原子弹袭击的广岛。

在古代，火攻先烧人，再烧物资粮草，然后再烧敌人的武器库。你想呀，人死了，粮草没了，武器光了，还打什么仗？孙子在《军争篇》中讲得非常清楚："军无辎重则亡。"

但是，火攻可是有学问的，弄不好，不仅烧不了敌人，反而会将自己燎得像没毛的猪一样。孙子上述大段话，就是讲的火攻的要点。

凡火攻，必因五火之变而应之。意思是说，凡用火攻，必须根据用五种方法实施火攻后敌情的变化，而适时拿出对策来。

哪几种火攻的方法？

火发于内，则早应之于外。意思是说，派人潜入敌营，最好是在月黑风高之夜，在敌营里面纵火，而在敌人大营的外面，则要事先派兵力围堵，不让敌人跑出来，就如同下面点火做饭，上面盖上锅盖，不上蒸汽跑出来，把饭给闷熟一样。

火发于兵静者，待而勿攻。极其火力，可从而从之，不可从而止。当在敌营里面纵火后，却发现敌人一点动静都没有，而不是像通常情况下，遇到火起，顿时惊慌失措。如果发生这种情况，恐怕是有问题了，一种可能是敌人不在营内，另一种可能是敌人有埋伏，这样就不能贸然冲进去，而是要仔细观望侦察后再说。

当火势越烧越旺，最后到火候时，就要观察当时的情况，该出手时就出手，不该出手就打住、撤兵。

以上讲的是火攻的第一种方法——从里面纵火制敌。

火可发于外，无待于内，以时发之。这是第二种火攻的方法，从敌营外纵火，用火墙将敌人困在营内，而己方则部署兵力在火圈以外。用这种方法纵火烧敌，不需要敌营中有内应，认为时机成熟就可以纵火攻击。这个方法，必须注意一个问题，千万不能在敌营里有内应。

火发于上风，无攻下风。这是第三种火攻的方法。在讲孙子战略筹划"五事"中的"天"时，讲过这种方法，即"要在上风口放火，不要在下风口进攻"。

昼风久，夜风止。这里讲的更是知识性的东西，白天风起，到晚上通常就停了，如同小孩玩累了，就要休息了。孙子告诫实施火攻时，一定要把这个常识性因素考虑进去，一定要等到风助火势时，没有了风，那时就非常被动了。

凡军必知有五火之变，以数守之。军队必须懂得这五种火攻的变化形式，然后耐心地等待时机，实施火攻。这里的"数"，讲的是火攻时的内外关系、上下风的关系和白天黑夜风势大小的关系。

其实，孙子在这里讲的虽是"五种"火：火发于内，火发而其兵静者，火可发于外，火发于上风，昼风久、夜风止，却讲了六种情况、六种对策。

而孙子介绍的这些火攻方法与对策，今天重新拾起，一个活生生的火攻现场惟妙惟肖地展现在我们面前。如果没有通晓丰富的气象知识、火攻作战史知识以及作战实施知识，孙子怎么会讲得如此精细与生动？

打仗靠力量，但不是靠蛮力，而是靠知识，而军人的知识应该是包罗万象的。比如：第一次世界大战中的一个冬季的清晨，西线阵地的对阵双方是法国的第四十七步兵师和德军的第二步兵师。下了一整夜的大雪终于停了，双方阵地上到处被雪覆盖着，似乎成了雪的世界。德军侦察兵按照惯例，举起望远镜向对面法军的阵地观察。良久，德军侦察兵发现，对面阵地一个突起的石块上跳上了一只猫。德军据此分析，得出以下几点结论：这不是一只野猫，而是一只家猫；而家猫是不会远离它主人的；这不是一只普通的家猫，而是一只波斯猫；在当时的法国，只有贵族或高官才养波斯猫。

根据这几个结论，最后德军判定波斯猫附近一定有一个法军高级指挥部。于是，立即呼唤炮兵火力向对面的法军阵地实施强大的炮火覆盖。结果，如同德军判断的一样，这只猫正是法军第四十七步兵师师长让·贝埃尔养的。而让·贝埃尔做梦都没有想到，他的命正是被自己的宠物断送的。

从这个战例来看，德军不仅懂得动物学的知识，同时还比较了解法国的社会情况。

美国西点军校从学员入校的第一学期，就着力打造他们读书、学习知识的良好习惯。在第一学期，西点开设的课程，从微积分到化学、从作文到军事历史、从普通心理学到军事专业、从德育课到军事条令，一系列的庞大知识系统，目的是让这些未来的军官能够胜任现代化战争的需求。西点军校建议，每个学员在晚上睡觉前，自问一遍：今天我阅读了吗？

知：了解

"知"作为动词，意思是：获得知识的动作或步骤。含义并非仅是知道（know）而已，还有深入了解（understand）的含义。比如，孙子在《用间篇》里讲："故明君贤将，所以动而胜人，成功出于众者，先知也。先知者，不可取于鬼神，不可象于事，不可验于度，必取于人，知敌之情者也。"先知，即先知先觉，原意为对事物的发展认识早于一般人。后来说："天之生此民也，使先知觉后知，使先觉觉后觉也。"（《孟子·万章上》）但在孙子这里，"知"指的是要事先了解敌情。

取于鬼神，就是干事儿之前，先向鬼神摆放祭品，烧香磕头，念念有词，乞求鬼神保佑。

象于事与验于度，是古代的象数之学，前者如同现在风水先生相宅、相墓、相人、相马、相吉凶，一句话，靠观察外表预测事情的结果；后者，则是占卜，靠推算而预测事物的发展方向。这些都是迷信的方法。

孙子在这里说那些贤明的君主与优秀的将领，之所以一出兵就能取胜，取得出类拔萃的骄人战绩，完全在于他们能够事先就了解和掌握敌情。而要想做到事先了解敌情，就不能寄希望于从鬼神那里获得要知道的有关信息，也不能通过相气脉、讲骨法、占卜等胡猜乱蒙等活动取得，一定要从那些熟悉敌情的人的口中去获得。

孙子是一个实事求是的现实主义者,他认为用兵要根据实际,用智谋寻求与客观形势的一致性,从而克敌制胜。而不能用那些术数迷信预测战争的结果。

这里的"知",就是"了解"。从"知识"到"了解"——孙子的"知",完成了高端将领获取知识的步骤与动作。

孙子在他的兵法中,非常重视对一切有关战争事务的了解。

比如,他强调"知"——即了解军事理论。在《作战篇》中说"知兵之将",应该认识与掌握战争规律。这里的"兵",就是战争规律。从这里延伸到日常生活,也是这个道理——你在哪个领域工作,就应该了解和掌握这个领域的规律与特点。如从事企业经营,就应该"知商";从事教育工作,就应该"知教";从事医疗工作,就应该"知医";等等。否则,你经商,一定会赔得连老婆孩子都跟你受罪;你教书,肯定是误人子弟;你给人治病,还不得把好人医坏了呀!

孙子认为,能征善战者还要"知人",即了解官兵想什么,怎样才能让部属按照自己的意志去做事儿——因为,军人上战场意味着把自己的生命交给了军官管理与经营。那么,怎样才能调动士兵的作战积极性呢?孙子在《作战篇》中说:"故杀敌者,怒也;取敌之利者,货也。"要想使部属奋勇杀敌,就要激起他们对敌人的满腔仇恨;要想让部属在战场上勇于夺取敌人的作战物资,就必须要让他们有奔头,而其中最好的方法之一,是把士兵夺来的物资奖赏给他们。

想想看,当一个人怀着满腔怒火去作战,这种被激起的情绪,不正是克敌制胜的最好武器吗?当一个人认为可以从战场上获得利益的时候,他的作战积极性能不高吗?

前面曾讲过,孙子在《地形篇》说:"视卒如婴儿,故可与之赴深溪;视卒如爱子,故可与之俱死。"从心理学角度讲,当一个人爱人爱到连命都可以不要的时候，就会将自己的所有潜能都发挥出来，而到了这种程度，那将是无往而不胜的。

从上面短短的两段话可以看出，孙子通过学习与了解，掌握了"士兵心理学"的知识。

孙子强调的"知"，还有"知政"的内涵。用西方兵学之父卡尔·冯·克劳塞维茨的话说："战争是政治的延续。"

孙子在他的著作里，反复讲过这层意思。如前面讲的"道"，就是战争中的政治问题——民心向背；"不战而屈人之兵"，其实就是现代国际社会控制战争规模、避免战争升级、尽量通过政治手段解决问题的战略战术。如果再加上"上兵伐谋，其次伐交"，则更是通过战略技巧与外交手段实现国家利益的最大化。

孙子的"知"，还包括对敌情的了解。他在《谋攻篇》中，一口气用了六个知："故曰：知彼知己，百战不殆；不知彼而知己，一胜一负；不知彼不知己，每战必殆。"孙子用六个"知"，即了解，表达了他对情报信息与战争胜负关系的见解。由于这个问题非常重要，所以，知彼知己，以后还要专门讲述。

知：大智慧

沿着"知"的动词含义，也就是"了解"知识的轨迹向前，就进入了此种层次的最高表现："智"（wisdom）。智也就是"知"的结果，是一种最高的理想境界。《孙子兵法》中，出现"智"七次。此外还有同"智"相近的"计"出现了十一次，"谋"也出现了十一次。

无论是学习知识，还是通过了解获得与掌握知识，都不是最终目的。最终目的，则是通过上述一切，使自己成为有智慧的人。

什么是智慧？智慧原本是佛教用语，为梵语"般若"的意译，即指超越世俗虚幻的认识，达到把握真理的能力。世尊把智慧比作对事物能迅速、灵活、正确地理解和解决的能力。智慧是人们生活实践的基础，特别是在现代社会中，没有智慧，就无法生存。

人们智慧的大与小，很大程度上取决于知识体系和方法体系的完整与否。而对于军事将领而言，智慧的大与小，直接影响到战争的结局。也正是从这个意义上，孙子的高端军事人才观，把"智"列为"五德"之首，而"勇"仅位于第四。这告诉我们，脑袋与拳头相比，前者比后者重要。

战场上充满了风险、恐惧、艰难与痛苦，而将帅在战场上的一言一行，都会对部属产生积极或消极的影响，哪怕是在不经意间皱眉头，都会让部属认为眼前这场仗看来真的有问题了——瞧，连我们的"头儿"都皱起了眉头。

这就要求战场指挥官要冷静沉着，战场情势再不好，在士兵面前也要保持良好的心态，而这正是智慧的表现。孙子在《九地篇》中说："将军之事，静以幽，正以治。"短短十个字，把孙子对将帅在面对战场上的困苦与艰难时的要求，凝练地概括了出来。静以幽，讲的是不声不响，喜怒不形于色，一切情感都藏在心里，即便心里翻江倒海，外表也如静水无波。只有这样，才能达到"正以治"的效果。"正以治"的"正"，作"整"理解，即把部队管理得上下有序，不会因为战场环境艰苦而士气低沉。

登陆作战是最为复杂的一种作战模式，而旨在开辟欧洲第二战场的诺曼底登陆战，较之一般的登陆作战则难度更大，不仅有辽阔浪急的海岸线，而且对面的守军装备精良、工事坚固，是当时德军中战斗力最强的军队之一。所以，美军中弥漫着畏难情绪。粗中有细的美军名将乔治·巴顿，是个非常善于思考的将军，他在1944年6月5日的战前动员中这样说："谁第一次打仗都怕死，我也在内。说不怕死，那是在撒谎。但是，我打了几十年的仗，为什么却没有死？就是因为后来我不怕死了，胆子也就一下子上来了。真正的英雄，就是知道自己害怕还要打！一个真正的男人，决不会因为怕死就放弃他的荣誉、他对国家的责任和他内心的男人气概！"这里，巴顿站在士兵的角度，理解他们的心情，充分考虑到下属的顾虑，并用适当的方法开导他们。

接着，巴顿又用另外一种方法，鼓励士兵的勇气，打消他们的畏惧心理。他说："我本不应该率领这支军队，我也不应该在英格兰。我在这里的唯一理由，就是有一天我要看到他们屁滚尿流、鬼哭狼嚎地说：'老天啊，怎么又是他妈的第三集团军，又是那狗日的巴顿。'"巴顿真聪明，他寥寥几句话，就给自己和第三集团军贴上了漂亮的标签，并强烈暗示："正是因为有了我巴顿，敌人才害怕你们。我是老虎，你们不用害怕，相反，德国人会怕你们。"

更大的智慧还在后面。在讲话的结尾，巴顿把未来的美好与今日的战争勾连起来。他说："我的孩子们，等打完仗回家了，你们这帮人可以讲一件很伟大的事情：想想二十年后，当你抱着孙子坐在火炉边时，你会觉得感激：因为当他问你在第二次世界大战中干了什么的时候，你不用干咳两下，把他抱到另一条腿上，然后说：'呃……爷爷那时在路易斯安那州铲粪。'不，先生，你可以直盯着他的眼睛说：'孩子，那时候，你爷爷我在伟大的第三集团军和那狗娘养的乔治·巴顿一起冲锋陷阵！'"

谁说美军不会做思想政治工作？巴顿的战前动员，不就是一次绝妙的思想政治工作吗？"打了胜仗，回家，回温暖的家，过子孙满堂的日子、长寿的日子。同时永远不会为碌碌无为而懊恼"。几句话就用美好的远景点燃起部属的战斗激情。一个带兵打仗的将军，竟然能在六十多年前用现代管理学的理念激发部属的战斗精神，这不正是大智慧吗？

其实，现代生活也应该这样。作为一个企业管理者，别让员工觉得工作像铲粪一样无聊，就算是铲粪也要让他们觉得和你一起铲粪是值得的，这就是领袖的魅力。

总之，孙子从战争的需要出发，把"知"作为追求的目标之一，在为将之道中，永远是这样：

不管你的部属多么聪明，你的头脑永远都要想到他们前面，让他们真正感知到：只有跟着你，他们的聪明，才能更好地发挥出来。

因为，没有部属会服从一个笨蛋领导！

为此，就得学习。对于人也是这样，你的职务越高，你就应该有越多的知识，不要忽视知识在启迪智力方面的作用。世界名将几乎都是好学者。

乔治·巴顿对德国人恨之入骨，曾发誓地要戳穿德国狗崽子的肚皮。然而，当他第一次看到隆美尔的队伍走近时，他没有说："隆美尔，我会击败你！"而是兴高采烈地喊道："隆美尔，你真厉害，我读过你的书！"

西点军校一直用这个事例教育自己的学生。

第十三讲 "先"：花小钱，办大事

前面我们介绍了《孙子兵法》的"知"与"全","知"是孙子追求军事最高境界的起点,"全"是孙子追求军事最高境界的目的。今天,我们讲孙子追求最高军事境界目的的另一个字——"先"。

在军事上,有一个术语叫"先发制人",英文为 Preemptive。

"9·11事件"后,美国布什政府的军事战略,最有特点的就是"先发制人"。尽管第二次世界大战以后,美国有过发动先发制人打击的例子,如1983年10月25日对格林纳达的入侵(代号"暴怒"),1986年4月16日对利比亚的空袭(代号"黄金峡谷"),1989年12月20日对巴拿马的入侵(代号"正义事业"),等等,但美国并没有把"先发制人"作为作战常规。而在"9·11事件"后,小布什政府根据国家安全需求,第一次将"先发制人"写进军事战略中,并且既把它作为一种战略,也把它作为一种对外用兵的指导方针。于是,引起世界的广泛关注。"先发制人"就是美军为赢得反恐战争在对外用兵指导方针上所做的创新准备。"先发制人"最基本的要素,是"主动"和"进攻"。根据美军的解释,主动"就是以自己的行动,规定或改变战斗的条件,并且意味着在实施一切作战行动时,要有进攻精神"。进攻,则"是战争的决定性行动样式。进攻行动旨在消灭或击败敌人,其目的是将美国的意志强加给敌人,并达成决定性的胜利"。

其实,美国提出的"先发制人"战略,早在两千五百多年前,中国就有人提出过,他就是孙子。

孙子非常重视"先",在《孙子兵法》中用了二十三个"先"字,表达了他追求"先算""先行""先知"的思想,目的是不打无准备之仗。

先知

"先知"是孙子赋予"先"字的一项非常重要的含义。他在《用间篇》中说:"故明君贤将,所以动而胜人,成功出于众者,先知也。"是说贤明的君主或者会打仗的将军,之所以一出兵就能够战胜敌人、战功显赫,就在于事先能够掌握敌人的情况。

孙子在他的兵法中,把自己的军事思想分成几个部分。第一部分讲的是"权谋",即战略与谋略,其中包括《计篇》《作战篇》《谋攻篇》;第二部分讲的是"形势",即兵力配置,其中包括《形篇》《势篇》《虚实篇》;第三部分讲的是"军争",即如何真刀真枪地在战场上搏杀,包括《军争篇》《九变篇》《行军篇》《地形篇》《九地篇》;第四部分则是杂篇,即前三个部分包不进去的,都在这里,其中有《火攻篇》《用间篇》。

形与势讲兵力配置,有学者将其比作药店里的药方:形,是成药,药配好了,放在药店里直接抓就可以了;势,则是处方,需要有经验的大夫根据切脉诊断出来的患者病情深浅、阴阳表里虚实,给病人开方子。

兵力、武器装备、统帅与指挥机构、后勤等等都是"形",是客观、实实在在的东西,不管你怎么藏,也变不了。

而"势"则是对"形"的运用,这种"运用"是通过主观努力完成的，所以"势"是看不见的。形与势之间的关系是：形是势的基础，势是形的发挥。关于"势"，以后专门详细再说，因为这个字极为重要。

既然"形"是客观的，那么就一定是可知和易知的。对于"形"，没有不能知道的问题，只有想不想知道的问题。这样，也就为"先行"与"先知"提供了可能。

打仗是要有对手的，世界上还不存在没有对手的战争。而要想打胜仗，就要了解敌人的情况，这是确定一切作战计划的前提与依据。古今中外的杰出统帅与名将，都极为重视这个问题。毛泽东在延安粉碎胡宗南重点进攻的三次战役即青化砭、羊马河和蟠龙战役，除了我军指战员的英勇善战，还有一个最为重要的条件——胡宗南的行动我们是了如指掌。

平津战役时，我们之所以打得那样漂亮，敢于用兵、敢于提出和平解放北平的方案，就是摸清了华北地区最高军事指挥官傅作义的一切情况。因为，傅作义的女儿就是我党的地下工作者。

所以，我们才能充分发挥我们自身的优势，而利用了对手的弱点。

18世纪普鲁士著名国王腓特烈大帝，在谈到他之所以能够成功地击败他的老对手、法国司令官苏比士时说："我和他的区别是：他的后面跟了一百名厨师，而我的前面却有一百名间谍。"

正因为"先知"太重要，所以孙子才告诫人们："知彼知己，百战不殆。"

先算

何为"算"?"算",就是计,就是谋。孙子军事思想的核心,是如何以最小的代价换取最大的胜利。而要达到这个目的,重要的问题在于开战之前的战略筹划,即"先算",如同东汉史学家班固所说:"权谋者,以正守国,以奇用兵,先计而后战。"而"先计而后战",则是孙子的一贯思想。《孙子兵法》首篇,即《计篇》,都是围绕着"先算"展开的。该篇的最后一段话,是对全篇的概括:"夫未战而庙算胜者,得算多也;未战而庙算不胜者,得算少也。多算胜,少算不胜,而况于无算乎!吾以此观之,胜负见矣。"这段话不难懂,"得算"的算,作名词,意指实力大小、条件优劣。"庙算"的算,作动词,意谓细致筹划。前面提到的三国时期诸葛亮著名的"隆中对",就是绝妙的"先算"案例。诸葛亮这个"先算",筹划出了一个极具纵深的大战略,让原本出道已二十三年却屡战屡败、被曹操打得满中原跑、寄人篱下的刘备,在短短的七年中,从几乎一无所有,到占据荆、益二州,一跃为可以同曹操、孙权鼎足并立的政治力量,进而把历史带进了三国时代。

"先算",不仅要先筹划大战略,要想达到"不战而屈人之兵",还要"先算"战术。孙子用兵取胜,从大的方面讲,通常采取四大途径:伐谋、伐交、伐兵、攻城。伐谋,就是斗心眼,以谋略取胜,代价最小,收益最大；伐交，就是运用外交手段取胜，代价不是最小，但收益也不是最大；伐兵，就是使用武力，代价较大，但收益并非最大；攻城，就是越关夺池，代价最大，收益并非最大。孙子在战前就把这几种方法的利弊列了出来，供决策者选择。

那么，在战场上什么方法最好呢？孙子在《虚实篇》里告诫我们："故兵无常势，水无常形，能因敌变化而取胜者，谓之神。"这段话讲的是，用兵作战没有一成不变的方法，就像流水没有固定的形状和去向一样。能根据敌情的变化而变化自己的方法者，才称得上用兵如神。

也正是从这个意义上，孙子在选择方法时，具有层次性思维、系统性选择的特点，给将领好几个可供选择的方案，再让将领根据战场形势的变化，选择最有效的方法作战，而不必听君主的，即"将能而君不御者胜"。

孙子的"先算"，虽罗列了基本战法，但又要求将领根据战场情势的变化而调整原有的作战方法，表明他对战争规律掌握得已十分准确。拿破仑曾经说过："从来都没有无作战计划的战争，同样也从来没有完全按照原来作战计划作战的战争。"

作战之前，要先选择作战方法，这叫不打无准备之仗；战役打响后，指挥员根据战场态势的变化调整原有包括作战方法在内的作战方案，哪怕看起来是非常糙的方法，只要与战场态势对路就行。

什么叫糙招、糙方法？上了战场，就不会纠缠这种概念了，只要有用就行。

在第二次伊拉克战争中，美军为了引出萨达姆，使尽了浑身解数：斩首行动、巨额悬赏、公布萨达姆可能整容后的照片、扑克牌通缉令（萨达姆是黑桃A），但都没有奏效。这时，驻扎在萨达姆家乡的美军第四步兵师想出了一个怪方法：在街上到处粘贴搞笑萨达姆的照片：头脸是萨达姆的，但身体却是性感明星。比如有一张照片，看脸是萨达姆，但往下看，却是极为性感、曲线迷人的好莱坞女巨星莎莎·嘉宝。有好多人说，这个搞怪的方法真是太胡闹，简直是愚蠢透顶。但是，美军依然我行我素——他们不管别人怎么看，胡闹也好，愚蠢也罢，只要能抓住萨达姆就行。结果，一向行踪诡秘的萨达姆最终让这个美军师抓到了，而抓获萨达姆的地点，就是在粘贴萨达姆搞笑照片的提克里特。

其实，美军用的看上去胡闹的照片，只不过是把美军强调的心理战战术具体化了。而在战前，美军就把心理战战术，作为这场战争的重要方法之一。

孙子的"先算"思想，即包括事先对战法的选择，同时还包括战前不要忘记告诉将领：不能按照一成不变的方法去打仗，要善于随机应变。只要"先算"做得好，就能取得运筹帷幄、决胜千里之效。这就是用兵如神的原因。

先行

《孙子兵法》的《形篇》中有一名言:"胜兵先胜而后求战,败兵先战而后求胜。"翻译成现代汉语是:胜利的军队总是先创造取胜的条件,而后才寻求同敌人交战;失败的军队却往往先冒险同敌人交战,而后企求侥幸取胜。

孙子这句话中的"先"字有两层含义:第一,在战前先造成有利的态势;第二,要比敌人抢先居于有利的态势。而要想达到这样的双重目的,所需要的先决条件不仅需要先知,即情报搜集、战前侦察等活动,而且还有先行。

会不会打仗,能不能打胜仗,很大程度取决于能否调动敌人,而不被敌人所调动,如同孙悟空钻进铁扇公主的肚子里,想要什么,对方就得给什么。这就是孙子告诉将帅们的:"善战者,致人而不致于人。"(《孙子兵法·虚实篇》)这就需要将帅努力做到"先行",即先发制人。

先发制人这句话,出自《史记·项羽本纪》。公元前 209 年,项羽与叔叔项梁,为躲避仇人的报复,跑到苏州(当时叫会稽郡)。郡守殷通素来敬重项梁,在会见项梁时,谈了自己对时局的看法:"江西皆反,此亦天亡秦之时也。吾闻先即制人,后则为人所制。吾欲发兵,使公及桓楚将。"说现在江西一带都已起义反对秦朝的暴政,这是老天爷要灭亡秦朝了。我听说，先下手的可以制服人，后下手的就要被别人所制服。我想发兵响应起义军，请你和桓楚一起来率领军队。

项梁是一个极有政治抱负的人，因避祸而亡命江湖。殷通的话，一下子提醒了他——这是个机会，殷通有兵马而无良将，不如趁机杀死他，率领他的军队起事，以成就大事。于是，他一不做二不休，与侄子项羽乘殷通不备，砍下他的脑袋宣布起义。

世界上倒霉的人真不少，古今都有，这殷通就是其中之一，他的"先发制人"可以说是良策，但他自己却成了这个计谋的第一个牺牲者——项梁叔侄就是用"先发制人"的计策成事的。

"先行"，会让你从容待敌，以逸待劳。孙子在《虚实篇》里说"凡先处战地而待敌佚"，即先到达并占领战略要地等待敌人的就主动从容；如果是"后处战地而趋战者劳"，即后到达战场就匆忙投入交战，一定会疲劳而被动。如南北朝时，北齐大将段韶率军迎战北周入侵者。这时，天下大雪，白雪茫茫，一望无际。北周的军队从城西攻来，已到达城西一公里处。北齐的诸将纷纷建议，乘敌人立足未稳的时候出兵攻击，打敌人一个措手不及。然而，段韶却反对这种战法，他说："步卒的气力、势力，都有一定的限度。何况现在是积雪正深的时候，出击不太方便。这时候应该在阵中待机，以逸待劳，消灭眼前这些敌人是一点问题也没有的！"后来，双方交战，段韶果然大胜。这里，段韶赢就赢在他的一个"先"字。不过，他这个"先"字，是另一类的先发制人，并不是简单地主动进攻，而是先到达并占据有利地形等待敌人，既有充分的准备，又能充分养精蓄锐。

先发制人，是一种先行，还有另一类的"先行"，即"后发制人"。孙子在《军争篇》中讲："后人发，先人至。"尽管比敌人后动，却占有先机之利。这个"先"，通常是弱军取胜的最好战法。

交战双方一般来说都是力量不均等的。如果弱军对强军，硬拼，打不过、打不赢，怎么办？想方设法地拖，竭尽全力地迂回，在拖和迂回的过程中，找到敌人的弱点，然后先发制人，打击敌人，最终取得作战的胜利。而若干小战的胜利，最后就达到战略上的胜利。这里的关键，并不在于谁先打，而在于最后谁能赢。如同足球赛，先开球的固然占先机之利，但最后未必赢得球赛的胜利。后发制人，赢在不是一开始就给对方以泰山压顶之势，而赢在通过让、忍、退等手段，达到寻求先机之利的战场态势。抗日战争中，我党实施的战略方针"持久战"，就是后发制人。毛泽东在《论持久战》一文中，客观而准确地分析了中日双方的强弱点，像反对"亡国论"一样反对"速胜论"，提出了持久战这一正确的抗日战争的指导方针，最后达到了赢得战争胜利、壮大我党武装力量的目的。

新中国成立后，我军在战略上依然坚持"后发制人"的方针，不首先挑起战争，战略上不打第一枪。而一旦敌人挑起了战争，就依据具体情况，采取相应的军事行动，去努力争取战争的胜利。这就是"积极防御战略"的基本指导原则。尽管坚持"后发制人"原则，开始时在军事上可能会使敌人获得一些战略上的先机之利，不免处于战略上的被动地位；然而，只要实行正确的战争指导方针，预先有充分的战争准备，采取积极有效的措施，就可以摆脱被动，逐步转化敌我形势，夺取战争的主动权，直至打败敌人。

"先发制人"的最大优势，是"先入为主"，使自己处于主动、优先的境地。"后发制人"的最大优势，是稳健、周全，其实，这也是一种"先"。这是一种什么样的"先"呢？

这是变不利为有利的"先"。

这是化被动为主动的"先"。

这是化腐朽为神奇的"先"。

这是智慧战胜愚蠢的"先"。

这是花小钱办大事的"先"。

总之,只要有了"先",就能达到"致人而不致于人"的目的。就是说,"先发制人"也好,"后发制人"也罢,目的就是要牵着敌人的鼻子走,让对方按照我方制定的游戏规则和我打,而不是按照敌人设定的方式对阵。换句话说,让敌人上我的当,而我不上敌人的当。想想看,仗打到这种程度,敌人完全成为我们的傀儡,随时听从我们的摆布,想不赢都难。

综合孙子的"先",再对比一下美国的"先发制人",虽然有两千多年之隔,但前者的内容还是远远丰富于后者。美国的"先发制人",更多的是包含争取"掌握主动权"的意义;而孙子的"先",却含有通盘考虑全局、透彻分析对手的优缺点、掌握与控制大局、最终获得胜利的含义,也就是想方设法为自己创造一个最好的作战态势,寻找最有利的作战环境,为最后的胜利奠定良好的基础。

可见,孙子的哲学思想是非常深奥的。

孙子"先"的理念,对于现代生活也非常有意义。比如,企业都想占领市场,而且谁先占领市场,谁的效益就大。但是,如何能够"先"占领市场?这和企业的理念有关系。我举一个19世纪发生的例子。

1840年和1858年的两次鸦片战争,使得清政府决定要"求强求富",于是,洋务运动兴起了。洋务运动的重要内容,是建立一支强大的国防力量。当时,清政府自己的兵工厂只有江南制造总局,生产的武器装备少,而且性能也差。于是,李鸿章决定向洋人买武器装备。1868年,他派了一个采购团到欧洲去买武器装备。当时,中国男人是有辫子的。采购团走了几个国家,最后来到了德国的埃森。为什么到埃森来?

因为这个地方有德国最大的军火企业克虏伯公司。采购团到了克虏伯公司，受到德国方面的热情接待，又是照相，又是宴请，不仅讲解细致，而且礼貌周到，采购团的心情一下子好了起来。

那么采购团到其他的国家，心情不好吗？

是的。采购团到其他的国家，心情很不好。为什么？因为在英国、法国，那里的人总是以一种嘲笑、蔑视的眼光与语气，谈论中国男人的辫子，这让采购团非常不舒服。而德国的克虏伯公司则不然，公司仔细考察了中国的军火市场，决定要抢在英国和法国前面占领这个市场。于是，他们的企业经营策略就是：尊重中国人的风俗习惯，让他们感觉到了德国，与到欧洲其他国家就是不一样。

克虏伯的经营策略成功了。他们对中国男人辫子的尊重，为他们引来了世界最大的一个客户——李鸿章。掌握清政府对外贸易大权的李鸿章，听到采购团的汇报后，一次就向德国克虏伯公司订购了三百五十八门克虏伯大炮，这是这个公司创业以来最大的一笔订单。此后，清政府的军队建设，一直以德国军事为榜样。根据德国军事制度建立军队，是晚清军事变革的重要特点之一。

这个故事告诉了我们"先"人一步的重要性。

第十四讲 一『善』：军事上的最高境界

前几讲解析了孙子的"知""全""先",现在讲孙子军事思想中的"善"。

善,是孙子追求最高军事境界的理想终点。在孙子兵法中,"善"字的出现频率,仅次于"知",共出现了三十三次。可以说,用兵求"善",是孙子独树一帜的思维方式。

什么是善?从字面上看,有两个含义:擅长与美好。

道家学派有一个代表人物,名叫列御寇。这个人大家不太熟悉,但是如果提起寓言故事"愚公移山",恐怕都家喻户晓了。这个故事,就是列子在他的著作《汤问》中写的。这个人非常会讲故事,寓道于事。在《汤问》中,他还讲了一个俞伯牙与钟子期的故事:伯牙善鼓琴,钟子期善听。伯牙鼓琴,志在高山。钟子期曰:"善哉!峨峨兮若泰山!"志在流水,钟子期曰:"善哉!洋洋兮若江河!"伯牙所念,钟子期必得之。

伯牙擅长弹琴,钟子期善于辨音。这里,列子用的"善"字,就包含着美好与擅长的意思。"善鼓琴"与"善听",表明"擅长"之意;钟子期的两个"善哉",表明"真棒""真不错"的意思。而孙子在其兵法里用的三十三个"善"字,都有这两个含义。孙子在其著作中,经常会用"善战者",或"善用兵者"。如他在《形篇》中指出:"故善战者,立于不败之地,而不失敌之败也。"有时候,他也会在"善战者"之前,加上"昔之"二字,如在《形篇》中第一句话就说:"昔之善战者,先为不可胜,以待敌之可胜。"兵法是流血的战史,加上这两个字表明,孙子经常从鲜活的战例中吸取经验与教训,教授将帅如何提高战争指挥艺术。

那么，怎样才能成为一个真正会打仗的将帅呢？他在《势篇》中说："故善战者，求之于势，不责于人，故能择人而任势。"意思是说，那些能征善战的将帅，打仗的奥秘就在于他们不是仅靠人打仗，重要的是靠"营造有利于己方的作战态势"。

那么，如何才能锻造会营造"势"的能征善战者呢？在孙子的军事思想中，人才培养占有非常大的比重。除了他一直强调的高端军事人才应该具备的"五德"与尽量避免的"五危"外，认为要想成为善战者，还要把握好如下几个问题。

责任之道

"美好与擅长"——这两个含义合二为一,才能真正成为善战者,进而到达军事境界的顶点。那么,怎样才能成为这样的人,怎样才能到达军事境界的理想顶点呢?首要是责任之道。

责任是什么?责任是自己应当做的和不应当做的事情。中国古代政治文化强调的问题之一就是"责任",北宋史学家欧阳修在其所著的《新唐书·王薛马韦列传》中对唐太宗李世民的评语中,最先提到了"责任"。他说:"王者用人非难,尽其才之为难。观太宗之责任也,谋斯从,言斯听,才斯奋,洞然不疑,故人臣未始遗力,天子高拱操成功,致太平矣。"作为君主,难的不是他能不能用人,难在他能否人尽其才。而唐太宗李世民用人却能够做到:听取部属的意见,接纳大家的建议,使臣子能够人尽其才,相互间坦诚相待。君主的责任就要像唐太宗一样,把人用好,齐心协力地把国家治理好。

而将帅的责任呢?非常简单,就是打胜仗。而要想打胜仗,就得有"进不求名,退不避罪"(《孙子兵法·地形篇》)的襟怀与境界。有了这种襟怀与境界,就能够排除一切外来干扰,不唯上,全身心地根据战场情势作战,而不是根据人的喜怒好恶作战。孙子在谈到这点时说:"故战道必胜,主曰无战,必战可也;战道不胜,主曰必战,无战可也。"就是说如果有必胜的把握，即便国君说不能打，也一定要打；如果没有把握取胜，即便是国君要打，也一定不能打。

强调战场上指挥官最有发言权，这是孙子始终如一坚持的观点。然而，要做到不唯上并不容易，必须在心里树立牢固的价值观，换句话说，就是要时刻牢记自己的使命。孙子给将帅规定的使命是什么？"故知兵之将，生民之司命，国家安危之主也"（《孙子兵法·作战篇》）；"夫将者，国之辅也。辅周则国必强，辅隙则国必弱"（《孙子兵法·谋攻篇》），这就是将帅的使命和价值观。

价值观是个外来词，也叫价值哲学。1911年，德国无意识哲学家冯·哈特曼首次提出这个词并作为书名，出版了《价值观纲要》。认为价值观是社会成员用来评价行为、事物以及从各种可能的目标中，选择自己合意目标的准则。价值观通过人们的行为取向及对事物的评价、态度反映出来，是世界观的核心，是驱使人们行为的内部动力。它支配和调节一切社会行为，涉及社会生活的各个领域。

从价值观的定义来看，即便孙子那个时代没有这个词，但已有了判定行为是否符合社会普遍要求的准则。孙子说的上述这两句话，恰恰是将帅的行为准则。想想看，不把国家安危放在心里，不把民众死活放在心里，这种将帅会多么自我与自私！而这样的将帅会有责任吗？而没有责任的将帅，在战场上会发生什么情况，不就可想而知了吗？

可见，能否成为"善战者"，不仅是有没有打仗的技巧问题，更重要的是在于他是不是树立了正确的军人价值观。在中国历史上，北宋可以说是个富国，一幅《清明上河图》就展现出了北宋时期的繁荣与富裕。但是，这个王朝却是中国军事最弱的时期，几乎从这个王朝一建立，就与契丹、辽、西夏、金等少数民族政权处于战争状态，屡战屡败。除了指挥体制原因外，还有一个重要问题，就是北宋时期，文官爱财、武官怕死。想想看,在这种价值观下,将帅能自觉地按照制胜之道作战吗?

北宋名臣张亢曾直言不讳地批评,宋军与西夏军屡战屡败,根本原因在于前线指挥官"不知兵之弊也"(《宋史·张亢传》),而将领们之所以不懂得制胜规律,就在于他们不知道自己究竟是干什么的。说得通俗一点,就是没有责任心的人,才干那些"肚子疼怨灶王爷"的事情。

两千五百多年前,孙子从将帅的行为准则即价值观方面,把将帅的责任与制胜之道联系在一起,真是难能可贵。即便在今天,他的这个思维方式也很有现实意义。要想让自己的部属成为本领域的行家里手,光靠行政手段让他们服从远远不够,还需要建立内在动力的平台——核心价值观。有核心价值观,就有责任,就有责任感和使命感;有了责任感和使命感,就有了行为的内在动力。

仁德之道

这个问题看起来会让人感觉有点纳闷,"善战者"与"仁德之道"有直接关系吗?有。孙子的军事人才观,要求将帅的"五德"中第三条就是"仁"。没有对部属的爱,谁会在战场上为你舍生忘死?

汉代有一名将叫李广,今甘肃人。其曾祖是秦国大将军李信。李广善于射箭,可以说是神箭手,想射你左眼,决不射你右眼。汉朝的前期,一直处于汉匈战争状态中,李广先后多次率汉军到大漠深处迎敌,可以说战功卓著,被人称为"飞将军"。不过,你别看李广身居高位,却非常清廉,若有恩赐,必分与士兵们,连吃饭都跟士兵在一起,很少吃小灶。他带兵,"乏绝之处,见水,士卒不尽饮,广不近水;士卒不尽食,广不尝食。宽缓不苛,士以此爱乐为用"(《史记·李将军列传》)。到了缺水缺粮的困难时期,如果找到了水,士兵没有全部喝上水,他肯定不会靠近水边;如果找到了粮,如果士兵没有全部吃上饭,他肯定不会动筷子。

李广是高收入者,年俸二千石。汉代时,官员的工资是以粮食计算的。一石为一百二十斤,二千石就是二十四万斤。按现在的市场比价,一斤小麦一块五毛钱的话,他每年的收入要达三十六万元。李广连续四十年,拿这样的高薪。但是在他去世时,他家里却没有积蓄,因为他平时都把钱用在了士兵的身上。

正是李广的"仁",使得他的士兵都非常爱戴他,乐于为他效力,毫无怨言地跟随其在大漠深处作战。对此,司马迁非常感慨地说:李广用"仁爱之心"形成的官兵关系告诉我们,"其身正,不令而行;其身不正,虽令不从"。

商末周初有一个人叫鬻熊,据说是祝融氏的后代,曾经做过周文王、周武王和周成王的老师。这个人政治思想趋向于"守柔",他说:"积于柔,必刚;积于弱,必强。"(《鬻子》)刚强的,只能胜过不如自己的;柔弱的,却能胜过强于自己的,于是无所不胜了。守刚强之道,当别人强过自己时,就危险了。而若一直守柔弱之道,那么就会一直无所不胜,并最终成为天下的最强者。这里是讲的强与弱的辩证关系。有的时候,强不一定比弱好。牙齿硬、舌头软,但最后,人的牙齿到老的时候都掉了,而舌头还会存在。只听说过,老了,连牙都掉了;没有听说过,老了,连舌头都掉了。所以,有人说鬻子是道家的始祖。

就是这个鬻子,曾认为:"发政施令为天下福,谓之道;除去天下之害,谓之仁。"(《鬻子》)意思是说,为天下福祉制订的行政措施,就是最崇高的行为,这就是道;谁危害天下,你就除掉谁,这就是仁。在这里,鬻子把爱兵之仁,上升为"道"的高度认识,即为天下民众谋福祉,保卫国家的安全,保护民众的生命财产安全,是将帅义不容辞的责任与使命。而要能够承担起这个责任与使命,必须要成为一个"善战者"。于是,"仁德之道"与"善战者"的因果关系不就成立了吗?

孙子的善战,早已超越了"会打仗"的层次,而是从哲学层面探究成为善战者的途径,这才是更大的智慧。

知兵之道

知兵，讲的是要懂得战争或军事规律，即懂得用兵。孙子在《地形篇》中说："故知兵者，动而不迷，举而无穷。"如果懂得用兵，那么行军打仗就不会像喝醉酒一样找不到回家的路，就不会像让人灌了迷魂汤一样找不到北了。相反，自己肚子里的"招"层出不穷，什么招都有，好招糙招全来，层出不穷。小时候看魔术师变魔术，只见他那大袍子里不停地向外拿东西，小到扑克，大到火盆；静的有文具，活的有金鱼、鸽子……当时，我总想走近魔术师，掀起他的大袍子，想看看里面都有什么。但是，人家不让。知兵的人，就如同魔术师的袍子一样，里面的招多了。

知兵的内容包括很多，这么说吧，凡是与战争有关的东西都要懂。比如知兵，就要懂得什么样的情况下需要分兵，什么样的情况下需要集中，如同他在《谋攻篇》里所说的"识众寡之用者胜"。拿破仑之所以能够率领他的军队，在武器装备和对手同一水平的条件下，几乎打遍欧洲无敌手，其中很大的原因就是他是兵力集中与分散的大师，用他的话说：在战场上，分布军队的艺术就是战争艺术。

知兵，就要懂得世界上没有最棒的军队，只有想取胜的军队，这是战争中铁的规律。你可以在战略上藐视对方，但你绝不能在战术上瞧不起对方。匈奴人连文字都没有，哪来的兵法？但历史上的他们，却经常打败不缺兵法的汉族军队。能打败西楚霸王项羽的刘邦，怎么也没有想到会让匈奴围困在白登山七天七夜，士兵的手指头十有二三被冻掉，最后竟然通过走女人的后门才脱了险。孙子说："故小敌之坚，大敌之擒也。"如果弱势一方能够集中优势兵力，力量就会倍增，虽小却坚，甚至可以打败强大的对手。自以为是的军队，一定会输得非常惨。

知兵，就要懂得如何了解敌人。任何一场战争都有对手，没有对手的战争是不存在的。如同下棋，自己和自己下，有什么意思？一定要有对手。要想战胜对手，就得了解对手。而这种了解，必须是"通"，必须是"精"，不能是"半瓶子醋"，不懂装懂。平时你"装装"还行，再装也死不了，但是在战场上，谁装谁死。

既然不能"装"，那么就得懂得如何把军队锻造成一把利剑，也就是懂得练兵。孙子在《计篇》中说的"士卒孰练"，讲的就是这个问题。

军队是什么？军队是从事政治任务的武装集团，是凭借自己战斗力的强弱，来判定自己的行为能力的。一支心中没有战争的军队，它的战斗力无法得到保证。所以，军队的永恒信念与指导原则就是"武备"。这就要求军队的一切工作，要向战斗力聚焦。为了提升战斗力，就必须进行严格的训练。

乔治·巴顿是全世界军人所熟悉的名字。这位极不注重人际关系的美军名将，却极为重视士兵的平日训练，训练强度有时甚至超过士兵的生理极限。有人怀疑巴顿是不是在为了自己的荣誉，毫不顾及士兵的身体甚至牺牲士兵的生命。其实，这是极不公道和不公正的。因为从军事角度讲，军人只有严格训练，才能有战斗力；而拥有战斗力的军队，才能减少牺牲。巴顿曾经对他的部属说："战争就是杀人，你们必须杀死敌人，否则他们就会杀死你们。如果你们在平时流出一品脱（0.473升）汗水，那么战时你们就会少流一加仑（3.758升）鲜血。"这句话，如同我军的那句话：平时多流汗，战时少流血！

在孙子眼里，必须爱兵，但是光爱也不行，兵还要经过调教。如同孩子一样，当父母给孩子生命后，马上就要考虑如何教育孩子的问题了。"养不教，父之过"，孩子刚出生，连胎毛还没褪呢，怎么会是罪犯？一些孩子之所以后来走上了邪路，就是父母没有调教好，可以说，没有不好的孩子，只有不称职的父母。士兵也是这样，士兵刚到部队，开始"民变兵"的过程，要从一点一滴学习如何成为一名真正的军人，这叫细节养成教育。如牙刷的摆放、睡前鞋尖的摆放、毛巾的摆放、走路的幅度与姿势、坐姿等等必须一致，这并不是形式主义，而是在培养军人整齐划一、令行禁止的作风。这些训练，有时甚至到了不近人情的程度。孙立人的新编第三十八师，是国民革命军中战斗力非常强的一支部队。他的部队的战斗力，则来自平时刻苦的训练。如孙立人的部队如果听到口令立正，士兵的下巴必须有七道皱纹，才算是真正的立正。

我军名将皮定均将军的部队，集会结束带回后，官兵原来坐着的地方，没有一块痰渍，没有一张纸屑。正是这样的训练与教育，才使得皮定均将军的部队拥有极强的战斗力。

1946年6月24日下午，中原军区第一纵队第一旅旅长皮定均和政委徐子荣接到特急命令，根据中央指示，中原军区决定立即突围，第一旅将在白雀园一带阻击敌军三天，担负掩护主力突围的重任。

这是个极为困难的任务。皮定均将军不仅出色地完成了掩护任务，而且还声东击西，往来迂回，转战二十四昼夜，历经大小二十一战，行程超过千里，最后金蝉脱壳，终于杀开一条血路，胜利到达苏皖解放区，成为中原突围众多部队中唯一成建制突围成功的部队，创造了战争史上的奇迹。

地形之道

地形是作战的基本平台，不同的地形，就有不同的战法，所以孙子极为强调地形问题。他在《地形篇》中指出："夫地形者，兵之助也。"这里讲得非常明白："兵"为主，"地"为辅。他接着又说："料敌制胜，计险隘远近，上将之道也。"作为三军统帅，先要了解敌情方能取胜。同时必须了解各种地形条件，其中包括地形的险易与道路的远近。只有这样，才能成为"善战者"。如果在这个问题上犯错误，善战与否倒是小事儿，命能否保住都成问题了。

举个大家熟悉的例子。《水浒传》是我非常喜爱的书，读过不知有多少遍。当兵后，因职业关系，学习与了解了一些军事理论，才知道作者施耐庵是一个不懂任何作战方法的作家，他在书中描写的一些作战故事，简直如同小孩子过家家一样，漏洞百出。比如，这部书的第四十七回"扑天雕双修生死书，宋公明一打祝家庄"，就把宋江这个三军统帅描述成了瞎指挥的莽夫。书中介绍祝家庄地形复杂，钟离老汉对梁山侦察兵石秀说："好个祝家庄，尽是盘陀路。容易入得来，只是出不去。"作为梁山军的统帅，宋江必须知道作战前要了解好地形，特别是在作战地域非常复杂的地形环境——连扑天雕李应的家奴鬼脸儿杜兴都知道这一点。他曾对宋江说，祝家庄地形复杂，"只宜白日进兵攻打，黑夜不可进兵"。然而，宋江却在到达当天，不顾他人劝阻，不等先前派出的侦察兵石秀和杨林回来，还不知道祝家庄周围环境如何的情况下，就下令连夜攻打祝家庄。想想看，这种情况下用兵，能不打败仗吗？要不是以贩卖牲口为生、常年行走在江湖、具有丰富社会经验的石秀，将敌情侦察清楚适时回来，宋江还在人家套里打转转、等着被擒呢。

现代也要讲"地形之道"。举个最简单的例子，节假日时，自驾到外地，如果路不熟悉，走到单行线，或者闯禁行。得，这人没有回来，12分倒是被扣得干干净净了，你还有心思在外面玩吗？为此，GPS 导航系统应运而生了。

通过上面的"四道"分析可以看出，孙子眼里的"善战者"，是懂得战争或作战规律的人。用他的话来说："善用兵者，修道而保法，故能为胜败之政。"只有那些懂得赢得民心，政通人和，并且拥有健全制度、严明赏罚、明确权限分工等等战争制胜规律的将帅，才是真正会打仗的人。汉武帝通过河南会战、河西会战、漠北会战，从根本上解决了匈奴南下侵扰的问题，原因就在于其每战之前必作充分准备，如修明政治，与民休养生息，增加人口、马匹和其他战备物资，加强训练，挑选优秀将领和士兵，选择有利时机发起进攻，等等。

从前面介绍的"知""全""先""善"四字可以看出，孙子以求"知"为起点，通过求"全"与求"先"的手段，最后达到求"善"的最高军事理想境界。

这就是孙子在两千多年前为我们中华民族留下的军事文化的精髓。

第十五讲 "奇"与"正"：打仗如同下棋

有人说,《孙子兵法》十三篇,最难懂的是《势篇》。而《势篇》中最难懂的,又要属"奇正之术"。孙子的原话是这样的:"凡战者,以正合,以奇胜。"

奇与正,这一对概念为什么被认为最不好懂呢?这里面涉及孙子军事思想的思维模式问题。

奇与正之难在"变"

我上小学时，在校乐队拉低音胡，开始总拉不好，吱吱嘎嘎的，非常难听，还不如小孩子哭。当然就非常羡慕教我胡琴的郭老师，简谱上的 1234567 在他那里却是那样好听。慢慢地才知道，这"七音"是最基本的声音，好不好听，全在排列组合好不好。老师之所以拉得好，原因就在这里。我搭配得不好，拉成了噪音；老师搭配得好，拉成了动听的音乐。

而在中国古代，也有基本的"五音"，即宫、商、角、徵、羽。民间常说：看你五音不全，还唱歌呢？指的就是不会将音阶相互搭配，发出的声音一点也不好听。

还有，现在电视台的生活栏目，经常教观众烧菜。一个主持人和一个厨师面对着镜头，津津有味地把烧菜的过程反映出来，让观众学点烹调手艺，有机会在家自己照猫画虎地烧菜，倒也有番情趣。

不知大家有没有注意，在厨师的灶台旁边有好多瓶子，里面装着各种油、盐、酱、醋等调料，厨师就用这些调料，与肉、蛋、蔬菜，烧出了一手好菜。不会烧菜的人，望着这些主、配料，会赞叹说："我家也有这些东西，我怎么就烧不出来人家的味儿呢？"那当然，这就是专业厨师与业余的区别。其实，不管专业与业余，烧的菜都离不开"五味"，即酸、甜、苦、辣、咸——这是烧菜最基本的要素。厨师高就高在能围绕着这"五味"，混合搭配使用，进而烧出了色、香、味、形俱佳的美味佳肴，让人垂涎欲滴。

无论宫、商、角、徵、羽，还是酸、甜、苦、辣、咸，都是音乐、食物的基本成分或元素。这些基本元素搭配好了，就是动听的音乐和美味的食物。没有这些基本元素，就没有了音乐与美食。

那么，战争中的基本元素就是我们今天要讲的"奇"与"正"。

何为"正"？正是接敌，即正面会合交战，堂堂正正地对打，西方人叫作"正攻法"，中国人习惯叫"一对一"。你怎么打，我怎么来，谁也不要客气；你踢我一脚，我打你一拳；你有初一，我有十五；兵来将挡，水来土掩；人不犯我，我不犯人，人若犯我，我必犯人。有的学者，把"正"形象地比喻成下象棋：当头炮，把马跳，出车拱卒是一套。

"以正合"，是明明白白地将自己的意图告诉对方，表达的是己方的意志。20世纪90年代以来，美军主打的几场局部战争，都是用"以正合"开局的。无论是在海湾战争还是在科索沃战争，无论是在阿富汗战争还是在伊拉克战争，美军都在采取战争行动之前，把自己的意图明确告诉给对方，给对手留有一定的时间，考虑不妥协让步可能带来的后果。

何为"奇"？奇，就是根据战场形势出奇兵，进而取胜。现代有个词叫作"非对称作战"，不与对手面对面的硬抗，而是用其他手段，和你玩"老鼠戏猫"的游戏，中国人叫作"不按规则出牌"。小品演员赵本山在戏中总是把范伟结结实实地捉弄一番，让后者哭笑不得，就是因为他总是不按规则出牌——地上一个猴，树上一个猴，总共几个猴？回答当然是两个猴。可是，赵本山却说：错了，是三个猴。原来树上那个猴怀孕了。其实，战争要的就是这个劲儿。战争不像平时比武打拳，不能按套路出拳，而要怎么狠怎么来。目的就一个：胜利！所以，从某种意义上说：制胜的唯一规则，就是没有规则，这就叫"以奇胜"。

"正"与"奇"是两种不同的战法，是战法中最基本的元素。不过，别看它们简单，变化起来，就会让你眼花缭乱。可以这样说，变化是"奇正之术"的本质特征。为此，孙子用前面讲的"五音""五味"为例，说明奇正变化的奥妙。他说："声不过五，五声之变，不可胜听也；色不过五，五色之变，不可胜观也；味不过五，五味之变，不可胜尝也。"(《孙子兵法·势篇》)意思是说：尽管只有宫、商、角、徵、羽五个音阶，但如果将这几个音阶组合起来，就能产生永远也听不完的美妙音乐来；尽管只有红、黄、蓝、白、黑五种色调，但如果将这几个色调组合起来，却能产生出永远看不完的美景图画；尽管只有酸、甜、苦、辣、咸五种味道，但如果将这几个味道组合起来，就会产生永远尝不完的美味。

接着，孙子说："战势不过奇正，奇正之变，不可胜穷也。奇正相生，如循环之无端，孰能穷之哉？"战争中的势态不过就是这两种元素——奇与正，然而用这两种元素或战法变化组合，就能产生变化无穷的战略战术。奇正可以相互转化，就好比顺着圆环旋转，永无尽头。

正是这种"不可胜穷也"的变化，才使得"奇"与"正"这对概念非常难懂。设想一下，如果谁都能把音阶搭配得非常好，不都成音乐家了吗？可是像贝多芬、巴赫、莫扎特、马思聪这样的大师只有一个；如果谁都能把色彩搭配得非常好，不都成画家了吗？可是像安格尔、毕加索、陈逸飞之类的大师只有一个；如果谁都能把味道搭配得非常好，不都成为烹饪大师了吗？那样的话，饭店还不都关门了？

同样，如果任何人都能把"奇"与"正"搭配得好，战法运用得出神入化，那么还不都成名将了吗？历史上那些名帅与名将，如毛泽东、粟裕、拿破仑、巴顿、蒙哥马利等，之所以有着吸引一代又一代人的魅力，原因就在于此。他们如同孙子所说："善出奇者，无穷如天地，不竭如江河。"想想看，这些名帅与名将的战术变化，就像天地变化一样无穷无尽，像江河一样永不枯竭，想不打胜仗都难！

必须重视"正"

正因为"奇"的作用非常大，于是自古就有人轻视"正"。唐朝有位大军事家与军事理论家名叫李靖，出身官宦世家——祖父与父亲都是相当于现在的省长这样的大官。他自幼喜读兵书，据说，他时常和他的舅舅、名将韩擒虎谈论兵事。韩擒虎对这个外甥非常喜爱，曾说："可与论孙、吴之术者，惟斯人矣。"627年，唐太宗李世民即位，先后任命李靖为刑部尚书、检校中书令、兵部尚书。韩擒虎就是一个轻视"正"的将军。一次，李世民和李靖聊起兵法。李世民问李靖：你舅舅对我说，你经常和他谈孙子与吴起的兵法，是不是谈的就是奇正之术呢？

李靖回答：别看我舅舅是个领兵打仗的，但他却不知"奇正之极，但以奇为奇，以正为正耳，曾未知奇正相变、循环无穷者也"。意思是说，我舅舅并不知道奇正的最深奥妙，只能以奇为奇、以正为正罢了，并不知道奇正相互变化是无穷无尽的。

韩擒虎究竟是不是真的轻视"正兵"战法，史料中没有证据佐证，李靖也没有必要在皇帝面前贬低自己的舅舅。从上下文义来看，可能李靖从同舅舅的谈话中，感觉到韩擒虎有这方面的倾向，至少在其他带兵的人身上有这种现象。

不管是韩擒虎还是其他人，轻视"正兵"的战法都是错误的。其实，

"正兵"至少有两个作用：第一，战略上表达自己的意志。如针对抗日战争时期国民党顽固派制造的一系列反共摩擦事件，1939年9月16日，毛泽东在《和中央社、扫荡报、新民报三记者的谈话》中表达了我党对反共摩擦事件的严正立场，他说："任何方面的横逆如果一定要来，如果欺人太甚，如果实行压迫，那么，共产党就必须用严正的态度对待之。这态度就是：人不犯我，我不犯人，人若犯我，我必犯人。但我们是站在严格的自卫立场上的，任何共产党员不许超过自卫原则。"这句"人不犯我，我不犯人，人若犯我，我必犯人"的口号，就表达了我党战略上坚持自卫原则，敢于打击和消灭一切来犯之敌的坚强意志。这就叫"来而不往非礼也"——你打我一拳，我踢你一脚，从气势上，绝对不能输给对手。宁可让你打死，也不能让你吓死。

第二，在战术上诱敌、骗敌，牵制或者阻击敌人，为出奇兵赢得时间，或者创造有利的战机。喜欢看古代战争片的朋友都会发现，双方将领一对阵，往往要高叫：来者何人，通报姓名！然后双方大战多少回合。如果双方大战若干回合后，一方被挑落马下，那么这就是正兵作战。如果一方打了几个回合后，拨马回走，对方误以为是由于不敌而败走，急忙策马追赶，而对方却偷偷地从怀里拿出流星锤等暗器，趁追者不备，突然扔了过去，这就是奇兵。于是，一个完全的正兵掩护奇兵的作战范例完成了。

同样，发生在1948年10月10日的塔山阻击战，就是这样一个非常成功的"正兵"掩护"奇兵"的范例。解放战争时期，我东北野战军为了保障主力夺取东北的咽喉锦州，进而关门打狗，将国民党的几十万军队歼灭在东北境内，命令第四、第十一纵队等部于辽宁省锦州西南塔山地区，对增援锦州的国民党军进行一次防御作战。野战司令部首长专门指令四纵队司令吴克华打一场正规的阵地战。我军自长征后，极少打正规的阵地战，更多的是打运动战，而这次之所以要打阵地战，就是以"正兵"的形势阻击敌人，为主力出奇兵打下锦州创造条件。在这场历时六昼夜的作战中，我军以伤亡三千七百七十四人的代价，歼灭了国民党军六千五百四十九人，保障了我军主力取得攻克锦州作战的胜利。

"正兵"重要，但是如果用不好，则会带来灾难性后果。中国共产党历史上有八十句口号，其中之一就是"御敌于国门之外"。

1933 年 9 月下旬，蒋介石调集五十万大军，对中央苏区实行第五次"围剿"。中共临时中央负责人之一博古，抛弃了过去几次"反围剿"斗争中采取的积极防御方针，实行军事冒险主义，提出了"御敌于国门之外"的错误口号，要求红军在根据地之外战胜敌人，并争取苏维埃在全国的胜利。这个"御敌于国门之外"，就是"正兵"。结果，这个正兵方针，使得红军连续作战近两个月，非但没有能在敌占区或敌我交界区打败敌人，反而因辗转困战于敌军的主力和层层堡垒之间，遭受重大损失，陷于被动处境。最后，在 1934 年 10 月，被迫撤离中央苏区，踏上了艰辛的长征之路。

奇与正不可偏废

俗话说得好：无酒不成席。打仗亦然，没有正与奇，就谈不上战争的指挥艺术了。

前面说了，正兵如同下棋，一招一式，开局都是熟路子。"当头炮"，要用"马来跳"来应，当然也可以"飞相"。但是，如果人家"当头炮"，你却"拱卒"，你很有可能会输。因为从你的套路上，就可以看出你不会下棋。正兵亦然，从你应对的手段上，就可以看出你会不会打仗。

但"奇兵"则相反，从一方所用的奇兵方法或手段，你看不出输赢，为什么？因为奇兵本身是捉摸不透的东西，意图让你看出来，就不叫奇兵了；而等你看出来时，失败就近在眼前了。

熟悉战国史的人，对田单这个人不会陌生。田单是齐国大将军，公元前284年，燕昭王派大将军乐毅率燕、赵、楚、魏、秦等多国部队攻打齐国，攻下了包括齐国都城临淄在内的七十多座大小城市，只剩下即墨和莒两座城池没有被攻下，坚守即墨的就是田单。

乐毅是名将，他根据即墨的防御情况，采用了政治攻心战术，围而不打，筑垒相守，欢迎百姓出城，并给予食物。田单并没有以保守防御"正兵"应敌，而是采取了一系列的"奇兵之术"。

第一个奇兵是亲而离之。即用反间计，除掉了乐毅。当时，燕昭王去世，继位的是惠王，新国君与乐毅不和。田单利用这个机会，派人到燕国散布流言，说乐毅不是没有力量攻城，而是借机率领大军在外面，等待时机在齐国称王。燕惠王果然上当，马上把乐毅撤职，换上了一个名叫骑劫的人继续指挥攻城。

第二个奇兵是死地则战。即施用计谋，让部属感觉到已陷入死地，要想求生必须殊死奋战。他采用了两个计策：一是派人到燕国军中散布：田单现在最担心的是燕军割掉齐军俘虏的鼻子，并逼着这些没有鼻子的俘虏为敢死队攻城。如果这么做，齐军必会大败。燕军信以为真，果然将齐国的俘虏全割掉了鼻子。当齐国守城军民看到自己的同胞被敌人割掉鼻子，真是气死了，坚决守城，宁死不屈。二是又派人到燕军中散布说：田单怕割鼻子是他的表象，他真正怕的是在即墨城外的齐国人的祖坟被燕军挖掘了。如果出现这种情况的话，守城的军民都不会再继续作战了，他们会以投降换取祖宗灵魂的安宁。燕军又信以为真了。为什么？齐国的开国之君是谁？姜子牙呀！大名鼎鼎的吕尚，姜太公。他帮助周武王打下天下，被封到了齐国当国君。这是个大学问家，非常注重礼仪。你想呀，你要挖齐国人祖坟，这对于讲究孝道的齐国人的打击太大啦。燕军信了！于是，真的派人去挖齐国人的祖坟，并且锉骨扬灰。齐国军民从城墙上看到这种情形，一片悲愤，纷纷要求与燕军决一死战，报仇雪恨。

第三个奇兵是用而示之不用。即能打也装作不能打，田单把精锐部队隐藏起来，只派老弱病残甚至是妇女儿童上城墙，参加守城作战。也就是想方设法装孙子、装熊、装作毫无战斗力，再守下去一点前途都没有了，只能是投降，进而达到"形人而我无形"的目的，即我能看到你的实力，你却看不到我的真实情况。

第四个奇兵是火牛阵。战争都是人进行的，用动物帮助作战，还真少有。正因为少有，才是奇兵。当前三个奇兵发挥作用后，田单就开始准备反击了。他在城中征集了一千多头牛，在牛身上缠上深红色的衣物，并画上五彩龙纹，牛角上绑上尖利的兵刃，尾巴上绑着喷过油的草把。在一个漆黑的夜晚，田单命令在城墙上挖开几十个大洞，把牛赶出城外，点燃牛尾巴，于是愤怒的火牛奔向燕军大营，五千多名齐国精兵紧随牛后。燕军从睡梦中醒来，大惊失色，以为天神下凡，斗志全失，大败而逃，燕军主将骑劫也死在乱军中。田单乘胜追击，接连收复失地，全部夺回了丧失的城池。

大敌当前，田单不与强敌硬拼，而是通过这一系列让人目不暇接的计策，连出怪招，最后凭借奇兵出奇制胜。

在战争中，高明的统帅都是将正与奇运用得十分了得。正与奇，是相互转化与相互作用的。

有一次李世民问李靖："分合为变者，奇正安在？"意思是说，在军队分散和集中的变化中，奇与正的关系又表现在哪里呢？李靖回答说："善用兵者，无不正，无不奇，使敌莫测，故正亦胜，奇亦胜。三军之士，止知其胜，莫知其所以胜。非变而能通，安能至是哉！分合所出，唯孙武能之。吴起而下，莫可及焉。"意思是说，善于用兵打仗的人，没有不用正兵，也没有不用奇兵的，他们的变化使敌人根本无法推测。所以，运用正兵也能取得战争的胜利，运用奇兵也能取得战争的胜利。全体将士，只知道他们取得了战争的胜利，却不知道他们之所以取得胜利的原因，如果不是善于运用奇正变化而又能融会贯通，哪里能达到这种地步呢？军队的分散和集中所呈现的奇正变化，只有孙武才能通晓运用，吴起以下，无人能及。

公元前206年，刘邦与西楚霸王的大将章邯大战于三秦地区。大战开始之前，刘邦的大将军韩信为刘邦夺取陈仓，设计了"明修栈道，暗度陈仓"的计策。陈仓是刘邦进入关中的必经之地，两地之间有崇山峻岭阻隔，又有项羽部将雍王章邯的重兵把守。刘邦按韩信的计策，派大将樊哙带领一万人去修五百里栈道，并限令一月内修好。当然，这样浩大的工程即使三年也不可能完成。正是这一点，迷惑麻痹了陈仓的守将。陈仓的雍王章邯万万没想到，刘邦的精锐部队摸着无人知晓的小道翻山越岭偷袭了陈仓。刘邦通过"明修栈道，暗度陈仓"，顺利挺进关中，站稳了脚跟，从此拉开了他开创汉王朝事业的大幕。

明修栈道，暗度陈仓，一正一奇，以正会战，以奇取胜，可以说是"奇正之术"的绝佳注脚。

"奇正之术"的巧妙运用，是一种大智慧的表现。在战争中，赢得胜利并不需要多少招数，重要的是要找对克敌制胜的战法。哪怕这个战法看起来并不符合常理，甚至是有些愚不可及。现代社会中，一些企业家做得很成功，并不是说他们比其他企业家懂得更多的东西，而是他们比其他企业家能够灵活地处理问题，把握问题与困难的关键，不按常理出牌，最后出奇制胜，占领了市场。所以，有句话说：只有占领头脑，才会占有市场。这句话值得玩味。

在生活中，人与人之间往往处于博弈关系。面对高手的出招，最好稳一点。有时，直接接招未必有用，因为条件不允许你"以力抗力"。这时，就要运用自己的智慧，从其他方向，以其他方式出招，可能效果会更好一些。

第十六讲 有备无患

《孙子兵法》的第四篇是《形篇》这篇之后到《虚实篇》内容比较抽象，要慢慢品才能感觉到其中的滋味妙不可言。如同品茶，泡上一杯茶，茶香四溢，慢慢用雅性去品，用心灵去悟，才能从幽幽茶香中，放松身心、沉淀思绪、体会人生。如果大口大口地喝，甚至一口气把一大杯茶水喝进去，完了还不忘用手擦擦水淋淋的嘴角，那不叫品，那叫驴饮。

　　《形篇》与后面的《势篇》《虚实篇》就是需要这样慢慢地"品"而不能急促地"饮"。比如，我们今天讲的《形篇》的第一句话"昔之善战者，先为不可胜"，就要慢慢地品读，才能悟出其中的大道理。

量体裁衣与立足于不败

先讲个墨子的故事。墨子是战国初期的大思想家。有一次，墨子推荐弟子公尚过去越国做官。公尚过劝说越王用墨子的学说治国理政，越王一听，墨子的弟子都这样有能力，可见他的老师墨子更是非常了得。于是，诚恳地对公尚过说："如果您能让墨子到越国来教导我，我愿意分割吴国五百里的土地给您的老师。"

公尚过一听，这不是天上掉馅饼的好事儿吗，马上就替墨子答应了。其实，越王也真是诚心诚意地要请墨子帮助他理政，立即命人准备了五十辆车，随公尚过到鲁国来接墨子。

我觉得公尚过不是墨子的好学生。您想呀，墨子是当时中国社会有名的"苦行僧"，为了自己的政治理想，在生活上提倡"自苦"的牺牲精神，公尚过怎么会见利就笑呢？

果然，当公尚过见到老师说明事情经过后，墨子并没有因听到五百里土地而笑逐颜开，而是平静地对眼前这个弟子说："我问你，你仔细观察和分析过越王的志向了吗？如果越王真的像你说的那样，愿意倾听我的观点，采用我的主张，我可以去。如果不是这么回事儿，我去了，就等于把我自己给卖了。如果是卖自己，干嘛跑那么老远，在附近这几个地方就可以卖了。"

在这段谈话中，墨子语重心长地教导公尚过，要求他"量腹而食，度身而衣"(《墨子·鲁问》)。做什么事情都要如同根据肚子大小吃饭、根据身材剪裁衣服一样，按照实际情况而定。

墨子在这里讲的这个成语，给我们认识孙子"昔之善战者，先为不可胜"的军事观点提供了一把钥匙——要行战争之事，先要掂量掂量自己的实力如何，没有实力，哪怕是实力不足，就得悠着点儿，否则一定会自讨苦吃。为什么？道理太简单了，战争是实力的搏杀与较量，没有实力，你拿什么和人家打？即便打，能取胜吗？正因为如此，孙子以"形"字命题他兵法的第四篇。这个"形"，指的就是军事实力的大与小、军事力量的强与弱。这篇的第一句话就是"昔之善战者，先为不可胜"，意思是说，要打仗之前，先看看自己的军事实力怎样，是不是立足于不败之地？这是战争史上那些能征善战者制胜的诀窍之一。

战争实力是进行战争的物质基础，包括的内容很多：武装力量的质量与数量怎样，武器装备的数量与质量如何，民心、士气，等等，几乎涵盖了所有领域，这些东西缺一个都不行。

第二次世界大战初期，德军战斗力非常强，几乎打遍西欧无敌手，但是在苏德战争期间，却遭遇了开战以来的首次挫折。其中非常重要的原因是，德军对苏联的情报非常不了解。战争前，苏联是许多大国的首要情报目标，但是德国的情报目标却是在西方国家，难以想象的是，整个德国竟然没有专门负责苏联方面的情报机构。德军情报机构为陆军情报局，局长名叫马茨屈，少将军衔。他手下只有两个处，一个是西线外军处，一个是东线外军处。东线外军处由金策尔中校主管，负责的国家可多了，斯堪的纳维亚半岛国家、巴尔干地区国家、苏联、中国、日本、美洲大陆。这样庞大的任务，却由一个处负责，可见德军并没有把苏联作为首要的情报目标。实际也如此，投入在苏联情报方面的时间、人力与财力非常少。更重要的是金策尔中校并非干情报工作出身,他原是步兵军官,对苏联及东欧事务非常不了解,并且不懂俄语,所以,苏联对于希特勒来说实在是太神秘了。苏德战争前,德军最高统帅部根本不了解苏联的军队、坦克、火炮、飞机等军备的数量与质量。1941年元旦,金策尔的东线外军处整理的那份关于苏联武装力量的"白皮书"中,坦率地承认德军对苏联军队战斗序列方面的情报是空白,也没有可靠的情报证明苏联有多少个方面军或集团军,只是含糊地说,苏联的一个集团军可能由一个司令部、数个步兵军、重型炮兵、航空兵与后勤保障部队组成。希特勒从这份白皮书中,根本无法知晓苏联到底潜藏着多大的战争潜力,苏联军民到底有多大的抵抗力。希特勒对苏联的认识,唯一参照物就是苏芬战争中苏军的表现。希特勒认为,苏联打芬兰这样一个小国,竟然付出了伤亡高于对方近四倍的代价,在德军面前显然是不堪一击的。于是,希特勒仅凭猜测,而不是在对苏联大量情报研究基础之上,做出了对苏联发动进攻的决策。

换句话说,由于没有做到"知彼",希特勒战前没有"量腹而食,度身而衣",自然也不可能使自己的实力无懈可击,立足于不败之地。因此,苏德战争的结局,应该说在战前就已有定论了。

没有"缺点零容忍",麦帅走了"麦城"

要想立足于不败,就必须做好充分的准备工作,这是争取战争主动权,进而立足于不败之地的基本原则之一。习近平总书记在中国国家安全委员会的一次会议上说,要树立"居安思危"的安全意识。那么怎么样才能居安思危呢?左丘明这个盲人要比明眼人看得更透彻,他说:"居安思危,思则有备,有备无患。"(《左传·襄公十一年》)左丘明借用了《尚书》中"惟事事乃其有备,有备无患"这句话,将"居安思危"与事事都预先做好准备才能避免祸端联系在一起,讲明了居安思危与有备无患的因果关系。

那么,怎样做到"有备无患"呢?根据孙子"先为不可胜"的本意,会打仗的将军们,都是先立于不败之地才求战。怎样才能立于不败之地呢?孙子后面讲的一句话则是钥匙:"故善战者,能为不可胜,不能使敌之必可胜。"不管你有多大的本事,你可以不让敌人击败,但你未必一定能够做到击败敌人。

根据我个人理解,这句话是告诫后人,能不能战胜敌人,还要看敌人能否上当、中计,给我们战胜他们的机会。但是,自己却完全可以做到不让敌人战胜。而要想做到这一点,就得在备战时谨小慎微,哪怕些许的差错都不能有,因为打仗打的就是对方的"漏洞、破绽、弱点"。换句话说，备战时非常重要的问题，是自己的每一项准备都不能有任何疏忽与漏洞，要及时发现弱点、破绽，及时调整，不能让其成为致命伤。

于是，要做到"有备无患"，必须要"缺点零容忍"。举个第二次世界大战时期的战例：

大家想必对道格拉斯·麦克阿瑟这个名字不会陌生，他是第二次世界大战时期美军的一员名将。他曾沿着西南太平洋，将日本军队一路打回到老家，被人称为"美国的恺撒"。然而，就是这个永不言败的麦克阿瑟，曾在太平洋战争初期的菲律宾战场上，结结实实地走了一遭"麦城"。而他在菲律宾败走麦城的根本原因，就是太小看自己的敌人，而过高地估计了自己。

1941年10月1日，他向美国陆军部表态，他完全可以在滩头击退任何侵略者的进攻，只要他能及时得到他所需的大批武器装备。战前，有人对他说："菲律宾可能会落入日本人之手，因为这里的战争准备不足。"

他回答道："不，你错了，就我个人而言，我绝不会失败。世界的明天，很大程度依赖于这里的成功。"而他的参谋长理查德·萨瑟兰上校的致命弱点，又让麦克阿瑟败走麦城从可能变成了必然。

萨瑟兰是在1939年接替德怀特·艾森豪威尔上校担任麦克阿瑟的参谋长的。这位新任参谋长毕业于耶鲁大学，他智力过人、英俊潇洒，有着坚忍不拔的工作精神、精明强干的办事能力和令人钦佩的组织能力。然而，萨瑟兰的性格也有着非常突出的弱点：性情孤傲、为人冷漠、过于自我、自以为是。他经常给上司挡驾，越俎代庖。这个极为瞧不起日本人的耶鲁大学的才子，多次将涉及日本军队战斗力的情报，过滤掉他所不愿意看到的东西，心理学叫作"愿望思维"。这就使得麦克阿瑟将军得到的日本的情报有许多是片面的，而且更多的则是日本军队如何脆弱。

比如，美军报纸登载着类似"日军军衣肥大，裤筒宽松，罗圈腿短得可笑，士兵好像又脏又皱的牛皮纸包裹，军官挎着和身高极不相称的战刀，仿佛一具玩偶"之类的信息。而这些信息又都会及时地送到麦克阿瑟的办公室。

结果日本人并没有按照麦克阿瑟的时间表实施军事行动，1941年12月8日，日军向菲律宾发动了大规模的军事进攻，没有做好作战准备、特别是思想上麻痹大意的美军，很快遭到惨败，麦克阿瑟将军走了麦城。

麦克阿瑟之所以在菲律宾战役中遭受惨败，就是在备战过程中，思想深处存在的"轻敌与自傲"两个弱点没有克服。这两个因素看起来无所谓，但在一定条件下往往会成为致命伤，使当事者不能先处于不败之地。

这个道理，完全可以用著名的"蝴蝶效应"解释。1963年，美国著名气象学家爱德华·罗伦兹说："一只南美洲亚马孙河流域热带雨林中的蝴蝶，偶尔扇动几下翅膀，可以在两周以后引起美国得克萨斯州的一场龙卷风。"从社会学上看，蝴蝶效应表明：一个坏的、微小的机制，如果不及时地加以引导、调节，将会给社会带来非常大的危害，变为"龙卷风"或"风暴"。同样，一个好的、微小的机制，只要正确指引，经过一段时间，将会产生轰动效应，或称为"革命"。就是说，在混沌系统中，初始条件十分微小的变化，经过不断放大，对其结果会造成极其巨大的差别。西方流传的一首民谣：丢失一个钉子，坏了一只蹄铁；坏了一只蹄铁，折了一匹战马；折了一匹战马，伤了一位骑士；伤了一位骑士，输了一场战斗；输了一场战斗，亡了一个帝国。

在这里，马蹄铁上一个钉子是否会丢失，本是初始条件十分微小的变化，其结果却是一个帝国的存亡。

麦克阿瑟的轻敌与自傲，就是两个丢失的马蹄钉！

"先为不可胜"在现实中的运用

其实,"先为不可胜"观点,说穿了就是要求我们不仅在战争中,而是做任何事情,都要有主动性。

这里的"先"字是重点,即告诫我们,要把成功寄托在自己扎扎实实、认认真真的准备上,不能抱着侥幸心理去做事。所有人做事都想成功,但是为什么现实生活中,有的人成功了,而有的人即便付出了很大努力,也没有成功呢?我想差别就在于"备战",即"工作准备"上。

准备,就要精心细致。德国克虏伯公司是世界著名的军事工业帝国,其奠基人名叫阿尔弗雷德·克虏伯(1812—1886),他生产的大炮曾使俾斯麦在19世纪中叶先后战胜了奥地利和法国。克虏伯公司具有"恪守时间、遵从纪律、执行命令"的优良传统,这些传统与其严格的管理制度是密不可分的,哪怕是小小的细节,也有着具体的规定。比如,公司早餐时间是7点15分,如果你7点16分到餐厅,会发现餐厅已经关闭,按时到餐厅的人在里面用餐,而迟到者只能饿着肚子。

还有,即使在严寒的冬天,公司也不会拨旺壁炉。这并不是公司吝啬,而是有意把办公室搞得寒气袭人,以免里面员工变得无精打采。阿尔弗雷德告诉员工,每一点精心的准备,都会为你带来意想不到的结果。他要求自己的员工,上班前要齐声喊:"准备好了吗?""时刻准备着!"

做好准备，就需要具有"前瞻性"思维。早上出门，先看看天，如果朝霞万丈，你就得注意了，夺目的炫丽景色藏着一场雷雨——民间说，朝霞不出门！如果非要出门，不上班不行，要罚款，扣工资，那么就要带把雨伞了。这就是前瞻性，目的是"未雨绸缪"。只有这样，当半路下起雨来，才不会变成落汤鸡。

现实生活中，如果一个人每天都随身带把伞，不免给人留下杞人忧天的印象——这个人太细了，细得有些迂腐。但是，如果你能根据天象带把伞，人家会认为你真聪明，连老天爷的脉都能把住。

同样是带伞，给人留下的印象却不同，这中间的差异就是"前瞻性"思维。

一个职场者在工作中，要了解自己的优点是什么？弱点是什么？自己的优势相对于对手，是不是算得上优势？相对于对手的优势，自己的优势是不是会成为弱势？仔细研究自己与敌人的优劣对比，是不是我的优点还不够优，还有没有办法给对手造成压力？如果把这些事情都一一考虑到了，遇到问题时，你还会措手不及吗？最简单的一件事儿，作为职场中人，在处理重要文件时，即使能预测到"天晴无雨"，但如果你坚持每次都给重要的文件留副本，遇上问题时，你还会被动吗？

一句话，"前瞻性"思维，会让你的准备更加充分、扎实，做事情更加主动。

做好准备，就需要增加成本。没有人想出事故，但事故还是经常发生，惨剧不断，其原因并不是天上掉下个大陨石把人给砸死了，而是准备问题上出了毛病。各个煤矿都知道开煤矿如同每天和阎王爷打交道，但是都抱着侥幸心理，今天阎王爷睡觉了，今天阎王爷到别人家去了，今天阎王爷不愿意动弹了，今天……都知道阎王爷的厉害，就是不想采取具体行动不让阎王爷进来，结果一旦事故出了，阎王爷来了，肠子也就悔青了。

安全问题如此重要，为什么安全事故还是不断呢？原因就在于做好预防事故的准备需要大量的人力、物力、财力。如同军队一样，军队要想增强战斗力，就得靠平时刻苦与经常训练，但是训练的经常化，势必要花大量军费。这就出现了一个悖论，既想省钱，又不愿意出事故；既想增强战斗力，又怕增加训练费用，甚至担心训练中出事故，于是最简便也是最可怕的解决方法，就是侥幸省钱或减少训练。

核电是非常优质的清洁能源，但其安全问题却是个大事儿。世界有核电站的国家与地区几乎都出过安全事故，最为著名的就是苏联切尔诺贝利核电站的核泄漏事故。因此，为了有效安全地利用核能，避免出核事故，必须在核能安全问题上极其小心，舍得增加安全预防的成本，做到"缺点零容忍"。那种"亡羊补牢""贼走来能耐""孩子死了来奶"等事故后的忙碌，能挽救逝去的生命与损失的财产吗？

正是从上述意义上，孙子在《形篇》中一再强调，备战中不要有任何疏忽。他说："故善战者之胜也，无智名，无勇功，故其战胜不忒。不忒者，其所措必胜，胜已败者也。"那些真正会打仗的将领，并不在于其有过人的智慧，也不在于其有过人的军事天赋，而是在于他们在打仗时，没有出现任何差错。而他们之所以不出现差错，又在于他们的措施得当，战胜了已处于失败状态的敌人。

一句话，无论打仗还是工作、生活，只有做好准备，才能胜利和成功，不要忽视准备过程中的任何细小的问题——**魔鬼总是藏在细节之中**——这就是孙子"先为不可胜"对我们的告诫。

第十七讲

别人的漏洞就是你的时机

上一讲，我们讲了《形篇》中的第一句话，"先为不可胜"，即备战问题。然而，战争是双方的事情，"战""备"得再好，也只能使自己有了实力，具有了不被敌人战胜的资本或条件。但是，能不能取胜，还不好说。为什么？因为战争是敌对双方的事情。你的力量再强，实力再大，计策再好，还要看敌人给不给你机会战胜他们。你的计策再好、实力再大，敌人不上当、不钻套，你还是在做无效功。

"空城计"中的军事原则

"空城计"这个历史故事,在中国几乎无人不知,无人不晓。根据这个故事创作的京戏《空城计》中诸葛亮的唱段,简直是老生的绝唱。

这个故事讲的是三国时,蜀国丞相诸葛亮错用马谡,丢掉街亭后,抓紧时间重新调整兵力部署,将关兴、张苞、张翼等大将派出应对。他刚排兵布阵停当,就有侦察兵报告,司马懿已率大军十五万杀奔城下。

诸葛亮心里大惊,因此时西城县城里只有两千五百名士兵,而且无一大将。诸葛亮赶忙登上城楼观望,果然,尘土冲天,魏军兵分两路往西城县杀来。然而,智者毕竟是智者,诸葛亮思考片刻,马上下令:将旌旗全部隐藏起来,将四个城门大开,每个城门用二十个士兵,扮作百姓,打扫街道,严令魏兵到时,不可乱动与高声说话,否则定斩不饶!

然后,诸葛亮披鹤氅、戴纶巾,引两个少年携带一张琴,来到城头上,凭栏而坐,焚香操琴演奏。定下了一个空城计。

那么,空城计这个决策制定之后,能否成功还要取决于另外一个人——司马懿。这还要看司马懿能否给诸葛亮机会。

大家想一想,如果那天司马懿下决心冲进去了呢?如果换个"二杆子"——他旁边的二儿子司马昭呢?诸葛亮必为司马懿擒杀!

但是,事情却恰恰相反,司马懿没有下这个决心,也并不是他二儿子司马昭指挥。当魏军侦察兵将这个情报报告司马懿后，司马懿立刻命令军队停止前进，自己飞马前去观望。果然见诸葛亮在城楼上，笑容可掬，焚香弹琴，左面一个少年，手捧宝剑，右面也有一个少年，手执麈尾。城门内外，仅有二十余名百姓，低头打扫，旁若无人。再定睛一看，诸葛亮正和他打招呼呢。"我正在城楼观山景，耳听得城外乱纷纷。旌旗招展空翻影，却原来是司马发来的兵。"诸葛亮接着说，"真巧，我正在敌楼把驾等，等候你到此谈呐、谈谈心。我并无有别的敬，早预备下羊羔美酒犒赏你的三军。司马将军，你到此就该把城进，为什么你犹疑不定、进退两难，所为的何情？你看呀，我只有琴童人两个，我是又无有埋伏又无有兵。你莫要胡思乱想心不定，来来来，请上城楼听我抚琴。"司马懿心里想，哼哼，你还有这么好心肠？还要犒劳我的大军，你这分明是在城里设了个大套，等着我往里钻呀！

于是下令，后军变前军，前军变后军，撤，越快越好。

他的二儿子司马昭不解："莫非诸葛亮没有多少兵力，故意这样的，父亲为什么要退兵呢？"

司马懿脸都白了，声音发着颤，道："再不跑，命休矣！"

于是，魏军不战自退。诸葛亮转危为安。

这样，司马懿配合了诸葛亮的计策，上了一回当。

这个事例说明了一个非常重要的军事原则：定计，在我；中计，在敌。

这就是孙子所说的"先为不可胜"的后面一句话："以待敌之可胜！"即敌人犯错误，才是战胜敌人的真正机会。

让敌人"配合"你的计策

司马懿可以说得上是一个优秀的军事家,然而,为什么犯了这样一个低级错误,放着空城而不入?关键在于,司马懿的弱点让诸葛亮给摸到了。

如同中医。中医看病,讲求"望、闻、问、切",其中"切",就是"号脉"。脉号得好,诊断就准确,才能对症下药。打仗也是如此,摸清敌人的弱点,就等于号准了敌人的脉,然后对症下药地"开方子"——定计,这方子对症,敌人才会"配合"你的计策,"接受"你的作战方案。在这个故事里,司马懿的脉象有两个:第一,为人多疑;第二,惯性思维——按照积累的经验教训和已有的思维规律,在反复使用中所形成的比较稳定的、定型化的思维。这里,诸葛亮知道,司马懿与自己打了这么多年交道,深知自己用兵小心谨慎,排兵布阵不会有破绽,司马懿一定会把空城计这个无奈之举错认为是"套",肯定不敢钻。

当魏兵退去后,部下纷纷问道:"司马懿是魏国的名将,今统率十五万精兵来到这里,见了丞相,慌忙撤退,这是什么原因呢?"

诸葛亮回答:"他料定我平生谨慎,从不冒险,见我们这样镇定,怀疑有重兵埋伏,所以退去。"

我们再从司马懿那里看。当司马昭想趁机杀入城内时,司马懿板着脸说："诸葛亮平时一向谨慎，从不冒险。今天大开城门，必定有重兵埋伏。我们若是冲进去，一定中计。你们懂得什么？还不快退！"

诸葛亮号准了司马懿的脉，开的空城计这个"方子"就好用，兵不血刃地将魏兵退去。司马懿也不愿意"配合"诸葛亮的计策，他恨不得生吞了诸葛亮，但是没办法，自己的弱点让诸葛亮给料准了，只得认输。当他后来得知真相后，懊悔不已，长叹一声："吾不如孔明也！"

这个历史故事说明孙子在《形篇》中的重要哲学思想："以待敌之可胜。不可胜在己，可胜在敌。"即先把立足于不败之地的主动权掌握在自己的手里，然后去寻找敌人的弱点、漏洞、破绽，不放过任何可乘之机，进而战胜他们。

在孙子的用兵哲学中，非万不得已，千万不要打"狮子对狮子的战争"，即死打硬拼。因为这种打法，吃力不讨好，很容易两败俱伤，根本不可能达到"花小钱，办大事儿"的预期目标。他坚决主张打"狮子吃兔子的战争"。说得通俗一点，战争与体育比赛不一样，势均力敌的体育比赛才具有观赏性；而战争则讲求牛刀杀鸡，以大吃小。

如果敌人也和我方一样，早已做好了"先为不可胜"的准备，并"以待敌之可胜"，那又该怎么办？药方只有一个：千万别轻举妄动，而是要等，等敌人露出破绽时，再伺机攻击。

这就是"可胜在敌"！

袁崇焕大破努尔哈赤

明朝末年，东北出了一个强悍的领袖——努尔哈赤。这个女真族汉子骁勇善战、谋略出众，而且志存高远，自统一了女真族后，不断领兵南下，几乎打败了关外的所有明军，更有入主中原之意。他打得明军出现了后金恐惧症，只要一看到后金军队，明军官兵就两腿发软，用现在的话叫：吓破胆了。

到了1626年，整个东北山海关以北的土地、城池全部被努尔哈赤所占，只剩下辽东宁远一座孤城。

宁远，就是现在的兴城。如果宁远再失，努尔哈赤就可以率军打入山海关，到那时，明朝将无险可守。

但在这座城下，努尔哈赤遇上了他一生中最大的克星，而且这个克星足以要了他的老命。

这个人就是袁崇焕。袁崇焕是今广东东莞人，生于1584年6月6日，进士出身。他本是一文官，但中国文化中有一特殊之处，即文武之道殊途同归，历史上名将大师有许多都是文人学士，如曹操、诸葛亮、颜真卿、寇准、虞允文、王阳明、曾国藩等均为儒雅风流之士，而非行伍出身。如同朱元璋所说："文武不分途。"

几乎文人出身的名将，均有智、信、仁、勇、严五德兼备之风范，军务政事乃至于人生大道之融通一气。袁崇焕就是这样一个杰出将领。

袁崇焕有一个上司，名叫高第，原是兵部尚书，主持辽东军务。他主张放弃宁远，退守关内。但袁崇焕坚决反对。袁崇焕看到了宁远的重要性，他认为，要想保护住关内，即山海关以南，必须得把关外守住；而要想守关外，一定得保住宁远城。因为宁远是山海关的屏障，一旦宁远失守，则山海关形势危急，届时恐怕连关内也保不住了。

可是，努尔哈赤军队兵力近八万，远远多于明军守城官兵。而袁崇焕却对战胜努尔哈赤充满了信心，因为他抓住了敌人的两大弱点：第一，骄傲轻敌。努尔哈赤认为打败明军已没有任何难度可言，明军总是一战即溃，没有什么战斗力。第二，训练不足。据史书记载，努尔哈赤所部的"步兵骑兵三年未战，兵主怠惰，卒无斗志，车、梯、藤牌不良，兵器已不锐利"。军官不再愿意打仗，士兵懒散松懈，武器装备完好率差，这样的部队战斗力可想而知了。第三，思想僵化。努尔哈赤的军队战术陈旧、战法落后，还沿袭故技，以箭矢对枪炮，以血肉之躯迎炮弹，以挖城墙作为攻城的手段。

袁崇焕针对敌之弱点，开展了有针对性的训练与部署。首先，激励士气，提升战斗意志，把怯敌畏敌的心理彻底抛掉；第二，严明军纪，怯阵退逃者立斩不饶；第三，针对后金军强大的野战实力，定下了凭城固守、以守为攻的策略，以化解敌人以众对寡、以强击弱的优势；第四，部署十一门红衣大炮，以炮兵火力消灭敌人。此外，还有组训兵众、屯田储粮、安抚百姓等等。总之，一切抗击敌人攻城的准备都做得非常充分。

袁崇焕的这些准备，使己方士兵在宁远大战中士气高昂，让敌人死伤累累。比如，作战首日，敌人凭着人多势众，以及相对强大的个人战斗能力铺天盖地而来。但袁崇焕沉着应对，命令大炮向敌人轰击。在红衣大炮的压制下，敌人死伤惨重。

后来，努尔哈赤改变战术，以大块木板做掩护，潜伏至城下，一面挖掘城墙，一面试图以火药炸出缺口。袁崇焕命令官兵，立刻将火药卷入被褥中，点燃后扔到城下，城下顿时成为一片火海，敌军尸横遍野，侥幸没被炸死、烧死的敌军立刻拔腿逃命。接着，袁崇焕又用城上的大炮轰击，尸体漫山遍野。努尔哈赤一连几次进攻都以惨败收场，只好下令撤兵。在这场宁远大战中，袁崇焕扬己之长、避己之短，克敌之弱，用大炮对付八旗劲旅的弓矢刀戈，以坚壁清野来制服掠粮养军的清兵，以凭城死守来避开金兵的野战冲杀，最后终于让一直未尝败绩的努尔哈赤吃了一个大败仗，并且身负重伤。1626 年 8 月 11 日，努尔哈赤因战伤发作，在离沈阳四十里的鸡堡逝世，终年六十八岁。

袁崇焕在宁远大战中，利用努尔哈赤的弱点，让其不断"配合"自己的作战而取胜。如果努尔哈赤的军队在战前能够克服这些弱点呢？那么此战的胜负实在不可预料。

如果后金军队不是支骄军，重视一切对手，哪怕是弱敌也当强敌备战，还会"配合"袁崇焕的计策吗？

如果后金军队一直保持良好的训练，战斗力不会因此而下降，还会"配合"袁崇焕的计策吗？

如果后金军事思想不僵化、战法得当、装备进步，还会在明军的大炮下血肉横飞，"配合"袁崇焕吗？

努尔哈赤这一切弱点、漏洞、破绽，最终都成为了袁崇焕军队的战机。因此，"以待敌之可胜""可胜在敌"，孙子这个思想是制胜的重要法则之一。

漏洞就是时机

前面讲的都是作战中的弱点、漏洞、破绽，使得对手有了可乘之机。那么，孙子这个军事原则对现实生活有何启示呢？

这实在可以讲太多了。韩非子有过一句名言："千丈之堤，以蝼蚁之穴溃；百尺之室，以突隙之烟焚。"（《韩非子·喻老》）意思是：千丈大堤，因为有蝼蚁在打洞，可能会因此而决堤；百尺高楼，可能因为从烟囱缝隙中冒出的火星而焚毁。弱点、漏洞、破绽，通常会让人从细小的言行或表现中体察出来。

打仗就是寻找敌人的漏洞，把敌人的弱点、漏洞、破绽作为自己取胜的时机。那么，同样的道理，我们怎样才能避免因为自己的疏忽大意，而失去宝贵的机会呢？

有一个年轻人到著名的金利来集团应聘，恰好这家集团的董事局主席曾宪梓先生正在考场中。这位年轻人有着美国名校的学历和几年的工作经历，他踌躇满志、志在必得。只见他衣着得体，气宇轩昂地走了进来。没想到，他推开考场大门，只见门口斜放着一把扫帚挡住去路。年轻人皱皱眉头，灵巧地地跨了过去，走到考官前，准备应试。考官也准备提问。这一切都被曾宪梓先生看见了，他走过去，在考官耳边讲了几句话，考官听后，点了点头，然后对这位年轻人说："抱歉，先生，我们不能录用您，因为公司不需要一位看着扫把倒在地上都不愿意弯腰扶起来的懒人，不习惯为他人着眼的人，条件再好我们也不能录用！"这位年轻人就是因为这一小步，失去了工作的机会。原来，这扫帚是曾宪梓故意放在那里的。在他看来，不把扫帚顺手扶起来，第一说明这个人很懒，第二是不习惯为他人着想。这样的人，条件再好也不能录用。

找对方的漏洞、弱点或破绽，一定要有准确的判断力。有的看来是漏洞，但是很可能是敌人的圈套。战争中，有一些将领不愿意成为敌人优先照顾的目标，总是装作自己是一支弱军，没有什么威胁；同样平时也有一些人总是不希望他人过于关注自己，不想让他人知道自己的真实想法，善于隐藏自己。这些人看起来为人非常低调，但是心中却有着很大的志向。

想当年刘备在不得志时，寄身于曹操门下。曹操不放心刘备，生怕他日后与自己争天下，于是在花园里设下酒席，与刘备"煮酒论英雄"。而刘备则始终装作是灰心落魄之人。当曹操故意说"天下英雄，只有你我二人"时，刘备被说中心事，吃了一惊，以至筷子掉落在地，恰好天上打雷，刘备便借雷声作掩饰，说是雷声把自己吓得筷子都拿不住了。

刘备始终在装熊，在这个问题上，曹操就缺乏准确的判断力，认为刘备不过是个庸碌之辈，就此放过了刘备。而刘备靠这一"装"，躲开了曹操的加害，后来积蓄力量，终于三分天下有其一。

曹操没有找到刘备的漏洞，却暴露了自己一个大破绽，让刘备惊险地逃出虎口，成为曹操日后的一个劲敌。

因此，找工作对象的漏洞，寻求成功的时机，弥补自己的漏洞，不丢掉任何一个机会，这就是孙子"以待敌之可胜"给我们今人的启示。

第十八讲 巧妇难为无米之炊

《孙子兵法》中《形篇》的核心，就是实力与力量的强弱。谈到实力，我们在《孙子兵法》的《计篇》中，分析了实力的政治与军事部分，即"道、天、地、将、法"——道，是战争中的政治因素；天与地，是战争中的作战环境与条件因素；将与法，则是战争中的人事与制度因素。所有这些问题，都是战争中的重大战略问题，必须给予足够的重视。用孙子的话说：上述这些问题，"将莫不闻，知之者胜，不知者不胜"。

然而，只做好了上述工作还远远不够，俗话说，兵马未动，粮草先行。打仗没有物资准备和经济基础不行，总不能让前线的将士饿着肚子打仗、拿着烧火棍与敌人拼杀吧，再巧的妇人也难做无米之饭！于是，在《形篇》中，孙子专门讲了实力中的经济与物资因素。这一篇文字不长，只有三百零九个字，道理简单，意义重大。先介绍一个历史故事，看看经济与物资条件在国家强盛过程中的作用。

秦始皇的祖先为何扼腕兴叹

秦始皇大家都知道，中国历史上最著名的皇帝之一，开了中国封建专制王权的先河。然而，秦始皇的祖宗却是个放马的，大概知道的人太少了。人们通常说，某某人运气好，干什么都一帆风顺，我认为所谓的运气，就是机会。

按道理说，放马的不会同一路诸侯联在一起。但是，如果平时预有准备，如同孙子所说"先为不可胜"，即具备了一切不被敌人战胜的条件，那么机会来临，便很可能脱颖而出。

秦始皇的祖先在今天的甘肃天水放马，过着"风吹草低见牛羊"的平静生活。然而平王东迁，成就了秦始皇的祖先。

中国历史上有一个著名的昏君，即周幽王，为了博得老婆褒姒的欢心，竟然干出害子的事情来。太子姬宜臼的姥爷在犬戎的帮助下，攻入都城镐京，杀死幽王，宜臼即位，是为周平王。

姬宜臼即位后，看到自己的家园因战乱而成为废墟，自己的父亲又死在这里，再加上镐京距离边境太近，担心周边的犬戎对都城的安全构成威胁，于是在公元前770年，将都城东迁到洛邑，即今天的河南洛阳附近。这就是著名的"平王东迁"。

这个事儿也不知道怎么，传到了秦襄公耳朵里，这个人极富心机，他听说平王东迁随身护驾的兵力不多，就马上前来护驾，遇水搭桥，逢山开路，一直将周平王护送到了新都洛邑。

从内乱战争中惊魂稍定的周平王，见秦襄公如此尽心尽力，心中大喜，对秦襄公说："戎无道，侵夺我岐、丰之地，秦能攻逐戎，即有其地。"（《史记·秦本纪》）

这分明是一个空头支票！但是秦襄公也非常满意，因为平王正式将秦列为诸侯序列，终于从山寨的诸侯，变成正规的了，有了这个名分，一切都好办。果然，谁也没有想到仅仅二十年，秦襄公以及他的儿子秦文公就让这张支票成功兑现了。

接着，从秦襄公、秦文公，到秦穆公、秦桓公，秦国的几代君主几乎都是明君，个个力图东进，称霸中原。特别是秦穆公，更是了得，深得民心。

讲一个关于他的故事。据《史记·秦本纪》记载：一次，秦穆公丢失了一匹心爱的骏马，亲自出去找，看见自己的马已经被人杀掉了，正在吃肉。秦穆公的官吏抓捕了这些人，想按照律法来处置。秦穆公说："我听说有才德的人不会因为畜生而杀人，吃骏马的肉不喝酒是要死人的。"于是给他们酒喝，杀马的人都惭愧地走了。

过了几年，晋国攻打秦国，秦穆公被晋军团团围住，以前那些杀马吃肉的人都说："咱们要拼死作战，来报答穆公给我们马肉吃、好酒喝的恩德。"于是奋力冲杀，不仅救出了穆公，而且还打败了晋国，将晋惠公抓了回来。

由此可见，秦穆公是一个多么好的国君！他深得民心、勤于政事，使秦国一度成为春秋五霸之一。

然而，秦国却始终没有成为一流强国，甚至当晋国衰落后，秦桓公趁机出兵攻晋，结果却被当时晋国的一割据势力魏氏打得大败。直到战国初期，征战无数的秦国还一直处于"向东不能出崤函，争南不能及巴蜀"的尴尬境地。

究其根本原因在于，地处西部的秦国无论从经济总量上，还是从科技与文化上，一直处于落后状态。你想呀，一个亩产只有几十斤，最好的年份才有百八十斤的农业经济，如何给军队征战提供充足的粮饷？没有军粮，前线作战的将士如何打仗？再想想，一个吃不饱的国家，如何能在行为举止上讲求礼仪呢？要知道，在国家的主要税收来自农业的古代，农业经济是决定国家实力的根本因素。秦始皇的祖先几代人、数百年的东进战略，其目的之所以没能实现，原因大多在此。

而孙子正是在总结了春秋时期各诸侯国相互征战的胜负教训，看到了经济实力是国家最基本的战略能力，进而在《形篇》中，用四十七个字，将这个问题讲述得非常明白。他说："兵法：一曰度，二曰量，三曰数，四曰称，五曰胜。地生度，度生量，量生数，数生称，称生胜。故胜兵若以镒称铢，败兵若以铢称镒。"就是说国家具不具备能打仗、打胜仗的能力，以下五点非常重要：土地的面积，物产的多少，兵员的数量，比较双方的军事实力，得出战争胜负可能性大与小的判断。土地亩数决定粮食产量，粮食产量决定兵力数量，兵力数量会比较出双方军事实力的大小，军事实力的大小决定最后胜负的概率。获胜的军队对于失败的一方，就如同用"镒"来称"铢"，具有绝对优势；而失败的军队对于获胜的一方，就如同用"铢"来称"镒。"

镒与铢都是中国古代的重量单位，一镒等于二十四两，一两等于二十四铢，镒与铢的比为 1：576。

想想看，如果实力是对手的 576 倍，想不赢都很难。

为什么说商鞅是秦统一的第一功臣

我们还拿秦国说事儿。

在秦国完成统一的过程中,有三个人功不可没,他们是名将白起、军事家尉缭、政治家商鞅。

一个是秦昭襄王执政时重用的白起。白起一生从未打过败仗,三十七年烽火岁月,他攻取城池七十多座,歼灭敌军近百万,赵、魏联军攻打韩国时,白起为救韩国,斩杀十三万魏兵,两万赵兵被赶入河中淹死。公元前262年,在长平之战中,他将赵军四十万俘虏全部活埋。在战国的历史上,仅白起一人,便使魏国、楚国和赵国的国势迅速衰弱,为日后秦统一天下立下汗马功劳。

第二个人是秦王嬴政时重用的尉缭。当时,秦国已非常强大,具备了击败甚至消灭其他任何一个诸侯国的能力。但是,如果其他六国联合起来共同抗秦,那么嬴政很可能会重蹈其祖先的覆辙。这样,摆在秦王面前的棘手问题就是:如何能使六国不能"合纵",进而让秦军以千钧之势,迅速分别制服六国,统一天下。

就在这时,尉缭来到秦国。他向秦王献上了破坏"合纵"的计策,即用重金去贿赂各国的权臣,让他们不做"合纵"谋略,这样不过损失三十万金,而诸侯则可以尽数消灭了。

一番话正好说到秦王最担心的问题上，秦王觉得此人不一般，正是自己千方百计寻求的人，于是对他言听计从。不仅如此，为了显示恩宠，秦王还让尉缭享受同自己一样的衣服饮食，每次见到他，总是表现得很谦卑。

同时，尉缭还用自己的军事理念与思想，帮助秦国训练军队，将秦军变成了一支虎狼之师。

秦王嬴政就是靠着这支军队最终统一了中国。

白起与尉缭，一个是战无不胜、攻无不克的战神，一个是将秦军打造成虎狼之师的天才谋略家，他们对秦朝统一大业功勋卓著。然而，他们对秦的统一大业的贡献在一个人面前，却有些相形见绌了，此人就是手无缚鸡之力的一介文士——商鞅。

商鞅出生于公元前395年，自幼聪慧。他追寻法家之学，曾经在魏国工作，担任魏相公孙痤的中庶子，即副官。公元前362年，秦献公卒，秦孝公继位。秦孝公以恢复秦穆公时期的霸业为己任，颁布了著名的求贤令，向天下征求能使秦国国富民强的贤才。

商鞅听说后，便投奔到了秦国。他先后四次会见秦孝公，但前三次都没有打动秦孝公。直到最后一次，他亮出了自己的底牌，直接与秦孝公畅谈"耕战政策"，以及富国强兵之法，直说得秦孝公如痴如醉，生怕漏掉一个字，不断向商鞅面前凑，两人一连畅谈数天，毫无倦意。

在秦孝公的支持下，公元前356年和公元前350年，六年之间，商鞅进行了两次重大制度改革，史称"商鞅变法"。

商鞅变法的核心是"耕战"。他要求秦国每个人心中只有耕田和打仗两件事。商鞅的理论基础是：若想扩充领土，不被其他国家吞并，只有进行战争。但按照一个士兵一个月需要四十斤口粮计算，一年大概需要四百八十斤，那么，一百万士兵需要的口粮数量更是庞大得惊人，如果没有强大的农业生产，根本无法支持士兵作战。

为了有效地进行农业管理，商鞅又列出细致的条文规定。比如，国家为百姓提供先进的耕种方法和农具；农具归还时，因使用时间长久而破损的无需赔偿。最具创造性的是，秦国开始使用牛代替人进行耕作。牛的重要性在这个时期得到了空前的体现，当时的每个县对牛的数量都有详细的记载，养牛者对待牛的慎重态度可谓前无古人，后无来者。如果因为饲养不当而导致一年有三头牛死亡的话，不仅养牛者有罪，主管官吏、县丞和县令均逃不了干系；如果养牛者饲养了十头母牛，却有六头未能生育小牛，那么养牛者及其上级官吏也均难逃惩处。

商鞅变法使得秦国农业的发展与进步，在灭楚的战争中得到了充分验证。秦灭楚时进行了两年苦战，消耗的粮食约有五十万吨。而楚军之所以败北，并非勇谋不足，其中一个重要原因是将士众多，后勤供给发生了困难。

商鞅变法的另一个重要举措是奖励军功，制定二十等爵制度。很多人都看过兵马俑，不知道有没有发现许多兵马俑身披铠甲，却不戴头盔，而且，许多将士无论如何挺拔英武，其腹部均稍稍隆起。这是为什么呢？

其实，这些兵马俑的造型都与商鞅的奖励军功与等爵制度有关。根据奖励军功制度：斩获一个敌人首级，可获一级爵位、一处田宅、数名侍从；斩获两个首级，若妻子为奴隶，则翻身为平民，若父母为囚犯，则即刻恢复自由；爵位可以父子相传，若父亲战死，则子承功爵……

在功爵制度的引导下，秦人闻知战争来临，个个摩拳擦掌，急不可待，他们嫌头盔和铠甲过于沉重，总是光膀子冲上阵地，虏获敌人后，将其首级割下来，拴在腰上，然后，在战场上继续奔跑呼叫，寻找第二个目标。上阵前，他们大量饮酒，以便加快血流速度，在神经极度亢奋的情况下增加杀敌的概率。而长期饮酒，则导致了他们的腹部均微微隆起。

商鞅的耕战政策一直延续了一百三十五年，这期间秦国经济发展迅速，为统一大业打下了雄厚的物质基础；军事上实现了强兵的目的，极大提高了军队的战斗力。举一组数字对比，秦国的人口大约有五百万，却支撑了六十万军队在外常年征战。如果没有商鞅的耕战政策，秦国能做到这一点吗？

因此，商鞅完全称得上是秦国统一的第一功臣！没有商鞅的耕战与奖励军功等制度，秦国怎么能获得统一的基础？白起与尉缭即便再是"巧妇"，那也得有下锅的米吧。军队要有血性男儿，但是血性男儿也不能不吃饭，要吃饭、要穿衣，就得有农业。而解决秦国农业问题的恰恰是商鞅。正如汉代王充所说的："商鞅相孝公，为秦开帝业。"(《论衡·书解篇》)

实力的积累需要潜龙般的隐忍

《形篇》的最后一句话是"胜者之战民也，若决积水于千仞之溪者，形也"。意思是说，实力处于绝对优势的一方，就像从高山上泻下的积水，其势不可抵挡。这一切都是实力的原因。

孙子把实力比作从高山向谷底放泻积水，如同瀑布一泻千里，势不可挡。那么自然给我们带来一个思考：这水是从哪里来的？答案可能会有不同，地下水、天上的雨水、雪水等等。不管答案如何，有一点却是共识：水再多，再澎湃，也是一点一滴汇聚成的。

于是，我们从中可以悟到一个道理：实力的准备，除了智慧的大脑、辛勤的劳动之外，还要有耐心与隐忍。不可能几年风调雨顺，农业大丰收，就具备了打遍天下无敌手的能力。

《易经》中有语："潜龙勿用。"龙是中国人崇拜的图腾，它不是西方人的恶龙，更不是远古时期的大型爬行动物恐龙，在中国文化中，龙代表了宇宙万物"变化无常，隐现不测"的道理。平时，龙通常潜伏在深深的海底，藏锋守拙，积蓄能量，待机而动。

这四个字的寓意告诉我们，在蓄积能量的时候，要像龙一样，深藏不露，坚定信念，隐忍待机，不轻举妄动，千万不要把能量轻易地耗掉了。

诸葛亮号称"卧龙",就是一只潜龙。他之所以未出茅庐就向刘备做出三分天下之战略判断,定下"曹操不可取,孙权可为援,西蜀为根据地"的大战略,完全是他在遇上刘备之前,与弟弟诸葛均在南阳隐居,晴耕雨读,积累了丰富的政治、军事、经济、外交、地理、技术等大量的知识分不开。没有"躬耕南阳"的"藏",哪来后来的"亮"?

"潜龙勿用"的目的,是积蓄力量,等待时机。前面讲了,孙子在"先为不可胜"的后面,马上跟了一句话"以待敌之可胜",一个"待"字,讲的就是一个时机问题。无论是《易经》的"潜龙勿用",还是《孙子兵法》的"以待敌之可胜",讲的就是:时机到了,则事半功倍;时机不到,则徒劳无功。越国没有"十年生聚,十年教训"这个积聚力量的过程,哪有灭亡吴国、洗刷耻辱的结果?没有毛泽东提出的持久战的战略方针,挺进敌后,发展壮大人民武装力量,哪有对日最后大反攻的力量?一些优秀的科技人才,之所以为社会做出许多贡献,是与他们二十多年的求学生涯分不开的。他们通常经历了小学、中学、大学教育,甚至攻读硕士、博士。这二十多年就是他们积蓄力量的过程,在这期间,一路下来,不断投入大量的时间与金钱,却几乎没有一点产出。而这个过程就是"勿用"的阶段,但"勿用"并不是"无用",没有眼下的"勿用期",哪来将来的"作为期"?

同样,一项企业产品的研发与开拓,企业会投入大量资金与人力,初期的成效并不见得十分显著,但一旦新产品稳定下来,后劲极大。

经历若干时间的积蓄,一旦时机到来,就会如大诗人李白所说:"黄河之水天上来,奔流到海不复回",会产生巨大的势能,能灌溉、能发电。这时,潜龙就不是潜龙了,而是一条飞龙,风起云动,遨游于九天之际。

第十九讲 "修道而保法"——胜利的主宰者

今天讲《孙子兵法》的第四篇——《形篇》中的一个非常重要的观点"修道而保法"。

实力是胜利的基础。《形篇》全篇三百零七个字围绕着"实力"这一中心，对攻防关系两个问题做了深刻的辩证分析。第一，"先为不可胜"，先备战，以求自保不败。然后"先胜而后求战"，把不败的主动权掌握在自己手里，再伺机进攻求胜。第二，落实"先胜而后求战"制胜思想的几个步骤。

今天讲的"修道保法"，就是其中的首要步骤。

什么是"修道保法"？为什么孙子要把"修道保法"作为"先胜而后求战"的首要步骤呢？

先讲一个历史故事，回头再回答这两个问题。

刘邦的约法三章与项羽的杀戮

楚汉战争是中国历史上的著名事件，鸿门宴则是这场战争中非常有名的片段。司马迁在《史记·项羽本纪》中表述这场杀气腾腾的宴会时，以传神之笔描写了刘邦在项羽面前那种委曲求全、假意承欢、无能卑弱、小心翼翼的样子，甚至怕项羽怕到连带来送给项羽的礼物——一对白玉璧、一双白玉杯都不敢当面送，而是托付张良代为转交。与此形成强烈对比，却刻画出项羽那种意气风发、旁若无人、居高临下的样子，以至于根本没有将刘邦放在眼里，使得刘邦得以借如厕之机遁逃了。

于是，根据司马迁这段描写，后世有一种说法，项羽之所以最后落得兵败垓下、乌江自刎的下场，其原因就在于他在鸿门宴上的妇人之仁，没有当机立断地杀掉刘邦。

其实，放大当时的那场战争，刘邦之所以打败了实力远远强于自己的项羽，建立了长达四百年之久的汉王朝，与他的一个政策有关。

秦末，秦帝国败亡的迹象已经非常明显，各地群雄并起，逐鹿中原，公元前208年，义军领袖楚怀王做出了"先破秦入咸阳者王之"的承诺。

公元前206年，刘邦率领大军攻入关中，到达离秦都咸阳只有几十里的霸上。秦朝的最后一个掌门人、秦始皇的长孙子婴，在位仅四十六天，就率文武百官向刘邦投降了。

刘邦本是一个流氓无产者，出身草根阶层，斗大的字识不了一箩筐。攻入咸阳后，他看到眼前那些不可胜数的珍珠宝贝、美食美酒和数以千计的后宫美女，心里这个痒痒，非常想居住在宫里，好好享受一下，也不枉这几年东征西讨、刀头舔血的生活。他心里想："我最先攻下了关中，进入了咸阳，按约定，自然我为'关中王'了。作为关中王，就此享受一下实在是天经地义。"

屁股没有坐稳，就开始享受，这是中国历史上农民起义军概不能免的恶习。好在他身边还有几个头脑非常清醒的人，赶忙劝他不可如此，否则可能就是秦朝第二。他手下的大将樊哙出身卑微，原本是个杀狗的，也对刘邦说：秦如何垮台的？不就是秦朝上上下下的官员几乎都是好色与爱财之人吗？他们光想着美色与财富，哪里还管国家安危与民众的死活呀？

开始，刘邦听不进去，根本没有理会樊哙。刘邦的谋士张良知道后，急忙跑来，再劝刘邦："主公呀，您之所以能打进咸阳，不正是由于秦政无道的原因吗？现在，我们要除掉天下的暴政与凶残的坏蛋，应如同丧服在身，把抚慰百姓当做第一要紧事。如果我们刚打下天下，就高枕无忧、贪图享乐，岂不如同帮助坏人干坏事吗？忠言逆耳利于行，良药苦口利于病，您就听樊将军的劝吧。"

刘邦这才醒悟过来，留下少量士兵看守秦王宫殿，亲率百官与部队又返回到咸阳郊外的霸上。为了取得民心，刘邦把关中各县父老、豪杰召集起来，郑重地向他们宣布："各位父老兄弟，大家长时间以来让秦朝的严刑苛法害苦了。现在我为关中王了，在这里郑重和大家约法三章：杀人者偿命，伤人及盗窃的根据轻重抵罪。其余那些秦朝的法律全部废除。"

接着，他又派出大量官员到基层安定人心，慰问关中父老乡亲，向民众宣讲约法三章。秦地的百姓都非常喜悦,争着送来牛羊酒食,慰劳刘邦的军队。刘邦拒不接受,对大家说:"仓粟多,非乏,不欲费人。"(《史记·高祖本纪》)仓库里的粮食不少,并不缺乏,不想让大家破费。这样,民众更高兴了,唯恐沛公不留在关中为王。

就这样,刘邦到了关中没几天,老百姓就纷纷竖起大拇指称赞他是个明君。

项羽与刘邦相比,给关中民众留下的印象却恰恰相反。

举两个例子。

第一是:当时各诸侯的士卒都曾在秦服过徭役,受尽秦兵的鞭挞,秦朝崩溃后,一些秦兵投降诸侯。然而,各诸侯的军队却都把秦兵当作奴隶来驱使。这就引起了秦兵的不满,暗地里打算逃跑,否则不是死在战场,就是被诸侯的官兵折磨死。这件事儿被项羽知道了,担心这么多秦朝的俘虏,如果不听号令,会引起非常大的祸患,于是竟然下令将秦军降卒二十余万全部在新安城南活埋了。

第二是:项羽在鸿门宴上逼迫刘邦交出关中后,率军进入了咸阳。然后,项羽竟然将早已投降的秦王子婴处死,放火烧了一个偌大的秦王宫——阿房宫,据记载,这把大火连续烧了三个月。阿房宫里的宝物美女,也都被项羽掠夺一空。当时,秦地民众怨声载道,都说楚人性情残暴。项羽听到这些议论后,竟然将抨击他暴政的人统统抓起来杀了。

从上面介绍的刘邦与项羽入关中以后的不同作为可以看到,即便鸿门宴上项羽杀了刘邦,项羽也不能夺取天下。为什么呢?因为刘邦"得道",而项羽则"失道",也就是孙子讲的"修道"与否的问题。

前面介绍孙子在《计篇》中提出战略筹划"五事"之首就是"道",即"民心向背",这是战争中的政治问题。在战争胜负问题上,起根本作用的是能不能够得到民众的支持,孙子称作:上下同欲者胜。孙子非常重视这个问题，把"修道"作为战争准备的一个首要问题。

孙子在这里所说的"道"，就是通过建立清明政治，实施仁政和有利于民生的政策，赢得人心，以达到上下同心合力，使人民信任国君和政府，拥护政府颁布的各项政策，即"道者，令民与上同意也，故可与之死，可与之生，而不畏危"（《孙子兵法·计篇》）。

刘邦之所以赢得天下，就是"修道"修得好，约法三章是一项清明政治的政策，得到了民众的积极支持；而项羽战败的必然性，也正是在这个问题上。项羽凭借着武力的绝对优势夺取胜利后，不进行安民，让百姓休养生息，治疗战争的创伤，做好战争善后工作，相反却任意烧、杀、抢、掠，让三秦大地民众苦不堪言。失去了民心，怎能不败？这一点，项羽到死还不醒悟，依然认为挫败他的是老天爷与他过不去："天亡我，非用兵之罪也！"司马迁曾严肃批判了项羽这一认识。他说："自矜功伐，奋其私智而不师古，谓霸王之业，欲以力征经营天下，五年卒亡其国，身死东城，尚不觉寤而不自责，过矣。乃引'天亡我，非用兵之罪也'，岂不谬哉！"（《史记·项羽本纪》）总是沾沾自喜自己的武功，逞个人之智而不愿意学习或借鉴历史经验，认为王霸之业就是用武力征伐夺取，也完全可以用武力治理天下。结果在五年之内就丢掉了政权，自己也弄得兵败身死，直到这个时候还不醒悟，还不知道错误是在自己，这已经是非常过分了，竟然还说什么"是老天要灭亡我，不是打仗不如别人"，唉，真是大错而特错！

项羽注定的败亡与刘邦最终的胜利，从正反两个方面说明了孙子把"修道"作为"先胜"步骤的第一位的正确性和重要性。

没有民众的支持，不可能有战争的胜利；而民众的支持，来自政府的清明政治。

为什么说撼岳家军难

中国古代有五支最强大的军队，其中一支就是岳飞率领的岳家军。宋朝时期，积弱的宋政权屡屡被金国军队所败。然而，当他们打到淮河时，遇上了岳飞。岳飞并没有使用冷兵器时代对付游牧民族最好的武器——弓弩，而是针对善于骑射的金国军队，采取了更加有效的战法——砍马腿。砍马腿战法是这样的：双方交战后，士兵们一手拿砍马刀，一手拿盾牌，朝着敌人的骑兵冲过去，专砍马腿，马一倒，敌兵摔下来，紧接着补上一刀，骑兵立即气绝毙命。

然而，砍马腿战法有很大的危险。因为骑兵的机动性与冲撞力远大于步兵，稍微一疏忽就会被敌人的骑兵冲倒，被马乱踏而死。而一旦被敌军骑兵冲得阵形大乱，必败无疑。所以，这个战法最基本的要求有两个：严明的纪律与无畏的勇气。恰恰这正是岳家军的强项。

岳飞是一个非常会带兵、会用兵的高级将领。宋代名将宗泽大岳飞四十三岁，他在1128年去世那年，看到年仅二十五岁的青年军官岳飞率领的军队，不禁夸奖说："勇智才艺，古良将不能过。"(《宋史·岳飞传》)岳飞治军有六大特点：贵精不贵多；谨训习；赏罚公正；号令严明；严肃纪律；同甘苦。这些思想都通过纪律与制度条文、训练与战斗章程固定下来，如有违反，定惩不饶。

比如，他规定军事训练要从实战出发，打仗时身上有多重的装备，训练时就必须带着多重的装备，不得有半点作假与偏差。一次，他的儿子岳云全身披挂重重的铠甲，率军在驻扎地刻苦操练，那天的训练科目是从斜坡上疾驰而下，以提高复杂地形条件下的作战能力。不料，岳云一个细小的动作不到位，骑马从斜坡上疾驰而下时，坐骑跌倒了。按纪律要求，军官动作不到位，出现偏差，必须抽二十鞭。这个场景恰恰被正在训练场指导将士训练的岳飞看到，他立即命令将岳云绑在柱子上，抽了二十鞭。

岳家军规定任何人不得拿百姓一草一木，偏偏有一个士卒拿了老百姓的一缕麻捆草，岳飞闻知后，立即下令将他斩首示众。严明的军纪，使得他的军队不敢侵扰百姓的一点利益。岳家军夜里宁可露天睡觉，也不敢进入民房休息，即便百姓主动打开房门请他们进屋，将士们谁也不敢进去。岳家军的口号是："冻死不拆屋，饿死不掳掠。"

正是有了这些，岳家军才采用了最危险的砍马腿的战法，屡屡败敌，打得金国官兵一提岳飞的名字就害怕，后来竟然在金国流传这样一句话："撼山易，撼岳家军难！"

金国之所以对岳家军有这样的评价，原因之一在于岳家军的"保法"作用。而"保法"则与"修道"相对应，是孙子关于在战争前要做好政治准备的另外一个重要主张。

什么是保法？保法，就是指建立起有效的法律与法规，包括纪律与规章制度。

要做到与做好"保法"，就必须完备制度，这是由于"法"的预防性特点决定的。凡是与法律或纪律有关的制度或规定，都是预防某种现象的发生而预先制定的一些措施，不能等事情发生了再"临时抱佛脚"，匆忙制定法律或纪律。如果用中国的一句俗话就是：丑话说在前面。所以要说的丑话，都要说到事情发生以前，荀子说不能"不教而诛"，法律或纪律制定好了，再公布出去，让所有的人都知道什么应该干，什么不应该干。不该干的，干了一次，可能连弥补的机会都没有。别让人家说：我不知道呀！这次知道了，下不为例吧。

　　要做到或做好"保法"，就必须按章办事，依法而行，这是由于"法"的强制性特点决定的。凡是与法或纪律有关的制度或规定，都是硬性的，必须遵守。法律或规章制度是不是有效，不仅在于其是否完善，更重要的是在于其是否有人执行。法律或规章制度一旦公布，即铁面无私，警察抓他爹，公事公办，执法不能有弹性。大家都知道，水烧热到一百度才是开水，九十九度都不行。如果用这个借喻，九十九度是"丑话说在前面"，最后一度就是"执行"，没有最后这一度，原来那九十九度等于没用。明朝政治家张居正有句话说得好："天下之事，不难于立法，而难于法之必行；不难于听言，而难于言之必效。"因此，赏罚分明是做好"保法"的重要体现。打仗最为重要的是官兵团结一致，如果能够赏罚分明，定会如同孙子所说："犯三军之众，若使一人。"（《孙子兵法·九地篇》）孙子自己就是一个严明纪律、赏罚分明的践行者，大家都非常熟悉的"吴宫教战"的故事，就是明证。如果那两个始终拿军法当儿戏、不听指挥官号令的妃子不受到严惩，其余那一百八十个宫女还能像"若使一人"服从命令、听从指挥吗？

"修道而保法"的现代启示

完成了上述分析,再回到孙子的《形篇》上来,孙子"修道而保法"的原话是这样的:"善用兵者,修道而保法,故能为胜败之政。"(《孙子兵法·形篇》)能否营造一个清明的政治环境,能否依法治国、依法治军,是能否成为战场上主宰者的最重要原因之一。孙子成为最早论述政治与国家、政治与战争关系的人。

战争并不是纯军事问题,不修好道,没有清明政治,就没有民心,没有民心,打仗就要输。这个道理简单明了,历史上的昏君与明君的分水岭往往就在这里。

汉武帝是个非常有作为的皇帝,继位后,他深感人才的缺乏,思贤若渴,在选择人才问题上,论能力而不问出身,破格录用了许多下层出身的人才,使得每个人都感觉有希望。

有一次,十七岁的汉武帝带着随从微服出访,来到一个叫柏谷的地方。晚上,他们住进一家客店,店主人见他们年纪轻轻,行动诡秘,以为是一伙盗贼。汉武帝口渴了,想讨点水喝,店主人脑袋一扬,没好气地说:"我这里没有水,只有尿!"说完,就偷偷溜出店门,打算报警。

不过,老板娘却是个精明女子,她瞅着汉武帝这一拨人对丈夫说:"我看他们不像盗贼,那领头的倒像个贵公子。你千万不能轻举妄动,错伤好人。"

店主人有些犹豫了，妻子乘机把他拉回屋里，花言巧语地劝他喝起酒来。不大一会儿，店主人就被灌了个烂醉。于是，女主人又是杀鸡，又是宰羊，摆下酒席盛情款待了客人一番。

第二天一早，汉武帝知道了事情的经过。回宫之后，他立即召见店主人夫妻俩，先赐给女主人一千两金子，接着又把目光投向男主人，顿时大殿里的气氛紧张起来，人们以为男主人一定会受到惩罚。谁知汉武帝不但没有降罪，反而称赞他疾恶如仇，是个壮士，并当场任命他为羽林郎，也就是皇帝身边警卫人员的总管之一。这件事传出之后，汉武帝的威望更高了。

从这件小事儿，可见一斑，汉武帝成为中国历史上最有作为的君主之一，就一点也不奇怪了。

作为现代政府或企业管理者，必须修好道，在团队里营造很好的氛围，让每个成员都能感受到只要努力工作，上升的通道就没有任何人为的阻力。有希望，才会有信心，有了信心，才会有自觉的行动。清明的政治，会让团队的成员产生一种近似宗教般的思想力量，团队的成员会自觉地理解与熟知团队的愿景与使命，树立起积极的价值观，进而打造出团队的核心竞争力，提升团队的向心力，即民心所向。

此外，无论国家、军队、企业、学校、各类团体，必须保好法。比如，无论是军队还是其他团队，必须要有严明的纪律，这是取得胜利的根本保证。"吴宫教战"的故事告诉我们，说服教育不是万能的。孙子先后两次耐心讲解如何做好每一个动作，但那些宫女只顾调笑而不理睬。当孙子下令将为首的两个妃子斩杀，全场肃静、井然有序。想想看，如果孙子不执行军法，怎么会有一支服从指挥的队伍？执行纪律或法律，也是一种教育。

纪律是铁，法律是钢，它们在权力之上，不管权力多大，官位多么显赫，也不能越过法。列宁曾经做出了非常好的榜样，一次，列宁到一个地方开会，被卫兵挡住，要检查通行证，随行人员说，这是列宁。卫兵说："我没见过列宁同志，不管是谁，都要检查，这是纪律。"列宁出示了证件，卫兵不好意思地敬礼："对不起，列宁同志！"列宁握着卫兵的手，表扬了他。

这个故事表明，任何人，包括职务非常高的领导，也要自觉接受纪律的约束。同样，如果执行纪律的人都能像那个卫兵那样，以法规为准绳，不看官位，那么腐败现象就会少得多。因此，一定要建立起"规则文化"，制定与完善各种制度、规则与标准，然后狠抓落实，无论职务怎么高，也必须执行纪律，按规章制度办事。通过"法"，消除未来必然出现的内部纷争和矛盾，形成高度统一的意志和思想，进而把思想变成统一的行动。

第二十讲　造势三战术

前几讲介绍了《孙子兵法》中《形篇》的几个观点，今天讲《势篇》。什么叫势？我先讲一个关于姜太公的故事。

"势"如氧气——看不见却离不开。

《六韬》是中国古代另一部著名的兵书。这里面有一句话："鸷鸟将击，卑飞敛翼；猛兽将搏，弭耳俯伏；圣人将动，必有愚色。"(《六韬·武韬》) 这段话说的是姜太公的一则故事。

姜太公在中国可以说是家喻户晓的人物，在民间他是一位全智全勇的政治家、军事家。他是西周的缔造者之一，并且开创了齐鲁文化。他原本是个在商都朝歌（今属河南淇县）卖肉的，但胸怀大志，一边卖肉，一边等待大展宏图的机会。然而，直到晚年，机会也没有等来。于是，他收拾了肉铺，来到渭水河畔，每日垂钓，静候明主。后来，遇上了周文王姬昌，文王感佩姜太公的才干，拜为太师，从此，他天天与文王父子谈兵论道。一天，姜太公对文王说："您知道鹰在扑击前，为什么要屈身收敛翅膀吗？您知道凶猛的野兽搏击猎物的时候，为什么会竖起耳朵伏下身躯吗？您知道会打仗的人，为什么攻击之前总要表现出谨慎与害怕的样子吗？"

在这里，姜太公认为，雄鹰收敛翅膀是为了准备搏击长空展翅飞翔。猛兽俯下身子，屏住呼吸，竖起耳朵，蹑手蹑脚地前进，是为捕获猎物做好冲击前的准备。同样，将领们在发起进攻前，也要装作根本不懂打仗的样子。这一切的一切，都是为了营造一个有利于达到自己目的的条件或态势，这个"条件或态势"就是孙子所说的"势"。

从《形篇》中，我们知道"形"是就实力而言，是看得见、摸得着的东西，具有很明显的客观性——你有多少枪，就是多少枪；你有多少兵，就是多少兵。然而，实力再大，也是潜在的、静态的，如何将潜在的实力、静态的实力，变成现实的实力和动态的实力呢？恩格斯有一句名言："枪自己是不会动的，需要由勇敢的心和强有力的手去使用它。"这话讲得真切，要想把潜在的实力优势发挥出来，需要主观意识的作用。鹰的爪再尖锐，也是静止的。死鹰的爪再尖锐，兔子也不会惧怕；死狮子的牙齿再锋利，角马、斑马也不会望风而逃。只有鹰或狮子的捕食本能，让它们的爪或牙齿动起来，发挥出尖锐与锋利的优势，猎物们才会望风而逃。

这种将"静态"变成"动态"的"动能"，就是"势"。它的特点是：看不见，摸不着，但是却离不开。这大概与氧气一样，没有氧气，一切生命将会终止，没有"势"，一切无成。

鹰与狮子的优势，需要"动能"去发挥。同样，如果把鹰与狮子的爪与牙齿拔掉，则它只能饿死，所以说尖锐的爪与锋利的牙齿，是"动能"发挥的基础。由此可见，"形"是"势"的基础，"势"是"形"的发挥，相辅相成，缺一不可。

毛泽东为什么赞赏朱元璋

有"势"与否，通常是区分某一事物特征的分水岭。比如，对于人来说，"势"是区分男女的分水岭。《古今医鉴》说过："男子肾气外行，上为须，下为势，如女子、宦人无势。"

睾丸，就是势。古代有种宫刑的刑罚，也就是割掉男子的睾丸，让你断子绝孙，这叫"去势"。男人没有了睾丸，雄风不再，威风扫地，见人再也抬不起头来。伟大的史学家司马迁，曾因替投降匈奴的李陵说了几句公道话，惹得汉武帝大怒，不得不接受刑法，要被处死。但根据当时的法律，如果接受宫刑，可以免死。司马迁为了写完《史记》，选择了宫刑。可见，当时从法律上，把割掉睾丸与剥夺生命看作是一码事儿。

战争也一样，缺什么也不能缺"势"。营造良好的势，就等于把取得胜利的主动权掌握在了自己手里。哪怕在作战中你不一定是最强的一个，但是你若能依势而行，制造一个强大的态势，就可以战胜比你强大的对手，获得最后的胜利。

举一个朱元璋的例子。

元末，群雄并起，一番争斗之后，除元政府军外，只剩三支队伍还在较量：朱元璋、陈友谅、张士诚。陈友谅拥有江西、湖广之地，张士诚拥有浙西、两淮之地，朱元璋则在江苏南京一带。陈友谅恃其兵强，约张士诚夹攻朱元璋。

朱元璋的许多将领认为，应该先打张士诚，再打陈友谅，理由是张士诚近，陈友谅远，如先击陈友谅，则张士诚会在后面袭击。但朱元璋反其道而行之，采取先打陈友谅，后打张士诚的策略，将其分别击破。他手下的将领一直想知道其中的缘故，但是直到建立明朝以后，朱元璋才告诉他们其中的缘由。

他说：我在跟他们的长期较量过程中，对这两个人的心理、性格，都进行了一番分析："朕以友谅志骄，士诚器小，志骄则好生事，器小则无远图。"（《明史·太祖本纪》）

朱元璋认为，根据他们的性格上的特点，如果当时先打张士诚，他肯定要苦守城池，这样一来攻城就十分困难。如果陈友谅全军出动，明军只能疲于应敌。而先打陈友谅就不一样了，张士诚害怕自己有损失，绝对不会支援陈友谅的，如此一来我们当然获胜。这样就形成了一边倒的形势，到时再打张士诚，可谓是轻而易举。

众人一听，啧啧称赞。

朱元璋之所以在三股势力中笑到了最后，就是他善于谋势，找到对方的弱点，发挥自身的优势，进而将胜利的主动权牢牢控制在自己手里，最后建立了大明王朝。难怪毛泽东曾感佩地说：朱元璋大字不识几个，却把明朝搞得那么好，就是会用势。

造势三战术

"势"如此重要,那么如何营造良好的态势,去赢得战争的胜利呢?孙子认为,要营造好势,关键在于调动敌人,牵着敌人的鼻子走。他在《势篇》提出了"造势三战术":"故善动敌者,形之,敌必从之;予之,敌必取之。以利动之,以卒待之。"这里讲的核心就一句话:想方设法地提供给对手最有吸引力的东西。

"形之,敌必从之",是隐真示假战术,或者有意卖个破绽,引诱敌人上当。第二次世界大战时期,盟军在诺曼底登陆之前制定的一系列战略欺骗计划,就是典型的隐真示假的造势战术。

1944年1月,设在丘吉尔战时内阁的英国情报局监督处,为了让德军相信盟军不可能在诺曼底地区实施登陆作战,在有"诈骗总管"之称的处长约翰·比万中校的主持下,制定了一系列隐真示假的欺骗计划。

其中最重要的就是"水银计划":在英格兰东南部地区,修建了军营、仓库、公路、输油管线,并由好莱坞的道具师设置假的物资囤积处、假机场、假飞机、假坦克、假大炮,还逼真地在河面上制造出军舰航行的油迹、坦克在公路上留下的履带印。再将部分在登陆初期没有作战任务的部队调到这里,驻扎操练,造成了盟军在英格兰东南集结了约四十个师组成的第一集团军的假象。

至于登陆部队的司令人选，众所周知能担当此任的盟军将领，不是美军中将巴顿就是英军中将蒙哥马利。比万中校将计就计，让巴顿来担任第一集团军的司令。1944年1月26日，巴顿到达英格兰东南地区，视察部队，会见当地官员，拜访各界名流，新闻界不断报道他的行踪。1944年4月，巴顿在一个俱乐部开幕式上讲话："战争结束后，英国、美国和苏联要统治世界……"

可在报端发表时，却少了苏联，由此引发了一场外交风波。令人费解的是当时正是登陆前夕，英国的新闻检查异常严格，不可能出现这样的疏漏，发表影响盟国团结的讲话。唯一的解释就是这是一个精心策划的骗局，只是为了强化巴顿会在英格兰东南部出现的假象，从而使德军想到作为登陆部队指挥官的巴顿在英格兰东南部频频出现，自然意味着登陆将在加莱。而真正的登陆部队陆军司令蒙哥马利，则在朴次茅斯的司令部潜心策划和研究作战方案。

同时，比万还挑选了相貌酷似蒙哥马利的陆军中尉詹姆斯，在蒙哥马利身边生活数月，详细了解蒙哥马利在衣食住行各方面的好恶、习惯等生活细节，然后装扮成蒙哥马利出访直布罗陀、开罗，造成蒙哥马利不在英国的假象。这就使德军推断出，此时蒙哥马利不在英国，自然就不会是登陆作战的指挥官。

比万还制定了一个更为残忍的欺骗计划。事情是这样的：

1943年7月，法国北部隶属于英国特别行动处的代号为"繁荣"的抵抗运动小组，由于亨利·德里古的告密被德国盖世太保破获，包括负责人弗朗西斯·苏蒂尔在内，数十名抵抗运动成员被捕。盖世太保胁迫被捕的"繁荣"小组报务员继续保持与英国总部的联系，因为报务员的收发指法如同人的笔迹，难以假冒。报务员趁机按照事先规定，不发安全密码向总部报警。所谓安全密码，就是在规定的某行某个单词，故意拼错或重复，如果没有在约定的地方拼错或重复单词，就意味着电台已被德国控制。但总部不顾警告继续保持联络，并按照德国的要求空投大量的武器、爆炸器材、通讯器材、活动经费甚至新的特工。这些物资和人员一落地，就落入德国盖世太保之手。众所周知，盖世太保的刑讯逼供是常人无法忍受的。本来，英国所有派遣到被占领土的特工都携带毒药，以便在被捕时或无法忍受刑讯时用以自尽。梵蒂冈的罗马教皇，还专门为无法忍受盖世太保刑讯而自尽的基督徒颁布特赦，赦免他们自杀的罪过。

可"繁荣"抵抗小组的骨干人员和后来空投的特工，携带的却是无毒药丸，他们被捕后，历尽严刑拷打，求生无门，求死无望，最后供出了自己的任务：袭击德军在加莱的指挥部、通信中枢、岸炮以及供电系统，配合盟军的登陆。盖世太保对这些口供的真实度深信不疑，因为这些口供大多是在多次刑讯逼供之后才得到的，从而得出盟军将在加莱登陆的结论。实际上，告密者德里古是根据伦敦监督处的绝密指令，以此方法获取了盖世太保的信任，从而打入了德国情报机关。

就这样，英国情报机关用价值数十万美元的武器装备和数十名忠贞部属的生命为代价，制造了一个让德军相信盟军不是在诺曼底地区，而是在加莱地区登陆的假情报。代价是，这些特工与抵抗成员绝大多数都被盖世太保处决，德里古也被法国的抵抗运动以内奸的罪名处死，可以说他们是赢得第二次世界大战胜利的英雄。战争还未结束，英国情报部门就派出专人去寻找这些人的下落，并为他们中的一些人追授勋章，以表彰他们在异常危险的情况下所表现出的非凡勇气和英雄气概。

"予之，敌必取之"，是"装孙子"的示弱战术，引诱敌人贪勇而贸然进兵。战国时期，孙子的后代、著名的军事家与军事理论家孙膑的"减灶添兵"战法，就是"装孙子"的经典战例。

公元前344年，魏惠王在逢泽（今属河南开封）召开诸侯结盟大会，企图确立自己在各诸侯国的统治地位。然而，韩国与齐国等大国却抵制了这次会议。魏国感到难以容忍，两年后，魏惠王派兵大举进攻韩国，韩国急忙向齐国求救。

齐威王召集群臣，讨论是否出兵援助韩国。相国邹忌反对派兵救韩国，企图坐收渔人之利。而大将军田忌却认为应该出兵韩国，否则唇亡齿寒，韩国一旦灭亡，齐国则危在旦夕。

纵横学派鼻祖鬼谷子的四大弟子之一孙膑，也支持根据战争情况出兵韩国。齐威王接受了出兵韩国的建议，任命田忌为主将、田婴为副将，孙膑为军师，统率十万大军前去救韩。

孙膑建议田忌，根据"攻其必救"的原则，不直接去救韩国的都城新郑（今属河南郑州），而是挥师西进，直逼魏都大梁（今属河南开封）。

果然，齐军进兵顺利，只遇到魏军的一些轻微抵抗，便顺利地攻入魏国境内。进攻韩国的魏国大将庞涓，收到齐军逼近大梁的战报，大惊失色，立即命令停止攻打韩国，率领大军回救大梁。

孙膑与庞涓是同学，都是鬼谷子的学生。但庞涓虽然有能力，却心胸狭窄、嫉贤妒能，曾与孙膑一同在魏国任职。后来，庞涓害怕孙膑的权势超过自己，便陷害孙膑，使其被魏王处以刖刑，即把膝盖骨削掉，从此孙膑再也站不起来了。要不是后来孙膑装疯逃出魏国，命都保不住。

田忌闻知魏军回援，准备率军迎敌。孙膑太了解自己的这个同学了，提出不要与魏军硬碰硬地正面交锋，那样的话即便打赢了，损失也不会少。孙膑说："魏军向来凶悍勇猛，看不起齐军，认为齐军胆怯，不敢同他们决战。庞涓此次从韩国撤围回国，轻装急进、昼夜兼程，恨不得把我们一口吃掉。这种轻兵冒进、急于求战的举动，犯了兵家之大忌。善于用兵的人应当利用这种形势，制订作战计划，打败敌人。"

分析完双方态势后，孙膑制定了一个"减灶"的作战计划。他利用魏惠王愤而兴师、复仇心切和庞涓好大喜功、骄矜狂妄的弱点所导致的轻兵冒进，向敌军"示弱"，诱敌追击，然后乘敌不备，予以致命打击。

庞涓果然上当，他率兵赶回魏国，见齐军已撤离，暴跳如雷，大骂孙膑狡猾，发誓与齐军决一死战，于是气冲冲率师追击齐军。在第一天追击时，他发现齐军营垒的炉灶可供十万人之用，不免吃了一惊："齐军兵力这么大，我可千万别轻敌！"

又追了一天，他发现齐军遗下灶迹只剩五万人的了，心中暗喜："这一定是齐兵厌战，逃亡过半了！"于是下令加快追击速度。

等到了第三天，他发现齐军只有三万人的灶了，于是再也抑制不住冲动，得意忘形地说："我就知道齐军胆小，看看吧，进入魏国境内才三天，士兵就逃走了一多半。"于是，他丢下主力，只率一部分轻装的精锐部队，日夜兼程地追赶，声称要追赶上齐军，活捉孙膑。

此时，狂妄自大的庞涓，完全被孙膑制造的示弱假象迷惑了。

而这正是孙膑所希望的。孙膑在马陵古道（今属山东郯城）布下了天罗地网，一万多名射箭手埋伏在那里，专等庞涓钻进口袋里。

当天晚上，庞涓带领轻骑兵来到马陵古道。那天晚上没有月亮，一片昏暗，齐军伏兵万箭齐发，魏军顿时大乱，纷纷死于乱箭之下。齐军伏兵乘势冲杀出来，庞涓自料难以幸免，遂拔出佩剑，自刎而亡。

这就是著名的马陵会战。在此次作战中，孙膑以减灶示弱的战法，引导庞涓不断犯错误，丢弃步兵，轻骑冒进，使敌我力量对比有利于自己，最后据险设伏，打了一场漂亮的歼灭战。

"以利动之，以卒待之"，是以小利诱敌的战术，牵着敌人的鼻子走进自己的圈套，再以重兵收拾敌人。

抗美援朝初期，美军根本没有把我志愿军放在眼里，从 1950 年 11

月上旬起，集中了二十一万兵力，向我军发起进攻。志愿军司令员彭德怀，抓住美军轻敌冒进的弱点，制定了"诱敌深入"的作战方针。他命令志愿军各部，且战且退，沿途有意扔掉部分武器装备。同时，还将第一次战役中抓到的美军俘虏放回去，声称，我们要回国了，因为粮食不足，留着你也没有用，你们也赶紧回家吧。

美国人果然上当了，他们误认为我们出兵朝鲜不过是故作姿态，目的是撤走鸭绿江水电站的设备。1950年11月24日，联合国军总司令麦克阿瑟高兴地说："圣诞节前结束战争的总攻势。"然而，这位名将却忘记了美军中流行的一句名言：如果你攻击得非常顺利，那你一定钻进了敌人的圈套。

而在这时，彭德怀命令第三十八军第一一三师全部轻装，十四小时急行军一百五十里，穿插到了平壤至介川公路的交叉点三所里，切断了美国第九军的后路，东、西两线的美军侧翼全部暴露，仓皇后撤。12月5日，美军放弃平壤。1950年12月23日，美军第八集团军沃尔顿·沃克中将，在慌乱中翻车丧生。在这次西线作战中，志愿军俘获了三千多名美军官兵，是整个朝鲜战争期间俘虏美军最多的一次，极大地震撼了美军。为此，彭德怀在颁发给第三十八军的嘉奖令中，加上了一句："三十八军万岁！"民间流传的"万岁军"，就是这样来的。

在这次战役的西线作战中，彭德怀通过小利将美军引诱到别的方向去，而主力则以急行军的速度，迂回到了敌人的后方，最后夺取了作战主动权，狠狠地打击了敌人。

以上"形之""予之""以利动之"是造势之"花"，用对敌人最有吸引力的饵，诱敌上当，牵着敌人鼻子走；而"从之""取之""卒待之"是造势之"果"，最终达到歼敌之目的。

现实生活与战争实践一样，不可能力量都是对等的，两个人即便学历一样，专业都对口，还有一个因性格上的差异带来的能力的不同。但是如果相对弱的一方，善于营造有利于自己做事的环境与条件，则会很大程度上弥补自己力量不足的缺憾，在工作与生活中居于主导地位，进而最大限度地发挥出自己的优势。

第二十一讲 肚子疼别怨灶王爷

中国有句老话，叫"肚子疼怨灶王爷"，说的是出现问题，或失败、或挫折、或困难，不是从自己身上找原因，而是找一些不着边际、小儿科似的理由，或者牵强附会地把责任推到别人身上，拿别人说事儿，以推卸责任，掩盖自己的无能与过错。比如，打靶成绩不理想，埋怨枪不好；考试成绩不好，埋怨早晨绿豆汤喝多了，一进考场就想撒尿；等等。希特勒就经常干这种事情。

下一个倒霉者是谁

1941年12月19日，这是一个雪雾蒙蒙的清晨。在距离莫斯科不远的一个小镇上，德军中央集团军司令部里，陆军元帅费多尔·冯·包克握着陆军元帅京特·冯·克鲁格的手，摇摇头说："感谢您接过了我的担子，不过建议您要有充足的思想准备，这里的仗太难打了！"

克鲁格长着一张肉嘟嘟的圆脸，与包克清瘦狭长的脸截然相反，他是来接替包克担任中央集团军总司令的。几天前，元首希特勒给包克发来一个疗养证，并且附上一封信，其中说："亲爱的元帅，闻知您的胃病又犯了，万分挂念，战场条件艰苦，不利您身体的恢复，因此建议您离开前线回国疗养，您的职务将由克鲁格元帅接任。"

包克出身军人世家，少年入伍，十八岁时已是少尉军官。长期的军旅生涯，使得他清楚希特勒的这张疗养证，不过是勒令他退休的代名词，这背后是他与希特勒在作战指挥上的一系列争执与矛盾。

苏德战争一爆发，包克就担任德国中央集团军总司令，他的部队从白俄罗斯方向发起进攻，先后在明斯克、斯摩棱斯克两次大合围中歼灭了苏军重兵集团，仅俘虏就达四十多万人，但德军此时也打得筋疲力尽了。8月4日，希特勒到中央集团军视察，包克提出建议，立即转入防御，让部队休整，以便度过苏联严寒的冬天。

从军事角度讲，包克的建议是正确的。部队连续作战，消耗过大，部队减员过多，需要一段时间的补充与休整，否则战斗力难以得到恢复。

然而，这个建议遭到了希特勒的坚决反对。他说："在我还没有当总理之前，一直认为参谋本部是一只猛犬，如果不拉紧拴在它脖子上的链子，它就会扑向任何一个人撕咬。遗憾的是，我当上总理后，这个参谋本部总是阻止我做那些必须做的事情。参谋本部曾反对我扩军、反对我占领莱茵河非军事区，反对合并奥地利，反对占领捷克斯洛伐克，反对进攻波兰，甚至还劝我不要进攻法国，不要进攻苏联。然而，我做了，并且取得了胜利！这里，我再次重复一遍，参谋本部就是我的猛犬，随时听从我的指令。我对您的建议的答复是：继续前进！"

由于没有得到及时休整，使得德军下一阶段的作战越来越艰苦。最大的问题是，部队没有冬装。1941年，东欧的冬天来得特别早。10月1日，也就在莫斯科战役开始的那天，莫斯科地区下了一场罕见的大雨，衣着单薄的德国士兵，一下子就感到了寒冷。一名下士在信中告诉他的妻子说："我们还戴着船形帽，可是夜里却非常的冷。"11月13日，莫斯科地区的气温降到零下八度。到了27日，一场突如其来的寒流，使气温在短短的几个小时的时间里，骤然下降至零下四十摄氏度。严寒将数千名身穿夏装的德军士兵冻成残废，越来越多的被冻伤的德国官兵倒在雪地中，气息奄奄地呜咽着："我再也挨不下去了！我实在挨不下去了！"

而在糟糕的气候面前，几乎所有的车辆都无法前进，燃油很快耗尽，一些部队开始断粮，许多德军士兵不得不依靠从周围的田野里挖掘马铃薯充饥。

这时，包克深知自己的部队再也不能继续作战了——寒冷的天气使部队官兵冻伤过半，甚至大炮上的瞄准镜也失去了作用，燃料常常被冻结，坦克的汽油也冻成了黏糊状，必须用火烤之后才能发动。他对陆军参谋本部总参谋长弗朗茨·哈尔德说："我已经到了山穷水尽的地步，请求撤退。"

然而希特勒拒绝了包克的休整建议，要求继续前进。那么，他继续进攻的方向呢？他要求包克停止向莫斯科方向的进攻，将赫特的第三装甲集群和古德里安的第四装甲集群，分别调往列宁格勒方向、乌克兰方向后，才可以就地转入防御，进行休整。

包克简直目瞪口呆了，在他看来，莫斯科是最重要的攻击目标，现在不仅不能停止进攻莫斯科，相反要集中兵力加快进攻莫斯科的速度，如果拿下苏联的首都，就会摧毁苏联军民的抵抗意志。8月23日，包克派古德里安前往希特勒的大本营，希望能说服希特勒，继续进攻莫斯科。

然而，希特勒却大讲一通战争经济学，认为德国需要乌克兰的粮仓、高加索的油田，还有克里米亚。包克得到消息后，再次电告希特勒，直言不讳地说："请问元首，您的直接目标是军事征服，还是经济开发？"

希特勒回答："两者都是战争的目的，同等重要，不分先后。"命令包克将古德里安的第四装甲集群立即向乌克兰方向进攻。

对莫斯科方向的进攻直到9月30日才恢复，而苏联军民利用这近两个月的宝贵时间，在莫斯科方向构筑了十八道防御阵地，动员了五百三十万名预备役兵员，仅莫斯科市就征召预备役兵员数十万。一批批热血青年，唱着战歌奔赴战火纷飞的前线。

在这宝贵的时间里，民用产品工厂转入生产军工产品。到9月底，仅在莫斯科市苏维埃所属的六百七十个企业中，已有六百五十四个转入生产弹药和武器，军工产品的比重已经占这些工厂全部产品的94%，炮弹、冲锋枪、手榴弹、迫击炮弹、飞机、火箭炮、大衣、靴子源源不断地运往前线。

因此，当重新恢复对莫斯科方向的进攻后，德军感到推进速度越来越慢，直到12月3日，包克才率军推进到距离莫斯科西北二十七公里的名叫红波利亚纳（现改名为梅季希）的地方，从这里出发，坦克最多一个小时便能抵达莫斯科城。包克登上了一座塔楼，从望远镜里清楚地看到了莫斯科克里姆林宫尖顶上那颗闪闪发光的红星。然而，这里却是这位德国陆军元帅平生所能到达的距莫斯科最近的地方，也是德军最后一次看到莫斯科。两天之后，朱可夫即发起了莫斯科城下的反攻。

苏军的大反攻极为猛烈，已经到了强弩之末的德军，难以抵御苏军攻势。包克再次请求希特勒，同意将部队回撤到"美洲豹防线"。如果这时主动撤退，德军损失会少一些。然而，希特勒坚决反对撤退，狂妄地说："请安静，全面退却的问题毫无考虑的余地！"

直到包克的部队实在抵御不住，全线崩溃，希特勒才同意后撤。而被迫后撤，损失极大，如包克的第二六七师在被迫后撤那天，就抛弃了所有的重武器装备。

由于希特勒瞎指挥，德军进攻莫斯科的作战失败了。但是，希特勒并不从自身找原因，而是认为手下的高级将领作战不力。于是，他开始寻找替罪羊，将南方集团军总司令卡尔·冯·龙德施泰特元帅、陆军总司令瓦尔特·冯·勃劳希契元帅、第四装甲集群司令古德里安等一大批重要高级将领革职，其中就有包克。于是，就发生了开头的事情。

当时，新任司令克鲁格非常同情包克，安慰道："疗养也好，会少了许多麻烦。现在我所想的是，不知下一个倒霉者是谁了。"

讲了这么个故事，是要说明孙子在《势篇》中的一个非常重要的观点："故善战者，求之于势，不责于人。"就是说，善于指挥作战的将领或统帅，追求的是如何营造最好的作战态势，而不是把责任推卸到自己的部属身上。通俗一点讲就是：肚子疼别怨灶王爷！

顺势而不逆势

"势",是一种人为制造的态势,是一种把具体的实力,如兵力数量、武器装备的质量、作战物资的保障、山川、水文、气象条件等等一切有形的、客观存在的、看得见、摸得着的作战行动基本要素,通过人为的有效运作,凝聚成一股巨大的力量、趋势、气势,进而主宰战局的胜负。有了势,就能"本低利厚",以最小的成本换取最大的利润,实现孙子一贯强调的"不战而屈人之兵"的最高战争理念。

由于"势"极为重要,并且所有的"势"都需要人去营造,所以孙子提出"求势"的思想,认为一个能征善战的将领或统帅,最重要的莫过于"上兵伐谋"——打仗是靠头脑的,不能单凭拳头。在这个问题上,历史上有太多顺势而为或逆势而动的经验与教训。

在苏芬战争中,由于苏联领导人逆势而动,使得苏联尽管打赢了这场战争,但是战略上却得不偿失。

芬兰原本在1808年被沙皇俄国征服,成为俄国的属国。1917年俄国十月革命后,芬兰立即宣布独立。所以,由于历史原因,苏芬关系一直不好。直到1932年,苏芬两国才调整了相互关系,签订了《苏芬互不侵犯条约》,各自承诺互不侵犯现有边界,避免任何指向对方的侵略行动。

独立后，芬兰与西方各国保持着良好的关系，并接受了它们的军事援助。1939年4月，芬兰又宣布奉行中立政策，不与任何国家签订互助条约。第二次世界大战爆发后，苏联从本国安全利益出发，向芬兰提出"以领土换安全"和签订互助条约的要求，其中要求芬兰把卡累利阿地峡的苏芬两国边境北移四十公里；把芬兰湾内的几个岛屿和雷巴契半岛上的芬兰领土割让给苏联；把汉科半岛以每年八百万芬兰马克的代价租借给苏联，为期三十年。为了补偿芬兰的领土损失，苏联表示愿意把奥涅加湖西北两倍于芬兰所割让地区的土地交给芬兰。

然而，汉科半岛却是芬兰防御苏联的天然屏障，本来两国历史上就有恩怨，所以苏联的要求当即遭到芬兰的拒绝。结果苏联竟然于1939年11月30日，发动了入侵芬兰的战争。

在这场战争中，苏联是逆势而动。所谓"逆势"：

第一，没有理由之势。苏联提出的"以领土换安全"要求，涉及一个国际法上的主权原则，即国家政治行为对自己国家一切事务拥有处分权。芬兰作为主权国家，他可以接受，也可以不接受苏联的要求。而苏联不管出于什么原因，哪怕是出于反法西斯的需要，也必须得到芬兰的允许。一个国家怎么能在自己的要求遭到拒绝后竟然发动战争呢？因此，苏联失去了"理由之势"，违反了国际法，进行了一场非正义的战争。

第二，没有"得道"之势。孟子说："得道者多助，失道者寡助。"芬兰是一个中立国，并且与西方国家关系良好；而当时苏联是唯一的社会主义国家，基本没有任何国家是真正的朋友或盟友，在国际社会本来就孤立，而当芬兰拒绝自己的要求后，竟然以战争解决问题，势必使得他在国际上的孤立地位更加雪上加霜，遭到国际社会的谴责。相对而言，芬兰却成为"得道者"，受到国际社会的普遍同情与支持。

第三，没有地理与气象之势。苏军战争准备不充分，政治大清洗使得苏军战斗力下降，特别是芬兰是在寒带作战，拥有地理与气象优势。而苏联却没有这方面的优势。比如，作战地域严寒，多积雪，严重影响了苏军作战能力的发挥。严寒到什么程度？举一个例子：一次，一个名叫拉克索宁的芬军士兵被苏军用步枪打倒，身中六发子弹。大家都以为他阵亡了，可是，当把他抬到帐篷后，有人点了一支烟，突然听到地上中枪的拉克索宁说："给我也来支烟。"大家大吃一惊：他怎么没死呀！后来，医生说，是严寒把他给救了。因为严寒把伤口凝固了，使得血没有流出多少。严寒与积雪，使得苏军的机械化装备优势难以发挥作用，坦克底盘被厚厚的积雪托住，机动速度大为降低，有的发动机甚至难以发动。

由于逆势而动，所以尽管苏联付出了惨重代价赢得了战争，使芬兰丧失了约十分之一的国土，却加深了苏芬之间的矛盾，加重了芬兰人的反苏情绪，埋下了一年后芬兰加入德国轴心国集团，参加对苏作战的隐患。同时，这场战争还牵制、消耗了苏联红军的大量兵力，一定程度上解除了正在准备入侵西欧的德国人的后顾之忧。

相反，当时希特勒的纳粹政权则顺势而为，他乐于看到苏联与芬兰的持久冲突。这也就是当1940年1月，芬兰找到德国，希望德国出面调停苏芬冲突时，德国断然拒绝芬兰的原因。而德国此次顺势行动，使得芬兰很快倒向了他的阵营，为德军在苏德战争初期的顺利行动创造了条件。

不责于人

俗话说:"兵熊熊一个,将熊熊一窝。"这话有道理。统帅是战略指导的决策者,仗怎么打?为什么打?从哪里打?用多少兵力打?打到什么程度?要取得什么样的战果?诸如此类的一系列问题,作为一名统帅,在战前必须要考虑好。一句话,战场上所有关于全局的问题,统帅都要把握好,进而营造一个良好的态势。这种"态势",是战争成败的关键。孙子为什么讲"胜可为也"?就是认为,胜利是可以制造的,而制造胜利最为关键的在于智慧,而不是把打仗的压力全部放在下级官兵的浴血奋战上。简单打个比方,统帅的决策是打地基,下级官员的奋战是垒墙上梁,地基打得不牢,墙砌得再直,梁上得再正,房子也得塌。这个地基,就是战略;这个地基,就是"势"。在战争中,统帅的任务就是"用看不见的东西"——智慧,"制造看得见的东西"——胜利。如果作战失利,甚至战败,最应该杀头的是统帅,而不是下级官兵。这并不意味着下级官兵没有责任,而是,首先要由统帅负责。孙子正是从这个意义上告诫后人:一定要在当上指挥官那天起,就要树立起这方面的意识:"故善战者,求之于势,不责于人。"这是一名高级指挥官必须具有的职业风范与道德。从我国开国元帅刘伯承的一个例子可以看出,他身上就具备这种良好的风范与道德。

抗日战争期间，八路军第一二九师师长、晋冀鲁豫根据地司令员刘伯承，经常用"勇是男儿头上的桂冠""无角绵羊受欺压，有刺的黄蜂不可侮"等话语，激发将士们的对敌斗争信心，并且指挥部队先后进行了夜袭阳明堡、神头岭、响堂铺等一系列著名战役，给侵华日军以沉重打击。但是，俗话说，战争中没有常胜将军。1937年10月，他在指挥第三八六旅向山西娘子关西南面的平定、阳泉等地奔袭的途中，就突遭日军偷袭，牺牲了近百人。

跳出敌人的包围圈后，刘伯承并没有把责任推到这个旅的旅长陈赓身上，而是在作战总结会议上做了检讨。他说："我们的力量本来就十分有限，战士们都是爬雪山过草地好不容易才过来的革命种子，然而我们却遭敌袭击，损失了这么多好种子，这个教训太深刻了，责任应由我负责，我要给毛主席、周恩来副主席写检讨。"后来，他认真写好了检讨，并呈送了党中央和八路军总部。

第三八六旅的官兵听说刘伯承老师长打了败仗不乱处分，而是自己先把责任承担起来，心里非常感动，士气大增。1937年11月2日，当日军第一〇九师团第一三六联队的一个大队，在向昔阳进犯走到黄崖底地区时，士气高涨的第三八六旅就在这里设伏，把敌人全部压制在河谷底部。其间日军三次向伏击阵地发起冲击，均未得逞。最后，这个旅取得了著名的黄崖底作战的胜利，共毙伤日军三百余人、骡马三百余匹。而我军伤亡只有三十余人。此后，日军将黄崖底称为"皇军的死亡谷，征服中国的不祥地"，以后再也不敢从这里西进了。

打几场败仗并不可怕，关键是打完败仗之后如何认识自己，如何认识责任。刘伯承打了败仗，不推诿、不回避、敢于担当，负起了一个统帅的责任，这恰恰就是孙子所讲的高级指挥官"求之于势，不责于人"

的职业风范与道德。而这种担当，又会化作精神力量，感染自己的部属，使他们愿意按照自己所爱戴与敬佩的指挥官的意志去打仗，这就是孙子所说"善战者"的原因之一。

第二十二讲 无人才，则无一切

上一讲我们分析了孙子"求之于势,不责于人"的观点。这个观点强调的是战略决策与战场态势对于作战行动的重要性,目的在于告诫那些眼睛一味盯在部属身上,而不把精力放在营造与利用战场态势的统帅,继续坚持这样的错误倾向必将面临失败。

紧接着,孙子又提出另一个耐人寻味的观点:"择人而任势。"先讲一个刘邦的故事。

谁漂白了流氓皇帝

刘邦是中国历史上第一个平民出身的皇帝。而且这个皇帝青少年时有劣迹、有前科，不愿意干庄稼活，游手好闲，喜好酒色，这两件事是无底洞，要用钱填，可是他又没钱，于是只能耍无赖。天天向酒馆老板娘展示自己的左腿。为什么要展示左腿？史书上记载，刘邦"左股有七十二黑子"（《史记·高祖本纪》）。这不是围棋的黑子，而是七十二颗痣。他指着这七十二颗痣骗人家说，自己是龙子，这就是龙鳞。最后人家不愿意与他纠缠，只得"折券弃责"。

然而，偏偏应了"时势造英雄"这句话，在秦末农民大起义中，他揭竿而起，居然成了气候，到了秦末，他成为十八路诸侯之一，并且最终打下了天下，建立了汉王朝。

人类历史经验告诉我们，打天下难，坐天下更难。刘邦这个大字不识一箩筐的市井草莽突然得到了整个天下，可想而知，他是何等志得意满！可是，经过秦末农民大起义与楚汉战争的蹂躏，当时社会一片凋敝，许多跟着刘邦打天下的将领与谋士心里都急。但刘邦并不急，在他看来，天下都让我打下来了，坐天下还有什么难的呀？

这时，有一个名叫陆贾的人出现了。陆贾生于公元前240年，知识分子出身，口才非常好，一直在刘邦身边工作。他看到刘邦整天百无聊赖的样子，也不看书，心里非常急——没有知识怎么能治理好国家呢？

于是，他劝刘邦好好读读书。秦始皇焚书坑儒，所以秦朝的主流意识是"读书无用论"，刘邦深受影响，因此听了陆贾的话，并不以为然，只是笑笑而已。没想到，这个陆贾是个做事儿非常执着的人，刘邦不听，他就天天在刘邦的身边叨叨读书这事儿，弄得刘邦烦了，斥责道："乃公居马上而得之，安事《诗》《书》！"（《史记·郦生陆贾列传》）意思是，你懂什么，老子的天下是骑马打出来的，不是读书读出来的，我干嘛要看《诗》《书》这些东西？

没想到陆贾竟然大胆地反驳刘邦说："居马上得之，宁可以马上治之乎？"骑在马上可以得天下，难道能骑在马上治理天下吗？接着，他提出了一个非常重要的政治思想："且汤武逆取而以顺守之，文武并用，长久之术也。"就是说，用武力打天下后，就要顺应形势的需要，以文治教化民众，治理天下，文治武功并用，这才是长治久安的办法呀。

刘邦听了陆贾的一席话，非常惭愧，诚恳地向陆贾请教使国家长治久安之策。据记载，陆贾写了十二篇政治论文，每在宫廷中读一篇，刘邦都会高声喝彩。

陆贾政治思想的核心，是老庄的自然无为原则。所谓自然无为，并非要求政府什么都不管，而是要求政府不要恣意妄为，尽量少干预民间事务。陆贾认为，政府只要顺应自然法则行事，适时、适可而为，那么什么事情都会做得好。政府干涉民间事务越多，天下就会越乱。明智的君王治理天下，平日悠闲得像无事可干，寂静得好像没有命令要发布，政府官员像是虚设，社会上好像没有值得政府操心的人与事，如果做到了这点，天下就治理好了。

刘邦很快接受了陆贾的政治思想，把"黄老政治"作为恢复汉王朝经济、稳定封建统治的基本方针与政策。

正是有了陆贾这样杰出政治思想家，才使得刘邦营造了治理王朝天下的一个良好态势，使得经济逐渐得以恢复。刘邦去世后，他的葬礼并不豪华，陪葬品也少，这并不是他不想，而是他不能。汉初经济凋敝，没有那么多奢侈品。刘邦在世的时候，他出门的车竟然用四匹杂毛马来拉，连四匹同样毛色的马都没有。但是到了文帝刘恒时期，国家财富迅速积累，多到什么程度？国库里的钱成万上亿，堆久了竟然使得穿钱的绳子都烂了，数都数不清。刘邦出行没有四匹同毛色的马，而文帝时，马在普通街巷中已随处可见。当时的人们骑马也讲究起来，只骑公马不骑母马。如果到人家做客骑母马，就会被人家赶出来。这一切，时间不过间隔四十余年。

汉朝前期大治的根本原因在于，刘邦营造了良好的政治氛围与社会生态环境，轻徭薄赋、休养生息，最终达到了社会和谐的目的。这再一次表明，"势"的重要意义，然而，如果没有包括陆贾在内的一批良臣英才的建议或直言，这种"势"能营造出来吗？俗话说，不怕没好事儿，就怕没好人——这句话用在这里，倒非常贴切了。

讲完了这个历史故事，回头再理解孙子"择人而任势"的观点，就会很清晰了。孙子在谈完了"求之于势，不责于人"，接着又说"故能择人而任势"。这句话最为关键的一个字是"择"，这个字弄不清楚，直接影响对全句的理解。

如果按照传统观点，这里的"择"是选择之意，即善战的统帅，要先谋求良好的态势，然后再选用合适的人才去妥善利用各种有利的态势。而另一观点则认为，这个"择"不是"选择"之意，而是"放弃"之意，即打仗不靠人，只靠势。

我个人以为，后一个解释与上下文融会贯通，即善战的将帅追求的是如何营造最好的作战态势，而不是把责任推卸到自己的部属身上。

因为要知道打仗的关键不在人,而在于"势"。孙子这样表述的目的在于强调"势"的重要作用,作战的成败关键在于是不是营造出良好的"势",而不在于下属的努力。但是,孙子并没有否定人的作用,因为即便"势",也是由人营造出来的——没有陆贾的建言献策,怎么会有后来刘邦的"造势"?

所以我理解,这里孙子要指明的是:不要片面强调人在战争中的作用,他反对军事上"人定胜天"的说法。但如果没有人的作用,如何营造良好的态势?如何将良好的态势落实到极致,进而取得战争的胜利?因此,这句话的核心还是在于,无论势的营造,还是势的落实,都需要优秀人才去完成。没有人才,则无一切。

斯大林把指挥全权交给了朱可夫

"择人而任势"中的"择",无论是选择有才的人,去适应"势",还是不把责任推诿于他人,最终都离不开人的重要性。而所谓的"人",是指良才,而不是庸才,特别是在国家多难之秋,没有人才,不啻等待亡国。

苏德战争时期,苏联最高统帅斯大林曾经高度评价过朱可夫,甚至亲切地称呼朱可夫是"我的麦克莱伦"。麦克莱伦是美国内战时期总统林肯手下最得力的一员名将,素有"小拿破仑"之称。

斯大林是一个喜怒不形之于色的统帅,但为什么对朱可夫有如此高的评价呢?原因在于,他在国家危亡之时,认识到朱可夫是一个难得的人才。让人惊奇的是,他对朱可夫的正确认识,还是来自一次与朱可夫的激烈争论。

苏德战争爆发后,苏军被打了个措手不及,损失非常惨重。当时,朱可夫是统帅部大本营成员,担任副国防人民委员兼总参谋长。

作为统帅部大本营的军事指挥机关最高首长的朱可夫,分析了整个战场态势,认为对付德军兵团快速突破的最好战法,就是通过实施积极防御,以反突击行动,稳住战线,消耗和杀伤敌军。只有这样,才能稳定不利的战局,为下一步作战营造良好的态势。

但实施这个战法要满足两个条件：一是在苏军重兵集团面临被德军合围的威胁下，尽快撤出来，避免重大失败和无谓的损失；二是收拢撤出的重兵集团，然后实施反突击。

为此，他考虑在乌克兰方向应该收缩兵力，放弃基辅。形象一点说，朱可夫是想在乌克兰方向收拢拳头，再打人。

然而，这个作战企图与斯大林的"寸土必守，坚持现有阵地实施反攻"的作战理念相违背。7月29日，朱可夫打电话给斯大林，准备当面汇报自己的打算。10分钟后，斯大林在自己的办公室接见了朱可夫。

斯大林在听部下汇报时，有一个习惯，就是不喜欢坐着，总是捏着烟斗，即便是烟斗里的烟熄灭了也拿着它，在房间里走来走去，时不时地停下来，走近对方，用烟斗压着短胡子，直视对方的眼睛。斯大林说话声音很低，也不喜欢笑，即便是笑起来，声音也不大，几乎听不到声音。

斯大林一边在房间里走来走去，一边听着朱可夫的汇报。当他听到朱可夫提出要将在乌克兰地区作战的西南方面军立即撤到第聂伯河时，他捏着烟斗，走近朱可夫，用严厉的目光看着他问："那么基辅怎么办？"

朱可夫知道到了最关键的时刻。他知道斯大林不会同意放弃基辅，但他还是要说。

朱可夫断然回答："放弃基辅！"

斯大林没有说话，还是看着朱可夫。这种场景太难堪了。可是，朱可夫还是要把自己的想法说完："放弃基辅后，我们可以在西南方向马上组织反突击，夺回叶利尼亚，因为德军可能利用叶利尼亚为跳板进攻莫斯科。"

斯大林终于火了，他听到这里，大声骂道："哪里还有什么反突击？

把基辅交给敌人，亏你想得出，真是胡说八道！"

朱可夫听后，也豁出去了，当时他就反驳道："斯大林同志，如果您认为我这个总参谋长只会胡说八道，那么您还要我干什么？我请求您解除我总参谋长的职务，把我派到前线去，我在那里可能对祖国会更有一点用处！"

当时，在场的人都愣了。斯大林在苏联享有绝对的权威，朱可夫这番话，等于是在太岁头上动土，在老虎脸上拔胡子。

房间里静得怕人，好半天，斯大林才说话，他说："请你冷静一下，缺了列宁我们都行，缺了你更能行。"

朱可夫说："斯大林同志，我是一名军人，随时准备执行最高统帅的任何决定。但是，我对形势和作战方法有着清醒的认识，我相信这个建议是正确的。我和总参谋部是怎么想的，就怎么汇报。"

斯大林恼怒地看着朱可夫，摆了摆拿着烟斗的手说："你先出去吧，一会儿再叫你。"

半个小时后，当朱可夫被叫回到斯大林办公室时，斯大林对他宣布，已将他的总参谋长的职务解除，并把他派到预备队方面军任司令。

一小时后，朱可夫离开了莫斯科。

然而，后来的战局发展证明，朱可夫的战略决策是正确的。不久以后，朱可夫指挥了叶利尼亚战役，并取得了胜利。这是苏军在战争爆发后取得的最大的一次振奋人心的胜利，极大地鼓舞了军民的士气。9月6日，在叶利尼亚战役胜利后的当天，斯大林就得到了这个消息。

他没有说什么，三天后，他电令朱可夫在当天二十时前赶到莫斯科开会。朱可夫赶到会场后，斯大林看着他说道："朱可夫同志，你处理叶利尼亚问题的结果不错，7月29日那天，你的建议是对的……"

接着斯大林对朱可夫说："我想把你派到列宁格勒，现在那里的局势危急，最需要你。如果德军占领列宁格勒，就会从东面迂回进攻莫斯科，这样的话，形势会更糟糕。那里所有的部队都归你指挥，你需要带谁去就带谁去，你可以在全军挑选你需要的人。"

斯大林的这番话，意味着对朱可夫的极大信任。从此，朱可夫就成为斯大林的救火队长，哪里危急，就被派到哪里去。从列宁格勒到莫斯科，从莫斯科到斯大林格勒，朱可夫一直是被作为斯大林在前线的代表，指挥着这些地区苏军的作战。

朱可夫作为苏联高级将帅，在国家危难之时，敢于犯颜直言，既能造势，又能顺势，去夺取胜利。

用心留住人才

凡是想成大事者，一定要争揽人才。那么，如何争人才呢？再讲一个大将陈赓的用人故事。

陈赓大将是我军杰出的军事将领，1952年，毛泽东同志点名让他去筹建中国人民解放军军事工程学院，即我们所说的"哈军工"。清华大学老校长梅贻琦有句名言："所谓大学者，非谓大楼之谓也，有大师之谓也。"为了办好这所学院，陈赓到处搜集人才，并且敢于用人。当时，学院调入一个女教授，这个教授的社会关系就当时来看是非常复杂的，她的哥哥在台湾是国民党的中央委员。一些人认为，这样的社会关系即便本人能力再强，也不能重用。然而，陈赓将军却偏偏把一项涉及核心技术的工作，交给这个女教授去做。很多人并不知道是陈赓坚持要用的，以为是其他首长用的，于是不断向陈赓反映，认为这是立场问题，不能只看技术，不问政治。

陈赓听完后，皱了皱眉头，严肃地说："你们的眼睛怎么总盯着她的国民党哥哥，为什么不看到她还有一个哥哥是我们共产党的中央委员呢？难道她的共产党哥哥的影响力，还不如国民党哥哥的影响力吗？即便她两个哥哥都是国民党的中央委员，难道就不能重用了吗？"接着，陈赓大将又以毛泽东同志舅舅的儿子，就是国民党军统大特务文强为例：

"难道这影响毛泽东是我们的伟大领袖了吗？"

陈赓大将的一席话，是告诉我们：争人才，贵在争人心。行为科学理论认为，团队成员都有参与组织管理的意识，并期望发挥自己的才能，一旦这种愿望得到满足或实现，将极大地调动个体的积极性，从而产生巨大的激励效果。凡是人才，都具有敏感的自我意识，丰富的情感世界，强烈的自尊心、自信心和进取心，他们的参与意识和愿望非常强烈。作为一名管理者，应该充分理解和尊重人才的积极性、创新性，用真诚让人才产生被信任、被尊重的感觉，从而唤起他们的主体意识，使他们将内在潜力自觉地发挥出来，为国家做出自己的贡献。

周文王在渭水之滨遇到姜太公时，若没有求贤之心，尊称姜子牙为"太公望"，姜太公怎能倾力辅佐他们父子两代，打下了周朝八百年之天下？

萧何不追韩信，刘邦不筑将台拜韩信为上将军，韩信怎能尽心尽力辅助，使刘邦打败项羽，为夺取天下立下汗马功劳？

努尔哈赤对汉人名儒范文程，如果没有"善遇"之恩，范文程怎能辅佐清太祖与清太宗两朝君主，为清朝定都北京立下汗马功劳，以至其去世时，康熙皇帝亲书"元辅高风"四个大字？

所有这些贤君名帝，都是用心去争人才。只有你用心走近人才，人才才会在你身边。

第二十三讲 战场争先术

争先，即抢先，是围棋中的术语，目的是争夺主动权。中国象棋也是这样，强调"争先"或"抢先"，如抢先占领、抢先封锁、抢先得子、抢先进攻、抢先入局、弃子抢先、吸引抢先等。高手对决，谁能抢先一步，即能定输赢。

在战争中亦如此。通俗地讲，战争中的不二法则，就是"先下手为强，后下手遭殃"。先讲一个战例，来进一步认识这个问题。

希特勒一个愚蠢的命令

1940年5月10日，希特勒开始执行"黄色作战"方案，大举进攻荷兰、比利时、卢森堡和法国。德军的先头部队是第十九装甲集团军，指挥官则是大名鼎鼎的德国"装甲兵之父"古德里安上将。这位精于闪电战的统帅，要求他的士兵心中只记住一个目标：突破！再突破！直到用完最后一滴汽油。开战半个月，他指挥自己这支富有弹性的部队，每天都以三十至四十公里的速度向法国纵深推进，直扑布列塔尼半岛和英吉利海峡，将在法国作战的英法联军完全割裂开来。其中四十万的英法联军被割裂在北法平原，并被驱赶到了重镇敦刻尔克。这时，只要德军速度再快一些，就完全可以将这些英法联军消灭在敦刻尔克。

1940年5月23日，古德里安上将的第十九装甲军到达格拉夫林，这里离敦刻尔克仅有十六公里，而在其右翼的莱因哈特的第四十一装甲军，也已到达达艾尔—圣奥梅尔—格拉夫林运河一线。两支劲旅只需再加把劲，就可以直取敦刻尔克，而后继的几十个步兵师也正源源不断地跟进。于是，他加紧了向敦刻尔克海港的进攻，决心率领他的装甲部队再打一个围歼战，将英法联军的数十万人马彻底消灭在这一地区。5月24日，古德里安集结好进攻用的坦克群，准备突入敦刻尔克港，给英法联军最后一击以结束这场战役。然而，他万万没有想到，这天中午12时

31分，突然接到了希特勒的命令：就地停止前进，撤回先头部队，只准许执行侦察和警戒任务的部队继续前进。

古德里安接到这个命令之后大吃一惊，当时正在吃午饭，他第一个反应就是马上打电话给陆军总司令勃劳希契元帅询问原因。回答是："元首的命令不可更改！"

我们先抛开希特勒违反军事常识，在如此关键的时刻下达了停止前进的命令这个问题不谈，只说最后不争的事实是，当四十八小时之后希特勒重新下达继续前进的命令后，古德里安感到在向敦刻尔克方向推进的过程中，遭遇的抵抗越来越强了。

这四十八小时的时间间隔，让本来占有先机之利的德军，失去了最佳歼敌时机；而德军的错误，则给了处于绝境之中的英法联军逃生的主动权。联军一方面加强敦刻尔克的防御力量，挡住了德军的进攻，一方面抓紧实施"发电机计划"，组织联军从敦刻尔克撤退到英伦三岛。从5月26日18时57分大撤退开始，至6月4日14时23分大撤退结束，联军共从敦刻尔克撤走了三十三万多名官兵，为以后取得战争的胜利保存了巨大的有生力量。英法民众和联军共同创造了人类战争史上的奇迹——敦刻尔克大撤退。而这个奇迹产生的重要原因，则是先机之利的易手。

争取先手或主动权，是战争最重要的要素之一。希特勒蠢就蠢在他的错误指挥使得本来的先手易于对方，进而把自己巨大的优势给葬送了。而《孙子兵法》中的《虚实篇》，强调的就是这个问题。

"虚实"就字面上解释，空者为"虚"，坚者为"实"，表现在军事上，虚实则指兵力的多少与强弱；士气的高低与凝散；军队的治乱与劳逸；部署的集中与分散；行踪的暴露与隐蔽；等等。简单地说，如果将虚实分开用，"虚"就是弱，"实"就是强。

在孙子的思想中，有一个核心的制胜概念，即"主动先制"，争先手。他在《虚实篇》中第一句话就说："凡先处战地而待敌者佚，后处战地而趋战者劳。故善战者，致人而不致于人。"

这句话字面意思不难理解：双方交战，就有个先行与后行、先动与后动、先打与后打的问题。先到达战场，再等后到达的敌人来战，就是"以逸待劳"；反之，比敌人后到达战场，被动应战的一方，则是"以劳待逸"。这里的"佚"，就是准备充分。那些名将胜利的奥秘就在于，他们都是能调动敌人而不被敌人调动的高手。

"致人而不致于人"，讲的是谁主动谁被动，谁先手谁后手。主动一方，叫"致人"；被动一方，叫"致于人"。前者掌握战争的主动权或驾驭权，后者则在前者后面亦步亦趋，被牵着鼻子走。

理解"致人而不致于人"这句话，要从两层意思考虑：

第一，主动"致人"。即要调动敌人，必须处处主动，使敌人的态势经常处于被动挨打、漏洞百出的局面。

第二，机动"不致于人"。要想不让敌人牵着鼻子走，必须时时刻刻通过机动的方法，善于找到敌人的虚处，即漏洞、破绽、弱点。

如果能够做到这样，胜负即刻了然。那么，如何做到这一点呢？孙子提出了"造虚"与"用虚"两个观点。所谓"造虚"，就是化敌之实为敌之虚，敌人是匹快马，就把其变成劣马，跑一圈，都打晃儿；所谓"用虚"，就是使敌人虚弱后，瞄着敌人的漏洞、弱点、破绽打。

下面通过一个故事，理解一下孙子的"造虚"观点。

瓦杜丁的妙战

孙子的"造虚"通常有五个方法：

第一，利敌。即设法用小利诱敌，进入我方预定地点。

第二，害敌。即牵制敌人，使其无法抵达预定的地域。

第二，劳敌。即想方设法让敌人从"肥牛"变成"牛骨头架子"。

第四，饥敌。即想方设法让敌人从充足的给养，变成要吃没吃、要喝没喝。

第五，动敌。即当敌人安如泰山时，就想方设法让其像走马灯一样地动起来——想睡觉，没门。

苏德战争中，苏军名将瓦杜丁曾经打过一场仗，是将实力强大的敌人变虚的经典战例。

尼古拉·瓦杜丁，生于 1901 年，俄罗斯沃罗涅日人，很会打仗。1942 年 7 月初，德军实施夏季作战计划，向斯大林格勒推进，企图一举拿下这个战略要地，然后沿伏尔加河北上，从东向西进攻莫斯科。斯大林格勒的苏军面临的敌人太多，压力极大。

当时，瓦杜丁刚刚出任沃罗涅日方面军司令，他的战区距离斯大林格勒约四百公里。自从一个月前，德军在这里的攻势被他打退后，德军就一直在这里实施防御作战，天天修筑防御阵地，没有打算继续进攻的样子。

瓦杜丁感到奇怪，德军作战风格一向强调进攻，为什么眼前的这支德军却行动谨慎，小心翼翼，没有任何进攻的迹象呢？突然，他想起来了，对面德军的最高指挥官，正是在莫斯科会战以后一度被希特勒勒令疗养的包克，此人善于谋略、工于心计，不是鲁莽之人。此时，包克与自己隔阵相望，目的是要拖住自己，使自己不能救援斯大林格勒，企图等到拿下斯大林格勒后，再回头吃掉自己。

此时，斯大林格勒方面的外围战斗已经打响，苏军节节败退，形势非常危急。可瓦杜丁却无法增援，因为如果他的部队向斯大林格勒方向移动，对面的德军会像饿狼一样全力紧逼过来，到时会面临腹背受敌的不利局面。

瓦杜丁反复思考，决定实施牵制性进攻，通过攻势行动，不仅使此地的敌人不能向斯大林格勒方向增援，而且还要让德军从斯大林格勒抽出兵力增援沃罗涅日方向，进而减轻斯大林格勒苏军的压力。

于是，瓦杜丁从战争全局出发，运用积极主动的战法，牵制德军的兵力，阻挠德军向斯大林格勒和伏尔加河的进军步伐。

他命令集中所有的火力向敌人进攻，飞机轰炸、火炮压制、步兵出其不意地冲锋，不断地骚扰德军，不给敌人以片刻喘息时间，不让德军有片刻安宁，要让德国人以为苏军每时每刻都会有新的、大规模的行动，进而牵制更多的德军，而牵制敌人越多，斯大林格勒方向的德军就越少，苏军的压力就会相对减轻。

德军果然感到非常疑惑，在他们看来，苏军只有招架之功，哪有还手之力？怎么会每天夜里都有苏军飞机前来轰炸呢？这一批架次飞机轰炸后，另一拨又来了，有时，苏军甚至只来一两架飞机，在阵地上盘旋，既不轰炸，也不扫射，只是来回盘旋俯冲，发出巨大的呼啸声，使德军官兵每夜都不得休息。

黎明时，苏军飞机回去了，德军官兵抓紧时间上床休息，没有想到，眼睛还没合上，苏军的炮弹又铺天盖地倾泻而至，刺耳的警报响起，德军马上跳下床，进入阵地，做好作战准备。可是，突然四周一切又全都安静了下来，甚至被飞机的轰炸与炮弹的爆炸声惊得四处逃散的鸟也回来了。

然而，德军还能休息吗？包克望着对面苏军沉寂的阵地，神经变得异常紧张。他怀疑苏军或许酝酿着更大的企图，而这种企图的实施只是时间问题。然而，究竟是什么样的企图，包克却怎么也想不出来。

连续几天几夜的火力骚扰，瓦杜丁又发起了几次大规模的攻势，目的就是让德军真正相信，苏军的攻势是认真的，攻势的目的是反攻，将德军赶出顿河，迫使德军的战略意图发生动摇，只得从斯大林格勒抽掉部分兵力。果然，当瓦杜丁在一天清晨实施团规模的攻势后，德军真的慌了，特别是当苏军夺取了既定目标谢里雅诺夫后，德军更搞不清瓦杜丁的真实意图，以为苏军真的要从顿河发起战略总攻。于是，包克急忙电告希特勒请求增援。就这样，德军从斯大林格勒方向抽回了一个军的兵力增援沃罗涅日方向。

在这次作战中，瓦杜丁通过打草惊蛇、虚张声势，故意扰乱敌人，使敌人时刻处于紧张、恐慌、疲惫的状态，意志力与战斗力大为下降，进而达到了自己作战意图。而瓦杜丁的这一系列战法，就包括害敌——牵制敌人，劳敌——疲惫与消耗敌人，动敌——让敌人整天不得安宁，始终处于紧张状态，使本来"实"的德军转成了"虚"，进而不仅制止了德军对沃罗涅日城的进攻，而且打乱了德军对斯大林格勒的进攻部署，受到了最高统帅部的高度评价。

加尔铁里的"虚"

孙子的"用虚"也有五个方法:

第一,出其心虚。即打敌人想象不到、但又是必须前往救援的地方,打到敌人不去的地方,岂不是白忙活?

第二,趋其意虚。即利用敌人思想麻痹、防御疏忽的时候实施攻击,打他个猝不及防,晕头转向。

第三,行其防虚。即选择敌人没有设防的路线行军,这样,哪怕唱着歌走,都没问题。

第四,攻其守虚。即选择敌人防御薄弱的地方实施攻击,这样则是事半功倍。

第五,守其所虚。即选择敌人不知攻、不能攻、不敢攻的地方实施防御,进而使防御固若金汤。

一句话,就是想着法儿地找敌人的漏洞、弱点、破绽打仗。发生在1982年的英阿马岛战争,阿根廷军队失败的原因之一,就是英军"用虚"了。

1982年4月2日至6月14日,英国与阿根廷在南大西洋针对马尔维纳斯群岛主权归属问题,进行了一次远洋争夺战。分析这场战争双方的优势与弱点,阿根廷军队从理论上并不是没有胜利的可能,同样英国也并不是没有失败的可能。阿军距离作战地域近，可以以逸待劳，依托岸上基地与劳师远袭的英军作战，同时阿军在兵力与作战飞机的数量上占有较大优势：阿军共有地面部队一万三千人，而英军只有九千人，双方兵力比为 1.44 比 1；阿军作战飞机为三百七十一架，英军只有二百架，双方作战飞机比为 1.9 比 1。而阿军的优势恰恰是英军的弱点。然而，阿军几处"虚"，让英军给摸到了、用到了，进而导致本来应该占有先机之利的阿军，失去了作战主动权，最后战败。

阿军的第一"虚"，战争判断失误。判断准确为"实"，判断失误为"虚"。这场战争对于英军来讲是远洋作战，对于阿军来讲，是中近海作战。战争之前，阿军认为，如果率先夺取了马岛，然后实施防御部署，英军不会不远万里与自己征战。的确，从军事角度讲，劳师远袭不利于作战，因为缺少良好可靠的作战基地。在马岛战争之前发生的世界性海战中，还没有一次胜利属于劳师远袭的一方：公元前 5 世纪初，波斯帝国三次远征希腊，均被弱小的希腊海军所击败；1588 年，强大的西班牙无敌舰队远征英吉利海峡，也被弱小的英国海军所击败；1905 年，俄国波罗的海舰队远征东亚，同样在对马海峡全军覆没。从这点意义上讲，阿军的判断不能说没有道理。然而，阿军的错误在于其把英国不出兵的"可能性"，认作是"必然性"，进而导致在作战准备、作战指导等一系列问题上的失误。比如，阿根廷人曾经自信地认为："女人不会走入战争。"

阿军的这个"虚"很快让英军摸到了，用到了。以撒切尔夫人为首的英国战时内阁，在战争决策过程中，充分考虑到这个"虚"的因素，最后定下必须早打、快打的战争指导方针。1982 年 4 月 5 日，一支庞大的特混舰队离开朴次茅斯港，远赴南大西洋。当这支舰队用了二十天的时间，走完了当年沙皇尼古拉二世派出的波罗的海舰队用二百二十二天走完的航程，英军来到了马岛战区后，整个世界都惊呆了。时任阿根廷总统的加尔铁里，后来极为沮丧地对意大利记者说："我断定那是几乎不可能或完全不会有的事，无论如何我没有料到英国人会如此大动干戈，谁也没有想到！"

阿军的第二"虚"，战争准备不足。战争准备充分为"实"，准备不足为"虚"。由于阿军战略判断之"虚"，导致了其战争准备之"虚"。加尔铁里总统，一是不相信英国人会来夺取马岛；二是即便来了，也不会真打；三是即使打了，也不会取胜。当一位阿根廷议员提醒他英国人会来算账时，他笑了，不屑一顾地说："来吧，斗志昂扬的阿根廷人管叫他们有来无回！"当一位阿根廷将军建议应在马岛修建空军基地，否则阿军飞机只能从大陆起飞，留空时间只有两分钟时，他却不耐烦地回答："够了，以色列人一分钟就可以打一个漂亮的空战！"当有人报告马岛上粮食储备不足，建议在英军到达之前组织大规模补给时，加尔铁里总统仍不以为然地说："马岛上有六十五万头羊，完全可以就地取食，梅嫩德斯将军绝不至于蠢得连这点都想不到吧？"

就这样，盲目的乐观与自信，导致阿军的战争准备不足，也没采取持久作战战略指导方针——这个"虚"又叫英军摸到并且用到了。

由于阿军出现了重大的"虚"，并且这些"虚"让英军一个不漏地用上，才使得战争的胜利天平逐渐向英军倾斜。

孙子通过"造虚""用虚"的方法，达到争先、夺取主动权的思想，远远超出军事领域，成为各行各业的重要准则。比如，股民的心理往往是：追高杀低，逢高狂追，逢低狂杀。而一些心理素质极高的人，通常会利用股民的这个心理，逆向操作，"出其所不趋，趋其所不意"，进而赚取超额利润，由此可见《孙子兵法》中"争先术"的意义了。

第二十四讲 设法信息不对称

虚实问题，不是有没有，而是知不知。凡是对抗的事物，都有虚实，这个道理很简单，而知不知、能不能准确了解敌我的虚实，则是智慧。在战场上，交战双方都极力将真的伪装起来，而将假的故意暴露，目的就是造成敌人的错觉与大意，取得作战的胜利。所以，避实击虚的要诀在于隐蔽自己的虚实，而摸清敌人的虚实，即军事情报上讲的"信息不对称"。好比中国古代隐身术一样，我能看到你，你看不到我。儿童多幻想，小时候看《西游记》见到书里出现了好多隐身的故事，上至神仙，下到小妖，个个可以变幻，孙悟空更是不得了，竟然有七十二种变化。当时，看了兴奋得不得了，也幻想着自己有这样的能耐，自己看别人清清楚楚；别人看我模模糊糊。

其实，在战争领域里，虽然不存在隐身人，却完全可以通过高超的手段，达到隐身人的效果。战争史上的一个故事，可以论证这个问题。

"海狮"掩护"红胡子"

"海狮计划",是第二次世界大战时期纳粹德国制定的登陆英国的作战代号。这个计划的第一阶段,即夺取英伦三岛制空权的作战已经实施了。然而,由于纳粹德国争夺"生存空间"的终极目标,是包括苏联在内的广大东欧地区,加之,其在意识形态上也要彻底铲除共产主义,于是在"海狮计划"还没有完成的时候,就在1940年12月18日制定了进攻苏联的"巴巴罗萨计划"。这个计划是用德国12世纪著名的皇帝腓特烈一世(Friedrich I)的绰号命名。其绰号叫红胡子,而红胡子在德语中称为Barbarossa,所以这个计划被命名为巴巴罗萨。

灭亡苏联是希特勒追求的梦,所以这个计划准备得非常细致,在外交、经济、军事上进行了一系列的准备,其中包括许多欺骗与伪装措施。希特勒有句话,成为这些举措的指导思想。他说:"为了进攻俄国,我们必须精心编织一个历史上最大的骗局!"为此,让他丢弃的"海狮计划",成为这个骗局中的重要一环。

希特勒进攻苏联的计划用兵为五百五十万人、五千架飞机、四千三百多辆坦克、四万多门火炮。这么大的兵力调动与集结,很难做到隐蔽而不被发现。于是,希特勒就利用废弃的"海狮计划",大造舆论,把侵略苏联的一切作战准备,都说成是为了下一步实施"海狮计划"登陆作战阶段而采取的行动，即用"海狮"掩护"红胡子"。比如，德军制造假象，明明是要进攻苏联，却大量印发英国地图，给部队配备许多英语翻译。德军第四装甲集群编制内的第四十一摩托化军第八师，师长名叫埃里希·布兰登贝格尔，有一次，他接到集群司令赫普纳的电话，让他准备接收英语翻译。当时，他感觉非常奇怪，因为他已经接到了命令，准备向列宁格勒方向推进，怎么不配俄语翻译，反倒要配英语翻译？于是，当时他说，我们不需要英语翻译。赫普纳听到后，回答："不是你需要不需要的问题，而是必须这样做，我这里也有英语翻译。"同时，德军在英吉利海峡集结了大量渡海与登陆器材，部队多次进行登陆作战训练。

当大量准备入侵苏联的部队悄悄在东方集结时，希特勒很担心计划会被察觉，于是他大造舆论，说在登陆英国前，让登陆部队到东部去度假休整。同时，指令德国驻苏联外交官主动向苏联解释这些"调动"的目的。比如，把向波兰增兵，说成是用年轻的士兵去替换将要退出现役的大龄士兵；把向芬兰的增兵，说成是取道芬兰向挪威派遣援军；把向罗马尼亚增兵，说成是派军事顾问去帮助罗军训练；等等。

就这样，希特勒成功地用"海狮"掩护了"红胡子"，秘密完成了进攻苏联的军事部署。苏联对希特勒军队的一举一动浑然不知，甚至塔斯社还发表声明，说苏联与德国关系非常好，要警惕英法等帝国主义国家挑拨苏德关系，等等。而此时，希特勒对苏联的防御部署却了如指掌。1941年6月22日，那个让全苏联几代人都忘不掉的星期天太阳还没有升起时，德军发动了入侵苏联的战争，"巴巴罗萨计划"——这个"红胡子"将苏联推入了战争的深渊。

希特勒对苏联发动突然袭击之所以成功，重要原因在于他成了"隐身人"。而在孙子那里，叫作"形人而我无形"。

打仗既讲量，又讲质。从量来说，兵力多好，兵力少不好，正所谓"韩信点兵，多多益善"；从质上讲，战斗力强好，战斗力弱不好，俗话说老将出马，一个顶俩。小时候看《水浒传》《三国演义》，特别崇拜豹子头林冲、行者武松、花和尚鲁智深、关羽、赵云等这些大将，因为他们总是一个人打几个人，还能毫无惧色、越战越勇，最后杀败敌人，这些大将都是武艺超群、高质量的军事人才。

然而，这些都是想象中的美好，是统帅的一种理想或愿望。事实上，交战中双方兵力的量与质，都是客观存在的，不尽如人意的事情实在太多了。可是，为什么战争史上偏偏有一些以少胜多、以弱胜强的战例呢？本来域外作战在后勤保障方面是十分不利的，为什么又偏偏有诸多域外作战的成功战例呢？

这里面的原因非常多。其中重要的原因之一，就是"形人而我无形"的作用。

孙子说："故形人而我无形，则我专而敌分。我专为一，敌分为十，是以十攻其一也，则我众而敌寡。"（《孙子兵法·虚实篇》）意思是说，要使敌人暴露形迹，而隐蔽我方的形迹。这样我方就可以集中兵力，而敌人却不得不分散兵力。而我方集中兵力于一处，敌人分散兵力在十处，那就等于我以十倍的兵力去攻打敌人，从而形成我众敌寡的有利态势。

这句论述的核心意思是，战场上兵力的多寡并非是一成不变的。如果方法运用得当，完全可以改变局部的兵力对比，形成有利于自己的战场态势。这个正确的方法，就是开头的那句话：形人而我无形。

形人而我无形，就是通过各种手段，让敌人对我方的情况一无所知，如盲如瞽；而我对敌则洞若观火，了如指掌。一句话，就是形成信息上的虚实，使得信息不对称。只有这样，才能使自己反客为主，变不利为有利，变被动为主动；而让敌人变主为客，变主动为被动，变有利为不利，最后对敌实施致命打击。

毛泽东同志率领党中央转战陕北，就是极为经典的"形人而我无形"的战例。

胡宗南的哀叹

1947年3月，国民党军队向我军发起了重点进攻，东部的重点进攻方向是山东，由国民党整编第七十四师师长张灵甫负责实施；西部重点进攻方向是延安，由蒋介石最为宠信的将领、黄埔军校一期生、西安绥靖公署主任胡宗南负责实施，企图消灭中共中央机关和西北人民解放军。当时，西北人民解放军只有一万八千人。面对敌强我弱的形势，中央决定主动撤出延安。

当时，胡宗南的兵力有二十余万人，而毛泽东只有一个营的兵力，其中包括两个步兵连，一个骑兵连，一个警卫连。兵力如此悬殊，一些同志担心毛泽东与党中央的安全，希望毛泽东率领党中央离开陕北，而毛泽东则坚决要留在陕北。1947年4月9日，毛泽东向全党发通知说："我党中央和人民解放军总部必须继续留在陕甘宁边区。此地区地形险要，群众条件好，回旋地区大，安全方面完全有保障。"

毛泽东的判断是正确的。从1947年3月18日下午5时许，毛泽东率领党中央从容不迫地撤离延安，直到一年以后，毛泽东才东渡黄河离开陕北，毛泽东牵着胡宗南的鼻子在陕北的崇山峻岭之间转来转去，即便发生过"王家湾遇险"这样的险情，也是有惊无险，胡宗南就是找不到毛泽东率领的党中央。气得胡宗南骂自己是：盲人骑瞎马，夜半临深池！而毛泽东与党中央对敌人的一切却了如指掌。

为什么我有"信息之实",而胡宗南却落得个"信息之虚"呢？主要有以下几点原因：

第一，我党群众基础好。陕北是我们的老根据地，群众基础好。那里的地域非常开阔，回旋余地大。国民党军进入边区，他们在明处，我们在暗处，敌人始终不敢分散行动，不可能实行全面搜索。有时，国民党军和我们只隔一个山头，他们也发现不了我们。胡宗南也想找当地老百姓了解地形以及我党中央转移的有关情况，但就是找不到合适的当地群众，即便找到一两个群众，也不是装聋，就是做哑。相反，我们党中央始终得到当地群众的支持，6月9日，毛泽东及中央机关在靖边县王家湾驻扎，附近放羊的群众跑来报告，胡宗南的军队已到了离这里只有一山之隔的寺湾。负责中央机关保卫工作的周恩来，立即下令当天夜里借着夜色冒雨转移，结果转危为安。

而在寺湾瞎转悠的国民党军队，由于他们不熟悉当地的情况，愣是没找到王家湾的具体方向，想找个老百姓问问，可是连个人影都没有。

由于群众基础好，我党中央不断得到群众及时的情报，即便与敌人擦肩而过，他们也发现不了，如同盲人骑瞎马。

第二，"闲棋冷子"的作用。"闲棋冷子"是周恩来同志对我军潜伏在敌人内部情报人员的称呼。我党历史上有几个非常著名的情报人员。比如，号称"龙潭三杰"的钱壮飞、胡底、李克农。这三个人为我党做出了重大贡献。周恩来还在胡宗南身边安插了三个优秀的情报人员，即被称为"后三杰"的熊向晖、申健、陈忠经，其中熊向晖担任胡宗南的机要秘书，深得胡宗南的信任。胡宗南准备进攻延安，需要制定作战计划，当时熊向晖已被胡宗南选派准备出国深造，胡便紧急召回熊向晖，让他拟订攻占延安后的"施政纲领"。熊向晖由此获得了胡宗南攻略延安的详细计划，并很快将这一计划完整地送到了延安。周恩来十年前布下的这几颗"闲棋冷子"终于派上了大用场。据说，当周恩来收到这份情报时，十分激动地称赞道："真是好样的！关键时刻又一次保卫了党中央。"事后，毛泽东听说了这件事儿，夸赞熊向晖等人是"一个人能顶几个师"。

第三，利用"胡马"矛盾。王家湾遇险后，毛泽东与党中央转移到靖边县小河村。这时，胡宗南所部第二十九军，在军长刘戡的率领下直扑小河村，毛泽东又从小河村转移到了天赐湾。这里是胡宗南与马鸿逵的接合部，胡是国民党的嫡系部队，马是地方武装，马鸿逵一直担心蒋介石借刀杀人的老伎俩，始终是"出工不出力"，这样一来，胡马接合部就有了一个大缺口。毛泽东利用了胡宗南与马鸿逵的矛盾，把队伍带到了天赐湾。当夜，他站在天赐湾，遥望一路疲于奔命的刘戡在小河村休整时燃起的篝火，笑着对周围的同志说："我们现在的位置，正好处于胡宗南和马鸿逵防线的结合本部。胡马钩心斗角，矛盾很深，各人都想保存实力、削弱对方，所以他们谁也不想来，让我们钻了空子。"

就这样，在同一战场上，兵力占有绝对优势的胡宗南军队，处于"信息之虚"，而兵力占有劣势的毛泽东率领的党中央，处于"信息之实"，即我看敌一目了然，敌看我一片漆黑，我军真正做到了"形人而我无形"，占据了信息上敌虚我实之优势，进而弥补了兵员数量以及配置装备的差距，取得了看似不可能的胜利。两千五百多年前，孙子就对类似"信息之实"与"信息之虚"的战争有过发自内心的感叹："微乎微乎，至于无形；神乎神乎，至于无声，故能为敌之司命。"（《孙子兵法·虚实篇》）意思是：实在是微妙啊，竟然没有一点蛛丝马迹；真是神奇啊，居然不漏一点风声。原来这才是主宰敌人命运的关键呀！

虚实可以转换

"形人而我无形",表明虚实不是有没有,而是知不知的道理。而知不知,则不是客观问题,而是主观能动性的问题。因为,客观条件再好、再强,如果内部不能"修道保法",凝聚力不足、智慧不够,也不能把潜在的优势发挥出来,形式上的优势就会向相反的方向发展,成为实质上的劣势——名实实虚!阿根廷军队占有的地理位置的优势、胡宗南占有的兵力与兵器上的优势,之所以没有发挥出来,使得有胜利把握的作战成为败仗,原因就在于此。

相反,如果客观条件不好,但是能够充分发挥主观能动性,内修政治,外找机会,则能让对方无的放矢、盲人骑瞎马,自己却一目了然、洞若观火,适时集中兵力,瞬间就可以爆发自己的动能,形成泰山压顶之势,使得形式上的劣势向相反的方向发展,成为实质上的优势——名虚实实。毛泽东以一营之兵力,将胡宗南二十多万大军拖得筋疲力尽,最后打破了国民党的重点进攻策略。

这一切都表明孙子反复强调的一个思想:营造一个有利于自己作战的条件,即"势"。

虚实有一个相对性特点,也就是说,你强的地方,则是我弱的地方;你弱的地方,恰恰是我强的地方。所以,遇到弱点,就直接打,这就是以实击虚；碰到强点，就主动避开，通过积极的"以伪敌实"的手段把对方的强点弱化，等到确认对方以实转虚后，再集中兵力消灭他们。

形人而我无形，敌盲而我明，正是通过人的智慧，改变了先前的客观条件，营造出了于己有利的作战条件。

孙子"形人而我无形"，让信息不对称，改变做事儿的客观条件，进而达成目的，这个思想在现实生活中也有指导意义。比如，有一种"忌讳效应"，即因风俗习惯或个人理由等，对某些言语或举动有所顾忌，积久成为禁忌，这种效应强调的是：知道别人不喜欢什么，比知道别人喜欢什么更重要。这里面就有"形人而我无形"所强调的信息作用。

现代经济社会，信息非常重要，企业家或商家向外拓展市场，有必要弄清目标市场的一切有关信息，甚至是民风习俗。曾经发生过这样一件事情：南方有两个厂家都经营我国传统的茉莉花，这种花在欧美非常畅销，却一直打不开东南亚市场。

有一个厂家并不以为然，认为只要保住欧美市场，就有利润可赚。但另一厂家则不然，要进一步扩大销路，增强抗风险的能力。于是，这个厂家用大量人手去进行市场调研，最后才发现东南亚受中国传统文化影响大，中产阶层中华裔很多，他们认为"茉莉花"的"茉莉"两个字，是"没利"的谐音，听起来很不吉利，所以才很少有人问津。了解到这个忌讳风俗后，这个厂家把"茉"字添上两点，即成了"莱"，而"莱莉"则是"来利"的谐音，于是销路立即打开。而那个只想保有欧美市场的厂家，则因欧美金融风暴而遭受巨大损失，信息上的盲点致使这个厂家把全部鸡蛋放在一个篮子里，当这个篮子掉在地上后，篮子里的鸡蛋所剩无几了。那个赢得市场的厂家，最终就赢在"形人而我无形"的信息不对称上。

第二十五讲 探敌虚实四技巧

上一篇讲了，"形人而我无形"使敌人根本不知道你是谁？你在哪里？你想干什么？你会怎么干？一句话，就是孙子在《虚实篇》中讲的"形兵之极，至于无形"——在敌人面前，你就是空气，知道你的存在，却不知道你在何方。那么，怎样当好"隐身人"，做到将敌人看得清清楚楚呢？孙子的高明之处就在这里，他不仅提出了理念，而且还告诉了我们具体的实践做法。在"形人而我无形"的理念上，孙子提供了四种方法，即"策、作、形、角"。

策——毛泽东入朝作战的决策

何为"策"？就是通过策度敌情，观其行动，进而分析判断敌人作战计划的优点与弱点，即"策之而知得失之计"（《孙子兵法·虚实篇》）。

1950年6月25日，朝鲜战争爆发。在9月中旬美军实施仁川登陆之前，以毛泽东为核心的党中央，还是力争不直接使我国卷入朝鲜战争。

然而，当韩国军队越过"三八线"后，金日成被迫于10月1日来信向我国求援，同时斯大林也致电，希望中国出兵朝鲜。这样，是否出兵参战，摆在了中共中央的面前。

这个问题太大了！这个问题太难了！

因为，我们党已是一个执政党了。在中国历史上，任何一个新政权的建立，面临的最重要的任务就是休养生息、完善制度、增长国力，而不是立即介入一场新的战争。但是，国家安全环境的维护和国际主义义务的履行，又要求我们必须参战。

怎么办？党中央陷入了极为艰难的抉择中。

据跟随毛泽东几十年的秘书胡乔木回忆，他记得有两件事儿最令毛泽东感到困扰：一件是1946年准备与国民党政府彻底决裂；另一件就是1950年准备派志愿军入朝作战。

毛泽东在"策"呀！他是人民的领袖，肩负的事情太多，方方面面不能不考虑周全。1950年10月1日国庆节大阅兵结束后,中央的核心成员在毛泽东居住的菊香书屋东厢房连续举行会议。毛泽东为了让大家畅所欲言,分析判断,把出兵的得失"策"得清楚,甚至要求不做会议记录。

参加会议的领导都各陈己见,最后将美国人发动战争企图的利弊与优劣分析得比较透彻,也把我们采取不同对策的利弊与优劣归纳得非常到位。最后,做出了出兵朝鲜、抗美援朝、保家卫国的决策。

因此,能否对作战目标,或是对你要想干的事情进行精确分析,也就是"策"好了利弊得失,是定下决心的理论依据,也是以实击虚的前提条件。

在这个过程中,有两点尤为重要:一是要克服"愿望思维"。在接收情报的时候,不要将自己不愿听到或看到的材料过滤掉。第二次世界大战爆发之前,英国人总是对和平抱有侥幸心理。所以,当英国首相张伯伦从慕尼黑回到伦敦的时候,人们相信张伯伦会为英国赢得一代人的和平。"愿望思维"这个致命的错误,使得英国人没有认识到希特勒签订《慕尼黑协定》的真实意图。这个错觉成为第二次世界大战爆发的推进器。

二是要正确估计自己的影响力和被影响的程度。在战略决策实践中,决策者总是过高地估计自己的影响力和被影响的程度,使客观情报变形,进而做出错误的决策。诸葛亮是智慧的化身,在战略筹划上的确与众不同,但是他之所以六出祁山攻魏,均无功而返,就在于过高地估计了自己具有的政治力量与地理优势。其实,他当时所提出的"兴复汉室"的政治方针,早已没有了号召力,失去了政治优势;他认为的"南方已定,兵甲已足"的力量优势,充其量与魏国处于均势。至于地理更没有优势,魏占关中,易守难攻,蜀与魏相隔的秦岭是攻魏的最大障碍。而魏国对诸葛亮的用兵方针了如指掌，从容应对。这样，蜀军不可能以"奇"用兵，更谈不上避实击虚，最后的结果是诸葛亮六出祁山，却未占魏国一寸土地。

作——算命先生的"一巴掌"

何为"作"?就是搅动敌人,让敌人有所动作,以求掌握其动静,也就是"投石问路",孙子的原话是"作之而知动静之理"。

有个故事,可以帮助大家理解这个"作"字。

北宋时期,山东某县来了一个算命先生,这个人能掐会算,一时间全县都知道有这么一个神仙般的人物,都来找他算命。

古代一个县也没多大,这事很快就让县官知道了。这个县官不相信有什么神仙,可是大家传来传去又像是真的。他有些半信半疑,于是想了一个办法,想试试这个算命先生的本事。他让差役把这个算命先生找来,在大堂上对算命先生说:"坐在我旁边的这三个人当中,有一个是我夫人,其余两个是夫人的使唤丫头,如果你能在她们中间把夫人指认出来,我就免你无罪。如果指认不出来,你就赶紧滚出本县。"

算命先生抬头看了看一下三个女人,只见她们年龄相仿、衣着一样、发型无异。前来围观的人,都好奇地想看看算命先生究竟有什么办法。

只见这个算命先生打量了这三个女人一眼,对县官说:"大人,这个容易,连我的徒弟都办得到。"

说着,他让徒弟上前指认。没想到,他的徒弟端详来端详去,看了半天,还是一头雾水,不知道哪一个是夫人。心里还在想,这县官真怪,夫人与丫头也没有什么区别，没大小，没尊卑，一点规矩都没有。正在他疑惑时，算命先生问："你认出来了没有？"

徒弟摇摇头说："没有。"

算命先生责怪道："这点事情都办不好，亏你跟了我这么长时间。"

徒弟满脸迷惑地辩解道："可是，师父您也没有教过我这种认人的技巧呀！"

算命先生听到这儿，一巴掌打了徒弟的脑袋一下，大声呵斥道："你怎么这样笨，这点雕虫小技还用教？"他指着其中一位女子说："这不就是县官夫人吗？"

这下子县官愣住了。没错，算命先生指的这个女子就是县官夫人，他可真神了。于是，县官赶忙以礼相待。

其实，这个算命先生看相算命准不准，倒很难说。但从这件事情看来，他是懂得兵法的，至少他指认县官夫人的这个方法，就是孙子讲的"作"，即通过一个动作达到让对方露出真相的目的。算命先生的这个动作，就是打在他徒弟脑袋上的"一巴掌"。因为，这看似有些夸张的"一巴掌"与他们间的对话，无不让人感觉有些滑稽，而作为丫头一定是少见世面，看到眼前师徒两个人的滑稽相，会忍不住掩口笑起来；而作为夫人，一定出身大家闺秀，受过良好的教养，不会像手下两个丫环一样喜怒形于色，所以会依然端坐，面无表情。而练达人情、走南闯北的算命先生，正是摸准了这一点，一下子指认出了县官夫人。

孙子讲的"作"，用现代军事术语表示，就是侦察。战争充满了迷雾，战场也充满了模糊，真真假假搅在一起，让你感觉不到什么是真，什么是假，这就是战争的特点。只有侦察到位，才能拨开蒙在外表的迷雾，看清楚敌人的真正面貌。

在现实生活中，"作"可以引申理解为"调查研究"。毛泽东就是一个非常注重调查研究的统帅。

1965年，原国民党政府代理总统李宗仁从海外回到祖国，这在当时是轰动全球的一件大事儿。7月26日上午，毛泽东在中南海会见了李宗仁夫妇与其原来的机要秘书程思远。这次见面是无所不谈，谈话时，程思远告诉毛泽东一件事儿：近来他认识的一位国民党军官也按毛泽东思想办事，并且把毛泽东思想概括为两句话："调查不够不决策，条件不备不行动。"听到这里，毛泽东哈哈大笑，看起来非常欣赏这位国民党人的概括。因为，这个概括与毛泽东的名言"没有调查就没有发言权"相吻合。

在长期的革命斗争中，很多人对毛泽东产生了由衷的敬佩之情，觉得毛泽东的办法多、点子妙。其实，毛泽东的奇思妙想，都是从调查研究中得来的。毛泽东曾经说："我的经验历来如此，凡是忧愁得没有办法的时候，就去调查研究，一经调查，办法就出来了，问题就解决了。"

在"作"的问题上，要永远记住这样一句话：你能得到多少，往往取决于你知道多少！

形——田婴设计荐后母

何为"形"？就是设计使敌人自现原形，生死胜负立见分晓，即"形之而知生死之地"（《孙子兵法·虚实篇》）。

战国时代有这样一个故事。齐国有一宰相，名叫田婴，这个人非常了得，他是齐威王的儿子、齐宣王的异母弟弟、大名鼎鼎的孟尝君的父亲。他曾参与指挥了著名的桂陵会战、马陵会战，的确是员猛将。

但是，田婴这个人的权力欲非常大，总是想得到父亲更多的宠爱，以及更多的关注与信任。

后来，齐威王的夫人去世了，他打算选一个妃子为新的夫人。他有十个妃子，究竟选哪一个，满朝文武都在猜。工于心计的田婴想利用这个机会向父亲推荐一个后母，如果自己推荐的妃子符合父亲的心意，那么就会被父亲认为自己眼光准，而更加重用自己。同时，大臣们会因为自己推荐的妃子被父亲采纳，进而认为自己对齐威王有很大的影响力，在朝中的势力会更加强大和稳固。

齐威王会选谁做新夫人呢？田婴认为，这个人一定是父亲最喜欢的。可是，齐威王从来没有和田婴谈起过他喜欢哪一个妃子，父亲怎么能和儿子谈论喜欢哪一个小老婆呢？而成年的儿子又不能在宫里居住。所以，田婴想了一个办法，让父亲自己指出谁是他最宠爱的妃子。

田婴准备了十副玉耳簪，其中一副雕琢得非常漂亮。他送给父亲道："父王，这是儿子的一点孝心，送给宫里这十位娘娘。"

齐威王非常高兴，马上唤来他的妃子，将这十个耳簪亲自给她们戴上。

在旁边的田婴目不转睛地盯着那副最漂亮的耳簪会送给谁，他终于如愿以偿。次日，田婴向齐威王推荐了戴上最漂亮耳簪的那个妃子为夫人。齐威王果然很高兴，接受了田婴的建议，立这个妃子为夫人。此后更加信任这个小儿子，田婴在威王与宣王两朝为相国，权倾一时。

田婴想办法，也就是设计，使自己想知道的事情现出真相，然后再根据得来的情报，策划对应之计，这就是孙子所说的"形之而知死生之地"。

要想让敌人现原形，遇事能够保持镇静的修炼非常重要。遇到问题千万不要慌慌张张，而要沉着、冷静，思考用什么方法能让对方原形毕露。

现实生活中有这样一个案件，一个博物馆被盗了，丢失了许多珍贵文物，警方经过多次侦查也没有找到线索，一时案件成了悬案。

突然有一天，博物馆馆长召开了新闻发布会，公开向社会介绍案件进展情况。会上，一家非常有影响的电视台记者问："请问馆长先生，这次失盗丢失了多少文物？"

馆长回答："共丢失了十一件文物。"

记者问："这些文物价值很珍贵吗？"

馆长回答："岂止是珍贵，应该说是价值连城，特别是其中一枚钻戒为世间罕见的极品，乃我馆镇馆之宝。"

新闻发布会结束了，当天晚上，电视台的社会新闻就播放了这次新闻发布会。谁也没有想到，不久，警方竟然找了线索，顺利地把这个案子给破了。这个线索很简单：电视台播发了新闻发布会不久，警察抓到几个群殴的青年人，回到警局一审，才知道他们群殴的原因竟然是互相猜疑谁拿了馆长在新闻发布会上所说的那枚世间罕见的钻戒。由于他们只盗取了十件文物，而馆长宣布的这枚钻戒根本就没有丢，他们以为有人偷偷地藏了起来，于是为分赃不均打了起来。

案子破了，原因就是博物馆馆长通过虚张声势这个"形"，让盗贼露出了原形。而这个故意声张的"形"，恰恰是馆长镇静之后的智慧。因此，只有镇静才能出好招，进而让敌人露原形。

角——伊尹二不进贡而灭夏

何为"角"？就是通过简单交手，以探知敌人虚实，衡量自己的长短优劣，从而制定出应敌之计划，即"角之而知有余不足之处"（《孙子兵法·虚实篇》）。

大概用"黔驴技穷"的成语，更能通俗易懂地理解"角"字。唐朝大文学家柳宗元讲的一个故事，除了用来讽刺虚有其表、外强中干、无德无才之人以外，还讲了一个道理，即老虎之所以从怕到不怕从来没有见过的驴，正是由于老虎通过小心翼翼地试探，才知道了驴的底细——驴除了大喊大叫以及用蹄子猛踢之外，实在是没有别的本事了。于是老虎大吼一声，扑了上去，把驴吃了。

这里，老虎小心翼翼地试探，就是通过与驴的简单交手，也就是"角"，知道了驴的虚实，认为自己完全可以对付这头驴，最后下定决心：吃驴。

战争不是逛夜店，不是蹦迪，两军战火一开，就直接关系到国家的安危，关系到成千上万民众的生命与财产安全，所以作为统帅一定要谨慎而为，对搜集来的情报不仅要分析，而且还要有实质的动作，以验证情报的准确程度，从中探测到敌人的强弱多寡，进而制定出自己的对策。孙子把这个"实质性动作"，叫作"角"。

夏桀时期，统治暴虐，民不聊生，天怒人怨。在河南商丘的汤，决心伐桀灭夏。但是，商汤不知道夏的实力到底有多大，心里没底。这时，他的宰相、中国厨师的鼻祖伊尹给他出了个主意，他建议汤今年不再向桀进贡，试试夏的盟国对桀的态度。商汤接受了这个建议，停止了对夏桀王的纳贡。夏桀大怒，"起九夷之师"攻汤。伊尹一看，夏的盟国还听夏桀的指挥，就对商汤说："现在我们还不能讨伐灭亡夏桀，因为桀还能调动其盟国的部队，我们的实力还不够，还是恢复向夏的进贡吧。"

夏桀见商汤恢复了进贡，于是下令罢兵，不再征伐商。

一年之后，商汤先后灭了夏的三个重要盟国顾、韦、昆吾，实力大增。伊尹又出谋说："今年本应向桀进贡，且先不进贡以观桀的动静。"汤用其谋，不再向夏桀进贡。

夏桀得知商汤又不再进贡，大怒，又下令"起九夷之师"伐商。可是这一次，他的那些盟国不再派兵攻打商汤。伊尹见到这种情况，对商汤说："可矣。"汤乃兴师（《说苑·权谋》）。伊尹看见夏的盟国不再听从夏的调遣，知道灭夏的时机已经成熟，就请汤率军征桀。最后，在鸣条会战中，大败夏桀，灭了夏，建立了商朝。

伊尹两次建议商汤停止进贡，就是两次"角"的手段，探知夏朝力量的虚实强弱。第一次"角"，发现了自己力量不足，夏桀还较强大，于是马上收手；第二次"角"，知道自己已强于夏，灭亡夏已经是游刃有余、胜券在握，于是发动了灭夏战争。

《孙子兵法》是面明镜，善用这面明镜，就可以使敌人无所隐藏，即"形敌"。但同样重要的是，还要用这个明镜自照，对敌对我的"策、作、形、角"，保持镇静，当不知道敌人虚实、情况不明时，一动不如一静，免得露出破绽，暴露自己的底牌。如果真的抓住机会，则一静不如一动，采取各种措施，用些行之有效的小动作，试探敌人的反应，进而测出敌人的底线。

第二十六讲　真人不露相

前几讲介绍了让敌人不知虚实的重要性，以及具体的实践方法。然而光有这些还不够，战争是双方的事情，你惦记着别人，别人当然也会惦记着你，也无时无刻不在收集关于你的情报。因此，在想方设法探知敌人虚实的同时，千万不要忘了自己要"真人不露相"。先给大家介绍一个故事。

李白为什么当不了大官

唐代大诗人李白在年轻时，是有政治抱负的，出仕的愿望非常强烈。根据一些专家考证，李白出生于一个富商家庭，他当官不是为了钱，他对钱财的得失非常洒脱，"千金散尽还复来"嘛。他当官纯粹是要"换上马甲"，得到社会的尊重。在唐朝，工商业者虽然富有，但是社会地位很低，连妓女从良，也要等年老色衰之后才考虑嫁给商人。

后来，李白果然如愿以偿，进宫当了翰林院的一个小官。他整天和一些文人待诏翰林院，从早坐到晚，随时听候宫中使唤。这批人没有官位，没有职衔，只是皇家豢养的家奴罢了。

后世有人为李白抱不平，认为唐玄宗把这样一位伟大的诗人召进宫里当弄臣，实在很不应该。其实，这个说法可是冤枉了李隆基，李白才华横溢、出口成章，但他同时有信口开河、率意而为的毛病，不具备当官从政的素质，甚至在政治上表现得幼稚，竟然给自己树立了致命的敌人——高力士。

高力士是中国古代著名的太监，广东高州人，生于684年。从小受尽磨难，其本姓冯，后来被宦官高延福收为养子，改名高力士。高力士进宫后，最初侍候武则天，后转侍候李隆基，并深得赏识。

别看高力士只是一名宦官，但他的政治才能和坚韧性格，李白却远不能及。李隆基二十多岁在山西长治做军政长官时，高力士便已将宝押在了他的身上。后来，他帮助唐玄宗铲除政敌，立下了汗马功劳，不断升迁，由皇家机要秘书提拔为大内卫戍司令。高力士忠于职守，即便节假日也不出宫门。唐玄宗竟然说："力士值班，我才睡得安稳。"即便王子、公主见了他，都称他老太爷，至于那些皇亲国戚见高力士甚至要尊他一声老爹。可就是这样一位显赫的人物，李白竟然把他给得罪了。

李白与高力士所走的道路完全不同，两个人按道理不会发生矛盾，更谈不上得罪。然而，李白爱喝酒是出了名的，杜甫曾写诗道："李白斗酒诗百篇，长安市上酒家眠。天子呼来不上船，自称臣是酒中仙。"（《饮中八仙歌》）这酒一喝多，很容易出事儿，而且往往都是出乎意料的大事儿。

事情是这样的：有一天，李白喝酒，一边喝，一边作诗。李白有才，宫内外有许多他的"粉丝"。许多人围拢过来，看李白喝酒，听李白吟诗。赶巧，这天高力士路过这里，见人群中不时传来叫好的声音，一时觉得好奇，也挤了过去，众人看见是高力士，纷纷回避，退到远处观望。

李白喝着喝着，发现身边站着高力士，而众人则退到远处，不免生气。他素来率性而为，不把权贵放在眼里，此时仗着酒劲，忽然抬起脚，对高力士道："麻烦公公将在下的靴子脱掉，如何？"

众人远远望去，心中大惊，心想这李白是吃了豹子胆了，竟然让一人之下、万人之上的高力士脱靴！更让人想不到的是，别看高力士是一个太监，但是城府极深，他竟然弯下身子，将李白的靴子给脱了下来。

靴子是脱了，但是李白此次对他的羞辱却像钉子一样钉在了高力士的心上。很快，高力士报复李白的机会就来了。

一天，唐玄宗的爱妃杨贵妃在后花园低吟着李白写给她的《清平乐》："一枝红艳露凝香，云雨巫山枉断肠。借问汉宫谁得似？可怜飞燕倚新妆。"其实，此诗是赞美杨贵妃美貌的，即便是让楚王断肠的神女、绝代美人汉成帝的皇后赵飞燕都比不上，因为赵飞燕的美还要倚仗化妆哩，而花容月貌的杨贵妃，却不需脂粉，纯粹的天然绝色。

可是，高力士却在一旁说："我以为娘娘会讨厌这首诗呢，您看，李白竟然将德行有亏、下场凄惨的赵飞燕与您相比，这实在是对您的侮辱呀！"

世间呀，不怕没好事，就怕没好人，高力士的一番话，一下子"点醒"了杨贵妃。杨贵妃一想，是呀，我是贵族出身，而赵飞燕却是歌伎出身，李白怎么拿我与赵飞燕相提并论，真是无礼至极，不禁怒上心头。于是，向唐玄宗吹上了枕边风，那么李白的官运也就没了。

李白当不了大官，有高力士和杨贵妃的原因，但是如果从兵法上讲，李白把内心对高力士的厌恶，轻易地通过让后者脱靴子的动作表露了出来，进而授人以柄，让高力士从这个小事洞察出李白的心思，这个在当时对最高统治者有极大影响力的人，怎么会让一个恨自己的人当大官呢？

所以，《孙子兵法·虚实篇》中说："形兵之极，至于无形。无形，则深间不能窥，智者不能谋。"——真正明白兵法的人，绝对懂得深藏不露之妙，喜、怒、哀、乐、爱、恶、欲、憎都不能露形迹，那么，再厉害的间谍也无从窥伺你的心灵深处，再聪明的人也拿你没办法——"知己知彼"只能"百战不殆"；只有"知彼而不为彼知"，才是百战百胜之道。

不过，不经意间泄了底，成为敌人实施致命一击的着力点，当然可恨。然而，更令人气愤的是，很多人将自己隐秘的心事告知好友，结果对方辜负本意，有心无心之间传播出去。

对于此种事情，倪匡有句名言倒是值得深思："假如连你自己都不能守住自己的秘密,却希望别人为你保密,太不道德!"无怪乎英国的哲学家、政论家培根说:"守密的习惯是聪明而又道德的。"所以,了解兵法精义的人一定不会唱:"心事谁人知?"心事岂能给人知——凡事但求"仰不愧于天,俯不怍于人",俯仰无愧,又何必在乎别人知不知我心呢?

心事岂能给人知

《韩非子·说难》洋洋洒洒数千言，十数个史事、寓言，所要说明的只是一句话：说服对手的不二法门就是洞察其内心世界。

当我们了解：战前为了降低战争的杀伤力、提高胜算，须招式尽出，以探测敌人的虚实；还要提高警惕，不可轻举妄动，以免在无意之间泄了自己的底而为他人所用。

慈禧六十大寿，袁世凯以八十万两银子购得一块猫儿眼翠玉作为贺寿之礼。袁世凯请李莲英转呈，为了表示敬意，连价钱也告诉了李莲英，岂料惹得李莲英心中大为恼怒——能以八十万两的翠玉孝敬老佛爷，竟然连八万两银子也没舍得给我！孝敬老佛爷得走我这门路，却没规矩！

一日，老佛爷在赏玩这块娇翠欲滴、晶莹剔透的翠玉之际，李莲英在旁轻轻地说了一句："真是瞧不起人，咱们只配戴绿的！"

据说，这话才说完，老佛爷就将这块美玉摔掷于地。因为，这句话可挑起了慈禧的心病！大清皇室的规矩，宫廷典礼中，非正娶的嫔妃不得着红礼服，只能穿绿色的礼服，慈禧虽然母以子贵，为嫔为妃，却因为是宫女扶正，不得穿红，这是慈禧心中的痛处。然而，除了李莲英，鲜有人知晓慈禧的心事。

有一次，慈禧欲掌掴儿媳妇阿鲁特氏（同治帝之皇后），阿鲁特氏说：" 您不能打我，我可是大红轿子从正门抬进来的！"即埋下日后的杀身之祸。李莲英不满袁世凯目中无他，轻描淡写的一句话使袁世凯的马屁拍到了马腿上。然而，也就因为一番逢迎的心意泡了汤，埋下日后袁世凯出卖大清的隐患。这其中的循环相因，不就是因为慈禧的心意表露为李莲英掌控，进而运用以泄私愤，乃至于危及国脉。

难怪孔子强调"君子不失色于人"。政治领袖的好恶喜怒不可轻易表露，以免为臣属掌控而借以影响行政决策。

也难怪《中庸》《大学》一再强调政治领袖应以修心、正身为本。《大学》中有言："身有所忿懥，则不得其正；有所恐惧，则不得其正；有所好乐，则不得其正；有所忧患，则不得其正。"对自己内心的诸多情绪把控不定，都容易造成处理事务不得当。翻开史书，奸诈小人之所以能构陷忠良，说穿了，此辈人物极善于察言观色，揣摩他人心思，才能使他们捏造的诬罔之词奏效。

事实上，从帝王将相到升斗小民，因言行失慎，被人出卖暗算的事比比皆是。

杨修字德祖，弘农华阴（今属陕西）人，东汉末期文学家，太尉杨彪之子，以学识渊博而著称。建安年间被举为孝廉，任郎中，后为丞相府主簿。最终却因"鸡肋"事件被曹操无辜杀害，时年四十四岁。那才华横溢的杨修，到底为什么会被一向爱才的曹操所杀呢？这背后又隐藏着什么故事呢？

杨修，出身世代簪缨之家，是东汉太尉杨震的玄孙，自祖上杨震至父亲杨彪，杨修家族四世为东汉太尉，是典型的官宦子弟。受到家庭的影响，杨修自幼就得到了良好的教育，而且本人天资也非常好，加上后天努力学习，杨修才华横溢、知识渊博，是当时有名的文士。祢衡就论过当世英才为"大儿孔文举、小儿杨德祖"。建安年间，杨修被举孝廉，任郎中，后被曹操任命为自己的丞相府主簿，也就是相当于"管家"一类的工作。参加工作后的杨修，工作能力非常强，杨修负责的内外之事，都十分符合曹操心意，曹操十分欣赏杨修。不仅曹操喜欢杨修，就连曹操的儿子们都十分仰慕杨修的才华，都愿意与杨修交朋友。例如杨修曾赠曹丕王髦剑，曹丕对此剑甚为珍惜，而曹植更是屡次写信给他，视杨修为知己，与杨修交往非常频繁。

就当杨修在仕途上风生水起的时候，却不知不觉地卷入了曹丕、曹植之间的夺嫡之争。当时，曹丕、曹植是最有希望继承曹操王位的。而曹丕、曹植身边也都聚集着一批人才，各自形成了自己的小团体，明争暗斗。而杨修，就和丁仪、丁廙等成了曹植的亲信。曹植与曹丕相比，在文学才华上是曹植占优，但在政治和军事才能上，应该说是曹丕更胜一筹。所以，每次曹操询问时政军务方面的问题，都是杨修事先写好了答案供曹植使用，曹植也是靠着杨修的帮助，每次屡屡过关。但时间一长，曹操就对这件事情起了疑心，最后让人调查，才发现是杨修帮助曹植作弊。知道真相的曹操，对杨修参与夺嫡之争很是不满。这一事件，成了后来杨修的死因之一。在夺嫡的过程中，曹丕逐渐占了上风。因为，曹丕本来就精于政治、工于心计，而且身边的智囊是司马懿、陈群、吴质、朱铄等人，他们个个都是老谋深算的人才。而曹植的智囊却是清一色的文士，没有什么政治和军事经验，远不如司马懿、陈群、吴质等人长于权谋，这样在斗争中自然就落了下风。再加上曹丕的长子地位，又有贾诩等朝中重臣的支持，自然领先于曹植。而这时候，曹植的表现也不尽如人意，他放浪形骸，多次违反曹操禁令；而曹丕的表现就好得多了，他谨守曹操的法令，并在曹操面前完全做出一个孝子的模样，令曹操本人和他身边的侍从都很满意。最后，曹操终于下定决心立曹丕为王太子。尽管杨修在曹植失宠后，曾有意疏远他，但是因为曹植毕竟是曹操的儿子，所以不敢过于明显，还是保持了一定的来往密度。从这点也可以看出，他是比较缺乏政治上的应变能力的。后来，为保证日后曹丕能顺利接班，曹操开始对曹植的小集团进行处理。其中曹植的妻子就因为穿了十分华丽的衣服，违反了曹操简朴的命令，被曹操所杀。而杨修作为曹植阵营的核心人物，自然也在打击的范围之内。

除了参与到夺嫡的斗争之外，杨修还有一个致命缺陷就是为人过于高调，爱表现，处处彰显自己的聪明，经常揣摩领导的意图并当众散播。杨修这方面的表现记载于《世说新语》中。据记载，杨修任曹操的主簿，当时正建丞相府的大门，刚架椽子，曹操亲自出来察看，并且叫人在门上写了个"活"字，就走了。杨修看见了，立刻叫人把门拆了。拆完后，别人问其原因，他说："门里加个'活'字，是'阔'字。魏王正是嫌门大了"。有人送给曹操一盒点心，曹操吃了一点，就在盖头上写了一个"合"字给大家看，没有谁能看懂是什么意思。轮到杨修去看，他便吃了一口，说："曹公教每人吃一口呀，还犹豫什么！"曹操曾经从曹娥碑旁路过，杨修跟随着他，看见碑的背面写着"黄绢幼妇，外孙齑臼"八个字。曹操就问杨修："知道什么意思吗？"杨修回答说："知道。"曹操说："你先不要说出来，等我想一想。"走了三十里路，曹操才说："我已经想出来了。"他叫杨修把自己的理解另外写下来。杨修写道："黄绢，是有颜色的丝，色丝合成'绝'字；幼妇，是少女的意思，少女合成'妙'字；外孙，是女儿的儿子，女子合成'好'字；齑臼，是承受辛辣东西的，受辛合成'辞'（辤）字：这就是'绝妙好辞'的意思。"曹操也把自己的理解写下了，结果和杨修的一样，于是感叹地说："我的才力赶不上你，竟然相差三十里。"而《后汉书》也记载了一件事情，就是杨修工作的时候经常借机外出，为了防止曹操在这之间询问工作，他事先将曹操询问的内容写于纸上，让从人代为回答，但时间长了，曹操觉得蹊跷，一调查，发现了杨修的所作所为，就十分恼怒杨修。通过上述表现，我们看出杨修是爱耍小聪明，处处爱表现的人，特别是杨修总能把曹操的心思揣摸透，并且到处散播，俨然曹操第二。这样处处猜透领导的心思，自然会让领导讨厌，而曹操本身就是聪明人，疑心又重，杨修处处表现得比曹操还聪明，曹操自然会对杨修特别反感、愤恨。

看完杨修的表现，我们可以从同时期另外两个人的表现来做一下比较，那就是贾诩和司马懿。先看贾诩，贾诩是曹操中后期特别倚重的谋臣，地位非常高；但贾诩认为自己虽足智多谋，却非曹操旧臣，恐人陷害，所以为人处世十分低调，从不结交朝臣，子女也不与高门望族联姻，这样一来，贾诩就相当安全，曹操父子也更器重贾诩，他最后一直做到太尉之职。再看司马懿，司马懿也是出身名门，因为才华出众，也被曹操选为主簿；但曹操总怀疑司马懿有野心，对司马懿十分猜忌。面对曹操的猜忌，司马懿工作十分谨慎，认认真真、兢兢业业地完成本职工作，从不说三道四，一干就是十几年，这样才打消了曹操的戒心。而且他与曹丕交好，曹丕也经常在曹操面前给司马懿说好话，有效地保护了司马懿。后来司马懿成为曹魏的四朝重臣，后世子孙取曹魏而代之。通过上述对比我们发现，杨修那些不过是小聪明，与贾诩、司马懿的大智慧差远了。杨修本身是曹操政敌袁术的外甥，父亲杨彪也是曹操的眼中钉，曾经被曹操修理过；有了这些身份，他本该小心翼翼地处理与曹操的关系，可身处政治中心的杨修丝毫没有在意，依旧处处张扬，处处显示自己聪明过人，自然会让曹操对他猜忌，这也是杨修以悲剧收场的原因之一。

最后，在汉中之战时，曹操在与刘备对峙、进退两难的时候，曹操手下将领都不知下步如何进退。曹操出令曰"鸡肋"。众人都不能明白曹操的意图，唯独杨修心领神会，说："夫鸡肋，弃之如可惜，食之无所得，以比汉中，知王欲还也。"并将曹操要撤军的意图，在营中开始散播，弄得曹军个个无心再战。当时杨修已为曹操所猜忌，他不小心翼翼地明哲保身，还要耍自己的小聪明，这不是找死吗？果然，曹操知道杨修猜透了自己的想法，并且对外散播，弄得人心惶惶，十分恼怒，加之杨修之前的所作所为，曹操是新账旧账一起算，于是在建安二十四年的秋天，以"前后漏泄言教，交关诸侯"之罪收杀。临刑前，聪明过头的杨修，知道自己的所作所为早令曹操不满了，仰天叹息道："我固自以死之晚也。"就这样一代名士杨修，被曹操处死，结束了自己的生命。

　　杨修之死，虽然有曹操过于猜忌的一面，但更多的原因出自杨修自己。杨修虽然聪明，但他没有大智慧，没有敏锐的政治头脑，不会明哲保身。身处夺嫡政治斗争中心，他不仅没有远离是非，反而深陷政治漩涡之中，还帮着曹植欺骗曹操，最终被曹操以"交结诸侯"之罪所杀。此外，身为曹操的主簿，从事管家之类的工作，他不是安心本职工作，反而是处处出风头，彰显自己的聪明，极力表现自己，这当然会引起曹操的忌恨，也是导致杀身之祸的原因。而且杨修还善于揣测曹操的意图，如果是真正有智慧、有城府之人，会把领导的意图咽到肚子里，自己清楚就行了，可杨修却到处张扬，不仅擅自传达领导意图，而且多次"漏泄魏王训诲"，这自然让曹操非常生气，也为他自己招了大祸，正所谓"聪明反被聪明误"，这些也许就是杨修之死带给我们的历史教训和思考，也是为什么千百年来人们把杨修之死当作一面镜子的原因。

第二十七讲　以水为师

水，是人类离不开的物质，具有阴柔、流动、变化无常等特点。而用兵的原理与水的特点倒有些相像。有一个故事，可以帮助理解这个观点。

诸葛亮为何扼腕兴叹

熟悉武侠小说的朋友都知道"音波功",如狮子吼、啸声、琴音等声音制敌的功夫。一旦某位大侠用了音波功,顿时飞沙走石,摧枯拉朽,江湖风波大起,河水倒流。这种超自然的力量当然没有,只是寄托着人们的某种崇拜。

小时候看《三国演义》,不琢磨里面的"道"与"术",只看其中的热闹,谁厉害就佩服谁。于是,念叨三国时,武功的大排行是:一吕二赵三典韦。吕指的是吕布,而吕布之所以最厉害,传说是因为他养着三条龙:一条在他后背上;一条在他的方天戟月牙儿上;一条就是他的嘶风赤兔马。他得三龙之力,自然在那个冷兵器时代可以力敌万人了。

然而,就是这么一个养着三条龙的吕布,却在虎牢关"三英战吕布"时,被刘备盟弟张飞瞅准机会,大喝一声,用"打将鞭"狠狠打中了后背……也就是这一击,同时打到了吕布背上的那条龙。吓跑了那条龙,跑哪去了呢?就跑到当阳桥下面藏着去了……结果这条龙很"记打",打那儿开始就记住了张飞,非常怕张飞。

后来刘备兵败当阳,张飞依托当阳桥这唯一通道阻挡曹军。他又是一声大喝,这一下不要紧,桥下面原先吕布的那条龙一听,就吓坏了!

心说这家伙咋追这来啦，我快跑吧，接着迅速逆流而去。由于龙的去势迅猛，一时间，带动河水倒流，还把当阳桥给刮断了……曹军见了不明就里，一看张飞一声大喝，桥都断了，河水为之倒流，哪还敢交战！赶紧掉头跑吧……

这就是张飞喝退曹操百万兵典故的来历。

喝断了桥梁水倒流，谁见过？不过是坊间野史。但是，小时候真信。长大之后，不信了，因为科学终于战胜了迷信。书读多了，道理明白了不少，坚信水不能倒流，水的重要特点如同孙子所说："水之形，避高而趋下。"

明白了这个道理，孙子就以此作比喻，用兵打仗的原则也如同水一样，"兵之形，避实而击虚"。如果用兵作战违背了这个原则，就如同河水根本不可能倒流一样，肯定不会取胜。

在民间的传说中，诸葛亮是智慧的化身，后世有人称其为"英才过管乐，妙策胜孙吴"。管仲、乐毅、孙武、吴起都是中国历史上的大家，却都在诸葛亮之后，可见他的智慧与能力。

然而，就是这么一个智慧的象征，六出祁山，却未能占魏国一寸土地。为什么？我想就在于诸葛亮在战略上违背了"避实击虚"的原则，过高地估计了自己的政治力量与地形优势，而把魏国想得内外交困。其实正相反，诸葛亮所提出的"兴复汉室"的政治方针，当时已没有了号召力，失去了政治优势；诸葛亮认为的"南方已定，兵甲已足"的力量优势，与魏国相比，充其量处于均势。至于地形更没有优势，魏占关中，易守难攻，蜀与魏相隔的秦岭是攻魏的最大障碍。而魏国对诸葛亮的用兵方针了如指掌，从容应对。这样，蜀军不可能以"奇"用兵，更谈不上避实击虚，最后诸葛亮至死也只能扼腕兴叹，含恨去见他的伯乐刘备去了。

这个故事告诉我们,"避实击虚"要基于正确估计自己的实力。兵势如水,当目标超过自身力量所能达到的极限时,决心与技巧将无能为力。这是诸葛亮战略思维的短板。

有用无用谁说了算

水除了往低处流外,还有另一个特点——它会本能地因地势高低改变自己的流向。世间有数不清的河流湖泊,但是众多的河流湖泊没有一个是相同的。因为,水流没有固定的形态,总是根据客观的地形条件而变化。

也正是在这个意义上,孙子指出用兵打仗,要以水为师:水因地而制流,兵因敌而制胜。故兵无常势,水无常形,能因敌变化而取胜者,谓之神。(《孙子兵法·虚实篇》)我们介绍一个庄子的故事,来具体阐述这个问题。

庄子是我国著名的哲学家、思想家、文学家。庄子的文章,想象奇特,文笔变化多端,具有浓厚的浪漫主义色彩。他非常善于采用寓言故事的形式叙事立言。其中有一篇寓言名叫《山木》,想象丰富、寓意深刻。故事是这样的:

一天,庄子带着他的学生出游。他们走到一座大山脚下,见到一棵大树枝叶繁茂,然而令人奇怪的是,旁边的伐木人只是坐在地上休息,毫无砍伐这棵树的意思。于是,好奇的庄子走上前去,向伐木人打听原因。伐木的人说:"别看这棵树高高大大,但它根本就没有用处;也正因为无用,所以它才长得这么高大。"

庄子听后，感慨地对自己的学生说："伐木的人说得对，恰恰是因为这棵大树不成材，无大用，所以才能活到它的自然寿限啊！"

庄子一生坚持"清静无为"的处世哲学，这个事例又为这个哲学观点增加了一个例证。他说："人们都知道有用之人或有用之材的好处，却不知无用之人或无用之材的大用之处。"

这个寓言还没完。从山中出来，庄子带着学生顺路去拜访一个老朋友。老朋友看到庄子到来，非常高兴，让家里的仆人赶紧杀鹅，款待庄子师徒。

这位殷勤的主人家里养了两只大鹅，一只会叫，另一只不会叫，童仆问主人说："杀哪一只？"

主人回答："就杀那只不会叫的吧！"

这话让庄子的学生听到了。真是有其师，必有其徒，学生马上就问庄子："昨天山中的大树因为不成材而得以享尽自然的寿命，今天主人家的鹅却因不成材而被杀。请问老师，那到底是做有用之材好，还是做无用之材好呢？"

庄子微笑着回答说："我将处于有用之材与无用之材之间。"

寓言到这里结束了。似乎庄子是用狡辩结尾，其实不然。"山中伐木"和"故人烹雁"这两个短小而又平凡的故事，看起来前后矛盾，却引起我们深深的思考与回味。

从哲学层面上分析，再放眼现实生活，这两个寓言的哲理非常深刻：有用之材、有用之人，常常能够功成名就，出人头地；但是也非常容易遭到他人的妒忌，甚至是陷害，正是"峣峣者易缺，皎皎者易污"。

那么，无用之材，无用之人呢？这类人也不是没有烦恼，这部分人生活艰难，是在竞争中被淘汰的部分。

庄子的这句"材与不材之间"告诉我们，"有用与无用"是由客观现实说了算的，即该有用的时候，则发挥自己的才干；该无用的时候，则要有自我掌控的能力，深藏不露。该大用的时候，就尽力展现自己的才华，该小用的时候，只是恰到好处地露点小手，点到为止。总之，一切根据客观环境的需要，随机应变、相机行事。

同样的道理，用来解释躲避地震灾害也说得通。有的因仓皇出逃而保命，有的却因跑得太快而丢命；有的因躲在桌子下面而幸存，有的却因躲在桌子下面而被埋葬。这些看起来让人不知道如何是好的事情，里面却藏着大智慧——要根据客观环境的变化，相机行事。

孙子正是从这个意义上，用水的特点比喻用兵的原则，认为如同水因地形不同而发生相应变化一样，用兵作战必须根据敌情的变化，制定胜敌之计划。

战争是你死我活的拼杀，是生与死的搏斗。战争就是这么残酷，要想生存，就要取胜。而要想取胜，就要根据敌情而制敌。学兵法、学军事理论容易，但是要根据敌情而将兵法的道理合理运用，则太不容易。

用兵打仗，有两个特性：确定性与不确定性。确定性，讲的是制定作战计划，要根据敌情和自己的目的进行；不确定性，指的是用兵指挥，需要根据战场的环境及时调整。而无论是确定性还是不确定性，它们的共性之处在于——"敌情与客观环境"是计划与变化的依据。毛泽东有个理念：上了战场，兵法就全忘了。我认为，非常有道理，上了战场，想的就是敌情怎么样，敌变，我变。用兵作战，要像水一样，不用固定的形状限制自己，一切围着敌人转，敌人怎么来，我就怎么对付。战法的好与坏，全在根据敌情，相机而行；敌情掌握得不充分，什么样的战法也不会让敌人"配合"；而敌人不配合，你的招数再好，也等于做无效功。

诸葛亮一生谨慎，当司马懿大军杀来时，竟然大开城门，抚琴面敌。

他的这个行为是司马懿没有料到的，司马懿怕有伏兵，不敢进，于是空城一计流传千古。

然而，如果司马懿料到眼前的空城计，只不过是诸葛亮手中无兵的结果，从而率兵进城，那么诸葛亮即便有天大的能耐也必定失败。而诸葛亮的空城计之所以成功，就是在于他一直以敌情为制胜的前提，他把司马懿的脉摸准了，所以才制定了"空城计"。所以说，用兵如水无常形，根本没有常法，没有一成不变的东西，一切全靠临场发挥、随机应变。而随机应变的东西，怎么能在课堂上教出来？所以孙子说"攻其不备，出其不意"，是"不可先传"的。

1948年6月中旬至7月初，豫东战役，就是粟裕将军根据敌情调整自己的战法而实施的一次漂亮的会战。

在豫东战役中，粟裕将军原来是想歼灭邱清泉的第五军。当时，我军口号就是"打大仗，打胜仗，坚决消灭第五军"。第五军是国民党军第一支机械化部队，军长邱清泉是黄埔二期生，曾担任过蒋介石的副官，后来考入德国陆军大学，可以说是个会带兵、会打仗的指挥官。内战爆发后，邱清泉率部大举进攻苏中、淮南等地的解放区，先后攻占了十余个县城。短短的一个多月，就攻占了这么多城镇，邱清泉非常得意，宣称："解放军逢五（第五军）不战。"

为了歼灭这个敌人，粟裕将军制定过一个"明修栈道，暗度陈仓"的计划，他命令陈赓、唐亮纵队进攻太康，计划将第五军引诱出来再歼灭之。

然而，邱清泉不愧是个悍将，他识破了粟裕的战法，并没有"配合"粟裕的计划，没有上当。这等于将了粟裕一军。

邱清泉并不配合粟裕的计划，使得粟裕的部队非常被动，因为佯动失败，很快会导致各路敌军从四面八方包围上来。怎么办？当时，粟裕只有三条路可以选择：

其一，继续向东进入苏北。但路途遥远，部队并未做好长途进军的准备；就算勉强到达苏北，也未必能够立足。

其二，向南转移。但会与敌人大兵团迎面相向，无异于遭遇战，后果不言而喻。

其三，退回豫西山区。但敌人已经切断退路，失败而归对将士们的信心打击很大，不到万不得已，也不可取。

华野的老人都知道，粟裕将军有收集地图的爱好，各个时期、各种版本的地图他都有收藏，常常在地图前一站就是大半天。在粟裕看来，地图是军人的另一个大脑。这时，粟裕趴在地图上琢磨来琢磨去，突然，粟裕把眼睛盯在地图上陈唐纵队的位置：在豫中杞县一带，从这里向北不过百里就是当时河南省会开封。开封古城历来有"中原第一城"之称，是中原地区的心脏，地处陇海铁路及公路要冲。

打开封？如果根据实力，打开封很难！开封守军有三万多人，筑有多重防御工事。而且一旦开封遭到攻击，敌人会立即实施空中火力支援，并且沿铁路、公路快速运送部队，可谓牢不可破、固若金汤。而我军又缺少攻城重武器，攻城难度太大了。

然而，粟裕将军仔细分析了当时的敌情，却认为打开封有两大可能性：其一，敌人意料不到。攻打大城市开封，这是敌人想不到的，因为在敌人看来，我军不具备攻打大城市，尤其是夺取省会城市的实力，这就给了粟裕一个机会。没有先例，不等于不能打出一个先例来，万事总有开头，开头就是创造历史。"出其不意，攻其无备"，永远是兵家的制胜法宝，这就是战机所在。

其二，守军士气低落，战斗力不强。诚然，夺取省会城市要冒很大风险，华野部队不仅没有坦克、重炮和重磅炸弹，甚至缺少攻坚经验，但是善于捕捉战机的粟裕，从开封貌似铜墙铁壁的城防下看到一道裂缝，那就是守军士气低落。守军整编第六十六师去年 6 月曾被中原野战军全歼，师长被俘，他们是解放军的手下败将，心理上处于劣势。试想，如果开封守军换成邱清泉第五军，相信天才军事家粟裕肯定连想都不会去想。

于是，粟裕大胆决定挥师北上，出其不意攻打开封城，反将国民党一军，且看邱清泉如何应对。打开封仍是佯攻，如果邱清泉被调动了，赶去救援，那么"围点打援"的新战机就出现了。如果邱清泉不动，那么就假戏真做，坚决攻下开封，解放中原省府城市，其政治意义和对敌人的震动，绝不亚于孟良崮大捷。

后来豫东战役的胜利，果然证明粟裕的战法是对的。根据敌情而相机行事的指挥艺术，是粟裕将军军事生涯中一个绝地反击的神来之笔，不仅扭转了被动局面，而且还攻下了开封城，歼灭了区寿年兵团，为我军实施战略反攻创造了条件。

以水为师

孙子以水比喻用兵作战的原则,也给我们提供了非常有意义的启示。水,没有固定的形态;水,是顺应地形与地势呈现出其形貌。水的这种特质,就是迎接挑战、随机应变的诀窍,即摆脱本位思考,不主观、不偏执、不固执、不自我。这也正是孔子所强调要杜绝的四种弊病:"子绝四:毋意,毋必,毋固,毋我。"(《论语·子罕》)

"毋意",是指不要主观臆断,只要有更好的意见,就要接受。

"毋必",是指不偏执,不走极端,不把事情绝对化,一事当前,会冷静思考,说话办事要留有余地,要讲究分寸,能应变,能适应。

"毋固",是指不固执拘泥,善于接受新事物,不故步自封,不一条道跑到黑,不用一次取胜的经验跑一辈子,决不重复使用原封不动的取胜经验,而是完全适应形势的变化定计划、定策略,常创常新。

"毋我",是指不自以为是。不要妄自尊大、自以为是、目空一切、刚愎自用,甚至要学会"以敌为师"。

总之,天下事随时随地,每一分、每一秒都在变。自己的思想在变,感情在变,身心都在变,没有不变的事物。我们怎么可能恪守一个不变、固定的计划呢?一句话,我们要向水学习,能适应,能应变。这才是真正的大智慧。而这种大智慧,就是孙子在《虚实篇》中讲的"用兵如神"。

第二十八讲 迂直之计

如果说《孙子兵法》第六篇《虚实篇》讲的是作战之前，必须先辩明敌我之虚实，才能与敌一争胜负的话，那么第七篇《军争篇》讲的核心则是：战争开始后，如何争夺战场上的主动权。

战场是敌我双方生死拼杀的场所，因此对作战线的取舍，就成为战争成败的关键。这里的作战线，并不是几何学上的直线，而是部队从出发到作战目标之间的路线。而选择这样的作战线，学问可大了。那么孙子是怎样告诉我们的呢？先给大家介绍一个孙子自己指挥战斗的故事。

弃水奔陆的柏举之战

孙子是伟大的军事理论家，有书为证；孙子还是一个军事家，有事实可证。这个事实，就是孙子亲自指挥的柏举之战。

柏举之战，是公元前506年吴国与楚国在柏举（今属湖北麻城）发生的一场战争。吴国是春秋晚期勃兴于南方地区的一个诸侯，它在发展过程中，与强国楚国产生了尖锐的矛盾，以至长期诉诸武力，兵戎相见。从公元前584年第一次州来之战起，两国之间在短短的六十余年的时间里，曾先后发生过十次大规模的战争，其中吴军全胜六次，楚军全胜一次，互有胜负三次。

公元前515年，吴王阖闾继位，任用楚国亡臣伍子胥、伯嚭为谋士、齐人孙武为将军，教授兵法，操练队伍，吴国很快强大起来，并积极进行争霸大业。这样，西方的强楚就成了吴国争霸道路上的最大障碍。

公元前506年秋天，楚国大军围攻蔡国，蔡国在危急中向吴国求救。另外，唐国国君也因愤恨于楚国的不断欺凌勒索，而主动与吴国通好，要求助吴抗楚。唐、蔡两国虽是蕞尔小国，但位居楚国的北部侧背，战略地位相当重要。如果吴国和他们结盟，可以实施避开与楚国正面交锋，进行战略迂回、大举突袭、直捣腹心的作战计划。

孙武力劝吴王接受蔡、唐两国的请求，并派大军攻楚。吴王同意了孙武的建议，于是在公元前506年冬天，吴王亲率三万大军，趁楚军连年作战极度疲惫，东北部防御空虚薄弱之隙，进行战略奇袭。

最初，吴军逆淮河而上，浩荡西进，直趋千里与楚国交战。楚军也急忙应战，急令左司马沈尹戌等人赶到汉水西岸，加紧设防，抗击吴军。

孙武从探子那里得知了楚军的兵力部署情况，心里有了胜敌的计策。当吴军行至今天安徽凤台附近时，他命令全军立即改变沿淮河进军的路线，放弃战船，改为从陆路向楚国推进。当时，副将伍子胥疑惑地问孙武："孙将军，我们吴军擅长水战，为什么要弃舟登陆进军呢？这不等于丢掉优势，而选择劣势了吗？"

孙武回答道："用兵作战，兵贵神速。弃舟上陆，固然有不利之处，却有三大好处：其一，蔡、唐两国已与我结盟，这非常有利于我们避开楚军正面，通过战略迂回手段，突然直捣楚国的中心；其二，楚军不会料到我们会弃舟上陆推进，而我们恰恰走楚军最意料不到的路线，这样才能打他们一个措手不及；其三，逆水行舟，速度缓慢，会给楚军加强防御的时间，增大我们进攻的困难。"

于是，吴军以三千五百精锐士卒为前锋，在蔡、唐军的配合导引下，兵不血刃，迅速地通过楚国北部大隧、直辕、冥阨三关险隘（在今河南信阳南），挺进到汉水东岸，取得"出其不意，攻其无备"的战略效果。

这年11月19日，吴楚两军在柏举（今属湖北麻城）大战。吴王以主力投入交战，大胜楚军。楚军慌忙败退，吴军实施战略追击，尾随不舍，先后数次大败溃逃中的楚军，击毙楚军主将沈尹戌。楚军全线崩溃，郢都（今属湖北江陵）完全暴露在吴军面前。吴军长驱直入，势如破竹，五战五胜，于11月29日，一举攻陷郢都，楚昭王惶惶如丧家之犬逃往随国，柏举之战以吴军的辉煌胜利而结束。《史记·孙子吴起列传》中提到："西破强楚，入郢；北威齐、晋，显名诸侯，孙子与有力焉。"这里所说的"西破强楚，入郢"一事，就是指的柏举之战。

柏举之战中孙子弃舟上陆，就是他一直强调的"以迂为直"思想的实践。而这个思想则是《军争篇》里非常重要的一个观点，孙子的原话是这样的："凡用兵之法，将受命于君，合军聚众，交和而舍，莫难于军争。军争之难者，以迂为直，以患为利。"一般而言，用兵的法则是，将领奉国君之命，从民众中间征兵，组织训练军队，然后再开赴前线对敌，直到作战结束，这中间没有什么比争得战争先机更难的事了。而要想抢得先机之利，最困难的又莫过于从曲折难行的道路中找出捷径，将不利条件变成有利条件。

那么，为什么孙子说以迂为直、以患为利最难？我们分析一下。

什么是迂直之计？打仗如同体育比赛，取得优势非常重要；打仗又与体育比赛不同，没有起跑线，也没有规则，赛场有跑道，打仗无跑道，怎么跑都行，只要先到达终点，取得胜利，就是好样的。打仗没跑道，但是却有路线，要想先到达终点，就得把路线选对；路线对了，就胜利在望。

路线，当然是越短越好，两点之间，走直线最好，因为这条线最快。但是，直线最危险，敌人不是傻子，不会让你抄近道，让你直奔目标，一定会在近路或捷径那里设下一个大大的圈套等着你。这样，逼迫你要选择其他道路，甚至选择迂回曲折的道路。

近路、捷径，容易掉进圈套，容易遭埋伏。要想安全，只能选择曲折迂回的道路，绕路而行。但是，绕路不是为了安全，而且为了更好地战胜敌人。于是，通过绕路，却能够达成抄近路才能实现的事情，难度自然可想而知了。

什么是以患为利？顾名思义，就是变不利为有利。这里讲的无论是后勤保障，还是协同作战，都要把握好"度"，"度"把握不好，失败就会找上门来。比如，为了推进速度，通常要少带辎重，只带最低限度的武器装备与给养。这些后勤物资带少了，速度虽然上去了，但是补给困难出现了。如第二次世界大战期间，希特勒进攻苏联，只带了很少的补给，甚至不带棉装。结果，推进速度快了，但是非战斗减员增加了。因为没有带足冬装，大批德军官兵被东欧严寒的冬天冻伤，战斗力急剧下降，德国人惊呼："连上帝都加入了苏联国籍！"

同样，行军推进，各个部队要协同配合，不能太快，也不能太慢。太快，整个军队受不了，前面的部队快一分钟，后方保障人员就恨不得爹妈多生两条腿——肯定跟不上，弄不好就掉队。那么，如果把握好"度"，将看起来不利的条件，变成有利的条件，这就要考量统帅的智慧了。世界战争史上，曾经出现过许许多多名将，他们能征善战的经验之一，就是善于"以迂为直""以患为利"，即从坏处着眼，权衡利弊，选择最佳方案。

为什么要实施持久抗日

上小学的时候，看过一个寓言：两个采蘑菇的人，在林中遇上一只大黑熊，其中一个见状，撒开腿就跑；而另一个喊："你跑得再快还能比黑熊快吗？"前面的那个头也不回地答道："只要我比你跑得快就行。"最后两个采蘑菇人的命运呢？肯定是落后的那个被黑熊咬死了。

后来，又有两个采蘑菇的人在林子里遇上了黑熊，一个拔腿就跑，而另一个却说："我可不跑，我哪能跑过黑熊呀？"于是，他在黑熊到来前爬上了树，最后躲过一劫。黑熊看看树上的采蘑菇人，感觉无计可施，立即继续向前追那个跑了的采蘑菇人，最后把他咬死了。

这个寓言告诉我们：前面跑的那位采蘑菇人之所以拔腿就跑，因为他有很强的实力；而后面那个上树的人之所以没有被吃掉，是由于他变换了思路，最后得到了平安。这里面的"思路"，就是孙子所说的"迂直之计"，变不利为有利。后面那个上树人，实力没有前面的大，落在了后面，但是他通过上树这个"绕一下"的方法，变不利为有利，逃过了一劫。

同样的道理用在作战上，也是一样。在迂直之计的思想中，孙子告诉我们，行军作战不能按常规思维实现自己的作战目的，不能简单地抱着快速取胜的想法。必要时，该绕道就得绕道；绕道的目的，是为了选择一条通往胜利的最合适的路线。

1937年9月25日，我八路军一一五师取得了平型关战役的胜利，这次战役是抗日战争全面爆发以来中国军队取得的第一次胜利。消息传来，举国上下欢欣鼓舞，纷纷致电八路军总司令朱德、副总司令彭德怀，蒋介石的电文说："打得好呀，打得好，希望贵部再接再厉，继续努力。"

平型关战役胜利后，毛泽东也很高兴。但他的头脑是清醒的，他知道谁强谁弱，谁大谁小。如果继续打像平型关这样的战役，企图通过一系列的会战胜利，快速将日本侵略者赶出中国，结果一定是失败——这是速胜论的缺陷；如果只看到日本的强大，看不到力量在一定条件下的转化，认为与日本打仗没有前途——这是亡国论的局限。

毛泽东则认为速胜论与亡国论一样，都是死路。于是，他像反对"亡国论"一样，反对"速胜论"，没有被蒋介石忽悠，选择了一个最佳方案——认为在当时的形势下，不能与日军莽撞地硬碰硬，而是要以柔克刚，换取以实击虚的目的。否则，就算不是一对一地拼生死，而是一对二、一对三，一个八路军战士在打死三个敌人后再倒下，也不划算。为什么？八路军的绝对数字要小于敌人呀，这样拼来拼去还不把家底拼光了？

所以，毛泽东电令一一五师师长林彪，告诉林彪要改变与日军正面作战的思路，认清我军现有的实力，要用"游击战配合友军作战"。此后，毛泽东又电令我八路军，不要有任何犹豫地挺进敌后，在那里建立根据地，以游击战的形式，打击日本侵略军。这就是毛泽东的"迂"。

战争实践表明，毛泽东"迂"的方针是正确的。毛泽东的"迂"，恰恰是为了找到最终取得抗日战争胜利的"捷径""近路"。没有必要的"绕"，就不能得到最想得到的东西。就像盘山路，如同一根带子，绕着山峦向上，到达顶点，又沿着山路向下盘旋。往往过一座山需要好长时间，如果同样的距离在平原上，抽袋烟的工夫也就到了。

那么，为什么不直接从山脚修路到山顶？这样做岂不省人工、物力、时间？然而，如果这样修山路，人工倒是省了，物力、财力、时间也省了，但是车能开上去吗？

这个事例表明了这样一个道理：有时，直接办事儿，不如间接绕一下办得好。一味地想省人工、物力、财力、时间，反而得不到最想要的东西。

学会放弃

孙子的迂直之计是大智慧,只有必要的"迂",才能有最想要的"直";只有避免了"患",才能获得最想要的"利"。一句话,只有"舍",才有"得",只有学会放弃,才能将曲折变得顺利,将不利变为有利。

行军打仗,最怕的事情之一就是:患得患失!要是这也舍不得,那也舍不得,不从长远大局出发考虑眼前的利益得失,不仅得不到胜利,而且弄不好,到手的东西也会失去。

第五次反"围剿"时,红军让王明路线弄得狼狈到了极点,开始悲壮地长征。1935年1月遵义会议后,毛泽东根据红军面临的困难与挫折,毅然决然地放弃"搬家式"的军事行动,选择了发挥运动战的特长,继续用"会走"的方法,摆脱围追堵截的敌人。1935年6月26日,在两河口会议上,更是放弃了遵义会议上确定的在云贵川建立新苏区的中心任务,选择过草地,去陕甘宁地区建立苏区的战略目标。

这两次会议的放弃与选择,都是最佳的。充分体现了孙子"迂直之计"的精髓。其实,在现实生活中,更要懂得放弃。

有一个名叫琼斯的人曾经应聘餐馆的钟点工,老板问:"在人群密集的餐厅里,如果你发现有人碰了你手中的托盘,使得餐盘要掉在地上时,你该怎么办？"

之前的许多应聘者，答非所问，或者不知道应该怎样回答，琼斯回答说："如果四周都是客人，那么我会尽全力把托盘倒向我自己！"

应聘的结果，琼斯被录用了。为什么呢？琼斯果断地把即将倾倒的托盘倒向自己，保证的是客人的利益，在"顾客就是上帝"的企业中，还有什么比这个重要吗？琼斯的选择就是一种最佳的失败方式。

现代著名诗人徐志摩有一句诗："我挥一挥衣袖，不带走一片云彩。"我读这句诗的意境是：放弃该放弃的，收获的却是一片云淡风轻的美丽。

学习迂直之计，还可以得到另一个启示：好走的路常常埋着地雷！从逆向思维角度讲，有的时候，过于"直"，未必是好事儿，过于"利"，很可能是毒药，吃下去就死。

"迂直之计"的道理告诉我们，如果做事太顺利时，一定要警惕了，或许里面藏着暗道机关，千万不要被眼前的顺利迷惑了你自己的判断力，搞得你飘飘然，小心前面可能正有一个大陷阱、大口袋、大圈套在等着你，一旦掉进去，就爬不上来了。

美军中流传着一句俗语：好走的路，总是埋有地雷。这是他们在吃了许多亏以后得出的血的教训。埋雷的原则之一，就是在敌人可能会选择的平坦道路。因为，只有傻瓜才会在崎岖难行、人迹罕见的地方去布雷。在那里布雷顶多炸些山羊野兔，非常不划算。所以说，越是好走的路，你越要当心埋有地雷。

引申来讲，就是要有意地走走不好走的路，主动吃吃苦。

有这样一则寓言说：世间的苦与乐本来是各占一半的。但是肯吃苦的人少，要享乐的人多，结果使得乐不够分，苦剩下的太多。于是上帝想了一个办法，在苦的外面包上一层薄薄的乐，在乐的外面包上一层薄薄的苦。大多数人选择包着乐的苦吃，结果乐很快就没了，吞下了大量的苦；而少数选择包着苦的乐吃，苦过后，剩下的是很多乐。这个寓言告诉我们，常人追求表面之乐，却吃足了苦头；而非常人吃了外在的苦，最后沐浴着内在的乐。这就是逆向思维看"迂直之计"的启示。

现在的孩子简直是在蜜罐里长大的，谁的孩子谁心疼，谁都望子成龙，望女成凤。这一点错都没有，但孩子没有一点坎坷、磨难的历练，难免滋长懒惰、轻浮、虚荣、贪婪、骄傲、专横等许多毛病。作为家长，千万不要不在乎这一点，最好让孩子学学苦日子怎么过，学学如何与他人共处，学会如何善待他人等等。别等到命运看不下去时，让命运之神教训咱们的孩子，那时再后悔可就晚了。

第二十九讲 统揽全局，大处着眼

孙子在《军争篇》中提出，一支能征善战的军队应该保持如下几种状态：行动迅速时，快如疾风（其疾如风）；行动舒缓时，如森林般森森然（其徐如林）；进攻时，如燎原之烈火（侵掠如火）；防御时，如泰山般稳定（不动如山）；隐蔽时，如乌云遮天（难知如阴）；冲锋时，有雷霆万钧之力（动如雷震）。

孙子在讲完强军应该具备的这六种标准后，又讲了"悬权而动"。这四个字有着怎样的深刻涵义呢？我们先讲一个故事。

刘邦为何有胸怀豁达之名

司马迁曾经评价刘邦"意豁如也"。奇怪，刘邦本是一个不良少年，自幼游手好闲，志向大，却"不事家人生产作业"。喜饮酒，却无钱，经常欠酒馆的酒钱，人家向他要钱，他竟然无赖般地把左裤腿撸起，指着腿上的七十二颗黑痣，胡说八道地声称自己是龙子下凡，将来必发达，让大家不要狗眼看人低。所以，他在民风素朴的家乡，当时是人见人烦、唯恐避之而不及的问题少年。

刘邦做了皇帝后，与普通人一样，也有着快意恩仇——有恩报恩，有仇报仇。

比如，他当皇帝后的第一年，回家给父亲过生日。祝寿后，他从容地对父亲说："爸爸，打小您就瞧不起我，总说我没出息，总拿我的两个哥哥教训我，说哥哥比我优秀。您现在再看看，大哥、二哥的家业哪一个有我的大？"

短短几句话，就将刘邦积结多年的不平之气发泄出去了。

刘邦对父亲充满抱怨，却不影响他对父亲的孝敬。他封父亲为"太公"，每五天一定去看望父亲，行跪拜大礼，如同寻常百姓一样。

一次，太公的贴身仆人劝太公道："天上没有两个太阳，地上没有两个君王。当今圣上虽然是您的儿子，可是他首先是一国之主，您虽然是父亲，但您也只是这个国家的一个臣民，怎么好让一国之君向他的臣民下拜呢？您考虑一下，这样做是不是有损皇帝的尊严呀？"

太公一听，非常有理。过几天，刘邦又来给父亲问安。太公不仅不让儿子行跪拜礼，反而给刘邦行跪拜礼。刘邦一见，大惊失色，急忙要搀扶起父亲。太公说："您是一国之主，怎么可以因为我乱了国家的法度呢？"

后来，刘邦知道事情的原委，厚赏了太公的贴身仆人。这件事儿也反映出刘邦快意恩仇的一面。

刘邦重赏萧何，更反映出刘邦有着与平民一样的情怀。刘邦在沛县当亭长时，偶尔也出差。当时官场有个不成文的规则，用现有的话叫潜规则，凡是有同事出差，大家都要赠送差旅费以示关心。通常每个人送三百钱就行了，但时任"县公安局看守所所长"的萧何却送五百钱。刘邦一直记着这事儿，当了皇帝后，刘邦论功行赏，按功劳，萧何分得的赏赐居首位，而刘邦又在此以外，加封了萧何两千户食邑。萧何与众人不解，刘邦解释道："当年我出差时，萧何送的盘缠比别人多出二百钱，今天他理应得到多一些的赏赐。"

上面是几则关于刘邦快意恩仇的小故事，而史料中记载的另外一些故事，更能证明刘邦是如何的"意豁如也"。这个没有什么文化的小无赖，之所以能成就一番帝业，确实与他豁达的胸怀是分不开的。

比如他做亭长的时候，有一次带了三十几个流放的犯人去咸阳服徭役，路上遭遇大雨，流放的犯人开始逃跑，他不但不追究，还好酒好菜地送行。他说，自己完全理解他们，自己也要逃跑，这一吃一说不要紧，大家都看出了刘邦心肠好，都愿意跟他干一番事业。还有，秦朝子婴素车白马前来投降，刘邦手下人建议杀掉他，刘邦说，杀一个投降的人，不吉利，只是把他交给了属下去看管。这都是一个胸襟开阔的男人做的事情。太史公说他"意豁如也",还真是说到点子上了。

刘邦作为一个草根皇帝,之所以有这样大的胸怀与肚量,非常重要的原因,是他知道权衡利弊得失。我估计他没有看过《孙子兵法》,因为他的玄孙刘歆还没有出生,而正是刘歆将《孙子兵法》整理了出来。

然而我想,刘邦却深知孙子所说的"悬权而动"的道理,即权衡人、地、物、事、时的轻重,做出正确的抉择。用孙子自己的话叫作:"合于利而动,不合于利而止。"(《孙子兵法·火攻篇》)

合,就是不违背,指的是一事物与另一事物相符。这段话的意思是,打不打仅要看战争的目标是不是符合国家利益,符合国家利益的战争就打,不符合国家利益的战争就不打。事物的存在是客观的,各种因素交织在一起,有利因素与不利因素存在一个统一体,并且能在一定条件下互相转化。显而易见,要想知道有利与没利,先要掂量掂量再说,即权衡一下利弊得失,哪大哪小,哪轻哪重,然后再做决定。刘邦厚赏仆人,是仆人说出了他对父亲说不出的话,维护了皇帝的尊严——在皇权与孝道问题上,他选择了皇权;刘邦重赏萧何,是以萧何为榜样,向群臣们传送一个鲜明的信息:只要尽忠尽职,我刘邦亏待不了你们——在金钱与人才问题上,他选择了人才。所以,权衡利弊,统揽全局,大处着眼,是孙子"悬权而动"的精髓。下面的这个故事,堪称"悬权而动"的绝妙之笔。

炮击金门决策的变化

1958年夏季,毛泽东来到北戴河海滨开始了暑期的办公。当时,毛泽东在考虑炮击金门问题。早在1954年夏天,毛泽东就在北戴河思考关于台湾的问题。当时,东亚与东南亚出现了两个朝鲜、两个越南,毛泽东坚决不让海峡两岸出现"两个中国"。然而,台湾问题美国人插手很深,扬言他们对台湾承担防御义务。换句话说,如果我们使用武力,美国很可能进行武力干涉。但是,如果一味担心美国干涉不作为,就等于把台湾推向了美国以台湾海峡为界分裂中国的阴谋中。

怎么办?毛泽东认为炮击金门,"问题不在于那里(金门)有九万五千国民党——这个好办,而在于美国政府的态度。美国与国民党订了共同防御条约,防御范围是否包括金门、马祖在内,没有明确规定。美国人是否把这个包袱也背上,还得观察。炮击的主要目的,不是要侦察国民党军的防御,而是侦察美国人的决心,考验美国人的决心。"

两个问题摆在毛泽东的面前:炮击金门,表达我们的立场,决不允许出现"两个中国"的决心,但有可能遭到美国人的干涉;不炮击金门,遭到美国人干涉的可能性不大,但是出现"两个中国"的可能性却增大。

1958年8月21日和23日,毛泽东连续在北戴河召开会议,最后决定在国家统一这个重大问题上,不能有一丝一毫的妥协或软弱,定下了炮击金门的战略决策。8月23日的会议结束两个小时后，即17时30分，我军部署在厦门、莲花、围头等阵地的炮兵群发出了震耳欲聋的炮声，两千六百余发炮弹从不同方向落到金门北太武山国民党军阵地。刹那间，山摇地动，金门岛立刻陷入火海与烟雾之中。

炮击金门的行动，极大地震撼了世界。次日，全球媒体均作为最重要的消息发表。这时，美国担心我军进攻台湾，要求蒋介石放弃金门和马祖，退守到台湾本岛和澎湖列岛中线一带。这立即暴露了美国政府在台湾问题上的底线，即企图让蒋介石切割与大陆的关系，然后以台湾海峡自然隔绝为理由，推动台湾脱离中国。但是，蒋介石逃往台湾之后，一直认为自己是大陆正统政权的代表。为此，他跑到台湾后，撤销了在大陆统治期间设立的省政府，只留下了台湾省政府与福建省政府，而福建省政府的驻地最初就在金门，管理金门与马祖地区的行政事务。这次美国让蒋介石放弃金门与马祖，蒋介石自然不干，他也担心划海峡而治，坚持不从金门与马祖撤军。这样一来，新的局势出现了——美国与蒋介石政府发生了矛盾。

是继续炮击金门，还是改变策略，停止炮击金门？以毛泽东为首的党中央又陷入了思考中。

通过炮击金门，毛泽东成功地摸到了美国在台湾问题的底线，即毛泽东所说的"侦察美国人的决心"，这一点达到了意图——美国在台湾海峡的防御范围不包括金门与马祖，而在台湾本岛和澎湖列岛中线一带。这样，如果我军当时趁机解放金门与马祖，美国政府干涉的可能性非常小，我军胜利的把握非常大。一些领导同志主张趁机拿下金门与马祖，连正陪同毛泽东巡视大江南北的张治中先生，也对毛泽东说：解放金门与马祖机不可失，时不再来。

然而，如果我们解放了金门与马祖，则很可能让美国实现了战略意图，即"两个中国"的图谋。

毛泽东经过深思，权衡了夺取金门与马祖的利弊，最后决定利用美蒋之间的矛盾，"联蒋抗美"，不打金门与马祖，用金门与马祖牵制蒋介石，而在炮击金门的行动上，也改变了策略，采取"打而不登，断而不死"的战法，即只炮击不登陆；封锁金门，断其后援，但不致困死上面的守军。于是，从1958年10月6日以后，我军对金门实施"打打停停、停停打打、半停半打"的炮击。10月25日，我军又宣布对金门的炮击实行单双号制度，即双号不打炮，单号为炮击日。

美国人对毛泽东的策略变化摸不到头绪，非常不理解为什么打炮还要挑日子呀！

这个事例表明了毛泽东根据形势的变化，站在国家最高利益角度，能够"悬权而动"、审时度势、权衡利弊、统揽全局、大处着眼，最终实现了"台湾问题是中国的内政，炮击金门与马祖是中国内战的继续，反对美国制造两个中国"的战略意图。

王闿运的大局观

"悬权而动",即审时度势、权衡利弊、统揽全局、大处着眼,一是要求当事人必须理性分析与处理问题,即要在内心完全自控的状态下处理问题,情绪波动或处在亢奋状态则不宜做决定。

二是要求当事人懂得"原则再怎么完善,也不如看清形势、了解现状重要"的道理。因为,情况发生变化,利益也会发生相应的变化,不了解变化了的客观情况,怎么能够更好地权衡利弊?人总不能干"刻舟求剑"的傻事吧。人,可以不拘小节,甚至行事可以怪诞,但在大是大非问题上,在涉及根本利益问题上,就要拿出一万倍的小心,仔细琢磨,慎重决策,千万不要当儿戏。刘邦出身草根,身上浅薄肤陋之处并不少,但当事关重大时,他却能够修正先天之不足,统揽全局,从大处着眼考虑问题,网罗了当时天下第一流人才,成为中国第一个草根出身的皇帝。

清末著名经学家王闿运,也是这样一个小事不拘、大事不傻、善于"悬权而动"的人。王闿运在清末名声可不小,他是肃顺门下四学士之一,后成为曾国藩的参谋,在教育事业上颇有成就,中国近代史著名的人物杨度、夏寿田、杨锐、刘光第、齐白石等人都是他的学生。不过王闿运在生活中,总是做些匪夷所思的事情。他的女儿嫁给了有学术界"天王"之称,与章太炎、刘师培并称为学术界"三大疯子"之一的黄侃。但黄侃学术做得好，却是个好色之徒，自己有九次婚姻不说，还时常在外找女人，使王闿运之女精神上备受折磨。王闿运听说后，提笔给女婿写信，怒骂黄侃："有婿如此，不如为娼！"黄侃也非常生气，拿着王闿运的信到处说："我老婆即将成为卖笑的妓女了，而这正是我岳父让她去的。"很多人都责备王闿运："就算黄侃不好，你做事怎么能这样荒唐，哪有拿妓女比喻自己的女儿的呢？"王闿运听了，也知自己不对，默不作声。

这样的事情非常多。王闿运对年轻女人不感兴趣，偏偏喜欢老妈子，即保姆。有个乡下来的中年妇女，名叫周妈，王闿运对其宠爱有加，一切起居之事包括吃饭、睡觉、梳小辫，没有周妈不行，甚至连拉屎都得周妈给他拿手纸。在某种意义上，周妈不仅是王闿运的保姆，而且还兼职做他的枕边人、管家和秘书。王闿运几乎把所有的事情都交给了周妈。

袁世凯掌权后，请王闿运到北京做参政兼国史馆的馆长，薪水加上特别费，每月上千大洋。进了北京后，王闿运索性把家里的一切事务都交给了周妈管。这一下子，周妈权力可大了。虽然国史馆是个清水衙门，但也有几分公费，可以雇人请人。而周妈不仅管国史馆的杂役，如扫地、打更等这类人的雇佣，后来竟然连招募馆员，也得她说了算。一次，王闿运已经定了某人，但周妈许了另一个，最后居然是周妈许的那个进来了。尽管周妈如此胡来，王闿运还是对她照样好，在家不能离，出门也带着，可以说是百依百顺。然而有一次，王闿运不管周妈怎么哀求、怎么哭闹，断然带着周妈离开了北京。

这事情还要从袁世凯称帝说起。

王闿运享受着袁世凯给的俸禄，却并不看好袁世凯。在他看来，你袁世凯算个什么东西，不过是借着辛亥革命逼孤儿寡母退位，才得到了权位。你袁世凯有什么本事当皇帝？自你当总统后，国内政局一片混乱，不仅军阀打，而且土匪也跟着凑热闹，你袁世凯应该管管这些，但是你管得了吗？打个河南红枪会的白狼造反都那么费劲，还想治国？局势弄成这样，却肚子疼怨灶王爷，硬说是国体不对，只要君主立宪了，有了皇帝了，一切问题就迎刃而解了。这是什么逻辑？！王闿运越想越气，提笔就给袁世凯写了一封信，直截了当地指出："若要真安天下，不在国体之变换，而在于你的措施。办不明白事，非要借改国体助己之力，还假托民意，就是败象。"

写完信，王闿运就想脚底抹油离开北京，回长沙还当他的教书匠去。在他看来，宁可清贫教书，也不能做袁朝的臣子。但是，周妈却不干。离开北京，就等于让周妈每天少了许多孝敬银子，再也享受不到王府里一呼百诺的权势之瘾了。所以，她就在王闿运身边白天黑夜地吹风：不要离开北京。

但是，别看王闿运平时做事怪诞，这种大事可不糊涂。他是一个狂狷谐谑的性格，即不拘一格、清高自守、洁身自好、诙谐逗趣的人，不可能为了眼前之利，遭到国人唾骂，遗臭万年。所以，周妈再怎么不愿意，他也要离开北京。他给袁世凯上了一个辞呈，借口就是帷薄不修（家庭生活淫乱），周妈干政，自己年岁已高，饮食起居又离不开周妈，所以只能辞职不干。递了辞呈后，不等袁世凯批准，就带上周妈跑路了。虽然周妈一百个不肯，但木已成舟，也没有办法，只好随王闿运回长沙了。

王闿运不为眼前小利而愤然辞官离京回家教书，表明他在大是大非面前能够认清形势，理性地分析与处理问题。认清形势，指的是王闿运能够顺应时代发展，看到帝制已是逆潮流而动，不得人心，他不想去蹚袁世凯的浑水，被天下人唾骂；理性分析问题，指的是王闿运在金钱与权势面前头脑清醒，没有被他宠爱的女人蒙住眼睛，理性地处理了问题。

王闿运能够在做人、做事上坚持大局观，而不是陷于个人的情感之中，在袁世凯称帝这个问题上"悬权而动"，做出了正确的选择，这一点要比他的学生杨度强多了。

讲到这里，我们重新回到本文的开头，部队处于什么状态，是快如疾风（其疾如风）、森林般森森然（其徐如林）、如燎原之烈火（侵掠如火）、如泰山般稳定（不动如山）、如乌云遮天（难知如阴）、有雷霆万钧之力（动如雷震），这一切的一切，均来自对战争态势的把握与对战争利益的权衡。

第三十讲 治军四诀

《军争篇》的思想核心，是争夺战场上的主动权，争夺战场上主动权的重要因素在于人。人，是作战的最根本要素，武器装备先进也好，落后也罢，都是由人来操纵的。而支配人的行为的最重要因素，则是中国传统文化非常讲求的"精、气、神"。孔子说："三军可夺帅也，匹夫不可夺志也。"（《论语·子罕》）军队宁可失去主帅，也不能失去士气，道理就在这里。

　　孔子作为教育家，尚且明白这个道理，何况作为军事家的孙子，自然更懂得"精、气、神"的意义了。他说："三军可夺气，将军可夺心。"（《孙子兵法·军争篇》）讲的就是打仗要夺气、夺神、夺心。气实则战，心失则败。为此，孙子提出了治军四要诀。

治气

第一要诀是"治气"。孙子是这样论述的:"善用兵者,避其锐气,击其惰归,此治气也。"(《孙子兵法·军争篇》)所谓治气,是针对战斗气势而言。

按中医理论,"气"是维持人生命活动的基本物质,气的外在生命活动表现称为"神",有气者为得神,无气者无神,少气者少神,气足者神全。俗话说"佛争一炷香,人争一口气"。人的作为,这一口气是非常重要的。

"气"在军队中,指的是士卒的士气、军队的气势。打仗要有士气,谁胜谁败,就看谁的士气旺盛。一旦士气不振,军队就到了穷途末路。刘邦将项羽追至垓下,将楚军团团围住,但是还非常担心项羽——他真的有点让项羽打怕了,项羽起兵后,大小征战七十余次,几乎没有失败过,现在虽然被自己围在垓下,但是仍然担心项羽还有可能东山再起。于是,他用了一个损招,让士兵唱起楚歌,瓦解楚军士气。果然这一招非常有效,项羽大惊:"汉皆已得楚乎?是何楚人之多也?"大意是说难道刘邦这小子把楚地都占了吗?否则汉军中怎么有这么多楚人?他的军队很快就被一支歌瓦解了。

项羽虽有举千斤鼎之力、万夫不当之勇,但军队的士气垮了,他也就完了。正所谓："大将之所以战者，兵也；兵之所以战者，气也；气之所以胜者，鼓也。"（《百战奇略·气战》）这个道理凡是为将者都懂，他们都会采取各种方法，凝聚军心、激发斗志。古代进攻为什么要擂鼓，现代作战为什么要吹冲锋号？其中重要的作用，就是要把士兵的士气提升到极点。

气，既然如此重要，孙子才告诉我们要"治气"，即研究夺气的优势问题。而要"治气"，就要遵循气的规律。孙子细致地分析与研究了"气"的特点，认为"气"不是静止的，而是动态的，如同太阳早出晚归一样，即"朝气锐，昼气惰，暮气归"（《孙子兵法·军争篇》）。意思是说，朝气与昼气交接的时候，是人精神状态最好的时候，到了昼气与暮气交接的时候，人的精神状态开始走下坡路了；到了暮气与夕气交接的时候，生物钟告诉身体要休息了。这个生物学规律，对战争双方都一样，是自然法则。比如，临近中午的时候，谁都会感觉疲乏与困倦，这时如果还接到什么新任务或工作，心理上会潜意识地产生排斥，不愿意干，恨不得马上找个地方睡上一觉。这就叫"昼气惰"。

作为一名能征善战的将领，就要根据这个法则带兵打仗，即治气。一是攻打敌军时，发动进攻的时机要选在敌人士气低落之时，而不是相反；二是对于本军来说，想尽一切办法，鼓舞官兵的士气。曹刿论战、项羽破釜沉舟、韩信背水一战、曹操望梅止渴等等，都是"治气"的经典案例。

毛泽东也是"治气"的高手。面对敌强我弱的态势，毛泽东从来不与对手纠缠在一起，打硬碰硬的阵地战，而是你打你的，我打我的，打得赢就打，打不赢就走，瞅准机会叮一口，叮完之后继续走，正如"敌进我退，敌驻我扰，敌疲我打，敌退我追"十六字诀所概括的一样。而这十六字诀，恰恰正是孙子治气思想在现代战争中的具体体现。

当年红军长征过雪山草地时，环境多么险恶啊，但将士们的信念是："风雨侵衣骨更硬，野菜充饥志越坚。官兵一致同甘苦，革命理想高于天。"（萧华《过雪山草地》）为什么苦难与险恶没有拖垮这支军队？就是我党经常以革命理想教育鼓舞官兵的士气。

既然"气"这么重要，是不是越激励越好呢？错！"气"之所以有时辰之分，就表明"气"是有生命周期的，凡是有生命周期的东西，就有限度，就不可能取之不尽、用之不竭。曹刿论战的战例，告诉我们的就是这个道理，无限制地鼓舞士气，反会将士气弄弱、弄衰、弄竭。如同吹气球，到一定大的程度就行了，想让气球无限大，肯定吹破，鸡飞蛋打，什么都没有。

治心

第二要诀是"治心"。孙子的原话是:"以治待乱,以静待哗,此治心者也。"(《孙子兵法·军争篇》)意思是说,用有条不紊之兵,对敌人混乱之师;用镇静沉着之心,对敌人惊慌失措之心。所谓治心,是针对战斗意愿而言,即通过有效的手段提高己方官兵的心理素质,扰乱敌方的心理。这个问题与"治气"有直接联系,治气着重从生理上谈问题,而心战则更多的是从心理上讲事情。作战中,官兵心理承受能力的大与小,与他们的心理素质有直接关系。

以前讲过的淝水之战,前秦皇帝苻坚博学多艺,汉文化修养深,擅长谋略,极具抱负。在位期间,他广纳人才、用人唯贤、励精图治,以图经国济民,算是一个好皇帝。他的军队也是虎狼之师,非常有战斗力。苻坚就想凭借这支军队灭亡东晋,统一中国,他甚至都不把长江天险放在眼里,曾声称:"以吾之众旅,投鞭于江,足断其流。"《晋书·苻坚载记》意思是说,小小长江天险算得了什么,我拥有百万大军,只要我一声令下,叫士兵们把马鞭投入长江,足以使江水断流。这就是成语"投鞭断流"的典故。真够狂的!

然而,正是这个看似强大的苻坚,心理素质却不佳,特别是他的军队,没有经过严格的训练,只知打了胜仗欢呼,却不知道打了败仗怎么办,结果在淝水之战中,在关键时刻,被东晋的卧底朱序一嗓子"秦军败了",就将这支军队喊垮了。兵败后的苻坚,竟然吓得产生了幻觉,甚至把附近山上的草木都当成了晋军,留下了贻笑千古的成语"草木皆兵"。

相反,东晋统帅谢玄在会战中,尽管兵力处于劣势,却极为镇定自若,丝毫没有"怕"与"恐惧"。谢玄的叔父、此次会战东晋方面的决策者谢安更不得了,在双方激战时,谢安竟然泰然若素,与客人在深山茅屋里下棋。当打败秦军的战报送来,他看后随即放在桌上,若无其事,继续下棋。客人关心前方的战局,问他:"仗究竟打得怎么样了?"谢安轻描淡写地回答说:"哦,小孩子们把敌兵打败了。"足以想见,东晋将帅的心理素质好到什么程度。所以,从某种意义上讲,淝水之战显露出双方主帅心理素质的差异,结局则是心理素质好的,打败了心理素质差的。

军队是一个整体,战场上充满了恐惧与风险,职业的特点要求,每个军人都要有极好的心理素质,否则就是一群乌合之众。正是从这个意义上讲,孙子提出"以治待乱,以静待哗"的思想,主张通过提高士兵的心理素质,做到我有秩序敌人乱,不管敌人采取何种动作,我都镇静如水、鸟兽不飞。

正因为如此,古今中外的军队,都有"治心"的专门人员,用现代话讲叫心理医生。中国古代军队中的心理医生,叫"巫医"。巫医有巫师与医生双重身份,既能交通鬼神,又兼及医药,他们一边给官兵治病,一边通过巫术等迷信活动,对士兵进行安慰与精神支持的心理治疗。到了战国时代,巫与医正式分家,军队中的巫师不再承担治病救人的职责,专门通过问求鬼神、占卜吉凶,对士兵进行心理干预;而医生也不再求神问鬼,只负责救死扶伤、悬壶济世——专门的医生问世了。

西方军队中的牧师，实际上就起到了心理医生"治心"的作用，许多军队统帅都与随军牧师的关系非常好，彼此非常熟悉。比如，美国随军牧师诞生得比美国国家的历史还要早一年。开国总统乔治·华盛顿，甚至可以叫出在波士顿周围二十三个团中任职的十五位随军牧师的名字。

孙子"治心"思想，对现实生活也有借鉴意义。现代生活节奏快，顺利与逆境交替伴随，每个人都想顺顺利利地生活，但不要忘了"天有不测风云""月有阴晴圆缺""马有转缰之命"，凡是人，难免会"走窄了"，处于逆境之中。其实，窄并不可怕，可怕的是走窄的时候，你的心不宽。一脚踩虚，并不等于万劫不复，只要心中意志坚定、乐观开朗，世界就不会有阴霾，走出逆境的日子就不会太远。

治力

第三要诀是"治力"。孙子的原话是:"以近待远,以佚待劳,以饱待饥,此治力者也。"(《孙子兵法·军争篇》)意思是说,用自己靠近战场的优势,对付长途跋涉作战的敌军;用自己从容得到休整的优势,对付疲惫不堪的敌军;用自己口不渴、肚不饿的优势,对付饥肠辘辘的敌军,这三种方法就叫治力。从孙子这几句话中不难看出,孙子所说的"治力",指的是斗力的战术,即通过营造力量优势,达到夺气、夺心目的的一种战争艺术。

这个道理并不难懂。先说"以近待远",在作战中,距离战场近的一方,要比距离战场远的一方占有很大的优势。因为距离战场近,可以依托可靠、良好的作战基地,得到持续的作战补给。在农村插队时,农村流传着这样一句俗话——"丑妻近地家中宝",话虽不大雅,却有道理。距离战场近如同近地一样,最起码劳动强度与距离大小成反比,取胜的可能性极大。比如,自有文字记载的海战史上,除现代化的马岛战争以外,没有任何一次胜利属于劳师远袭的一方。

接着谈谈"以佚待劳"。由于距离战场近,准备的时间就会充分,而且战役间隙休整的时间,与敌方距离战场远近成正比关系:敌人距战场越远,自己休整的时间越长,越从容。一个累得气喘吁吁的人,与一个刚睡足觉的人在同一起跑线上赛跑，结局不言自明。以前我们就介绍过孙子的"凡先处战地而待敌者佚，后处战地而趋战者劳"的思想——先期到达战地等待敌军的，就精力充沛、主动安逸，而后到达战地匆忙投入战斗的就被动劳累。

东晋时期，世界史上唯一一个奴隶出身的皇帝石勒，就是用这一招打败了东晋大将姬澹的精锐之师，为后赵政权的建立打下了坚实的基础。当时，姬澹兵力大于石勒，石勒部将劝他坚守避战不出。石勒则说："澹大众远来，体疲力竭，犬羊乌合，号令不齐，可一战而擒之，何强之有？"（《晋书·石勒载记》）最后坚决出战，取得了胜利。

至于"以饱待饥"的道理，更不用说了。人是铁，饭是钢，一顿不吃饿得慌。从某种意义上讲，打仗打的是后勤供应。兵法有云：兵马未动，粮草先行。没有饭吃，饿着肚子，怎么打仗？一个三天粒米未进的大汉，连一个小孩子也未必打得赢，莫说到战场上厮杀了。

有的军事题材的影视作品，会出现"设伏"情节。其实，设伏就是典型的"治力"，通过必要的"等待"，创造战机，转化力量优劣的对比关系，从而出其不意地歼灭敌人。抗日战争期间，没有我第一一五师零时出发、四时许的设伏，哪有粉碎所谓日军不可战胜神话的平型关大捷？

治力的目的就是保持己方充沛之战力，而消耗敌人的战斗力，并且能消耗多少，就消耗多少。那么，如何达到这一目的呢？通过谋略。我军的十六字诀"敌进我退，敌驻我扰，敌疲我打，敌退我追"，就是"治力"的具体体现——通过"退"的行动，诱敌深入，使敌远离自己的基地，被动地劳师远袭，渐渐地失去优势，最后牵着敌人的鼻子走，将踌躇满志的军队拖得筋疲力尽，将肥的敌人拖瘦，将瘦的敌人拖垮，然后再适时给予致命的一击。

治力追求的是在变化中创造战机，利用力量转化的优劣，达成对敌的优势；并在耐心的等待中，出其不意地消灭敌人。要做到这些，就要善于动脑子，有方法，有智慧，有谋略。记住：最有价值的知识是方法的知识。

治变

第四要诀是"治变"。孙子的原话是:"无邀正正之旗,勿击堂堂之阵,此治变者也。"(《孙子兵法·军争篇》这里的"旗"与"阵"指的都是军队,"正正"与"堂堂"都表示士气饱满、阵容严整、严阵以待。治变,就是学会针对敌情掌握变化,认清什么时候能战,什么时候不能战,不可战时不应勉强求战,即像孙子这句原话:对那些已形成作战体系的强大之敌,不要正面与其交锋,即不要像诗人郭小川在《酒歌》中讲的"三伏天下雨雷对雷,朱仙镇打擂锤对锤,今晚上咱杯对杯",而要根据战场具体的作战环境,随机应变,注重夺气夺心,善战、巧战取胜。一句话,治变就是掌握机动应变的方法。

毛泽东的《论持久战》,就是典型的"治变"杰作。而马岛战争中,阿根廷军队不明智地与强大的英军打堂堂正正的速决战、正规战,结果惨败。

现代产品经营,也要学会"治变"。现在许多人喜欢穿牛仔裤,其实牛仔裤就是"治变"的产物。

牛仔裤,学名叫工装裤,英文叫"jeans",最早记载于1567年,原本是意大利港口城市热那亚水手穿的工装裤。19世纪中叶,美国西部开始了大规模的移民潮,来自德国的犹太人莱维·施特劳斯与两位哥哥远渡重洋到美国淘金。

到了旧金山，莱维才发现淘金的人太多了，他找不到合适的工作。怎么办？他先开了间日杂百货商店，看看情况再说。

一天，莱维在店里与一位矿工闲聊。矿工说："莱维先生，您店里的帆布包真好，既不怕磨，又不怕脏，瞧我买的这个包，用了半年，还是完好无损。"

莱维开着玩笑回答："谢谢您的赞赏，不过我想说的是，我的包是耐用，可您的裤子却连屁股都包不住了。瞧，您的裤子都破了，为什么不花钱买一条好裤子呢？"

矿工听后抱怨说，并不是不舍得花钱，而实在是裤子不耐穿。莱维仔细摸了摸矿工穿的裤子，才发现质地都是棉布的，很容易磨破。再看看其他矿工，十有八九穿的都是这样的裤子。那位矿工临走时，叹了一口气道："啥时裤子做得能和您的帆布包一样结实就好了！"

和帆布包一样结实——莱维心里一动。他立刻取了一块帆布，到了一家裁缝店，请裁缝用帆布赶制了一条工装短裤。然后，他又找到那位矿工，让他穿上试试。得，还真棒！坚固、耐久、穿着舒适，深受淘金工人和西部牛仔们的喜爱。

接着，他又下矿区，体验、观察矿工的工作。为了让矿工免受蚊虫叮咬，他将短裤改为长裤；为了使裤袋坚实耐用，他又把原来的线缝改用金属钉牢；后来，他又将裤子改进为紧贴腿面，使人穿上更显挺拔洒脱。经过多年的改进、更新，莱维裤渐渐取代了原来的热那亚的工装裤，人们还给它起了个新名字——牛仔裤。

20世纪30年代中期，流行于美国中西部的牛仔裤，第一次被带到密西西比河以东的繁华都市，从此牛仔裤开始步入流行服装的行列。

如果莱维坚持原来的想法，继续挤进上百万人的淘金大军，去寻找淘金的机会，他有可能成功，但同样也有失败的可能。事实上，莱维没有拘泥于原来的想法，而是积极适应变化，改变自己，另寻一条生财之道，进而享受到了变化带来的美味——他成功了！

你无我有，你有我优，你优我转，这是商战的胜利之道；而这个胜利之道，来自正确的"治变"。

孙子"治军四诀"思想，是他"迂直之计"的具体展开，表现出孙子"避实击虚""以强打弱"一贯制胜的作战原则。他告诉我们，做事情不要把立足点放在立竿见影上，而是做好"循序渐进"的准备。没有准备的力量，只能是潜在的力量；准备好了的力量，才是真正现实的力量。